최고의 움직임은 어떻게 만들어지는가

기술은
가르치는 것이 아니라
드러나는 것이다

최고의 움직임은 어떻게 만들어지는가

초판 1쇄 인쇄 2024년 3월 5일
초판 1쇄 발행 2024년 3월 15일

지은이　　롭 그레이
옮긴이　　정연창 이상일 성종훈 장은욱 최승표
디자인　　정면(본문) 조재영(표지)
삽화　　　정희정
감수　　　안성기
편집　　　최승표
펴낸곳　　코치라운드

출판등록　2022년 2월 8일 신고번호 제2022-000020호
주소　　　경기 용인시 기흥구 동백7로 96 2311-103
전화　　　070-4797-3004
전자우편　choopa3000@gmail.com
홈페이지　www.coachround.com

Copyright©2022 by Rob Gray, Ph.D./Perception Action Consulting & Education LLC
ISBN　　979-11-981407-8-4 (03690)

책값은 뒤표지에 있습니다.

LEARNING TO OPTIMIZE MOVEMENT

최고의 움직임은

기술은 가르치는 것이 아니라 드러나는 것이다

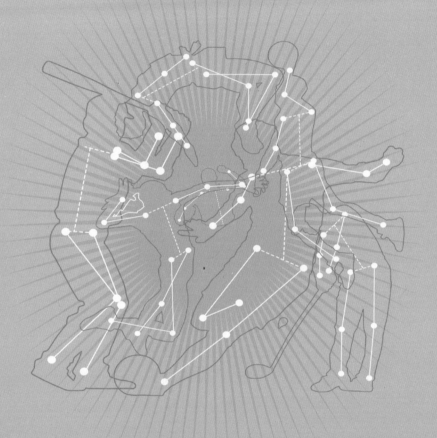

코치라운드

어떻게 만들어지는가

초등학교 4학년부터 씨름선수 생활을 시작했다. 지금 돌이켜 보면 고립된 반복 훈련을 지속하며 수동적인 선수로 성장해 온 시간이었다. 경기력은 그런대로 좋았지만 잦은 부상으로 대학교 졸업과 동시에 은퇴를 할 수밖에 없었다. 대학원을 거쳐 지도자의 길로 들어섰다. 지도자를 시작하면서 두 가지를 다짐했다. 첫 번째는 최소한 내가 겪은 잘못된 경험을 선수들은 경험하지 않도록 해야겠다는 것이었고, 두 번째는 스스로 부족함을 알고 필요한 훈련을 적용할 줄 아는 능동적인 선수를 육성하겠다는 것이었다. 이러한 다짐을 바탕으로 나는 선수에게 다양한 훈련을 경험할 수 있는 환경을 제공하려고 노력했다. 그럼에도 불구하고 몇 가지 의문을 떨치지 못한 채 상당수의 전통적인 훈련 방법을 버리지 못하고 있었다. '이 훈련이 꼭 필요한가? 이게 정말 최선의 훈련 방법일까?' '더 좋은 방법은 없을까?' '왜 씨름 선수는 늘 이렇게 훈련을 해야 할까?'

이러한 의문은 다른 종목의 훈련 방법을 살펴보는 계기가 되었고 롭 그레이 박사의 책을 만나게 해주었다. 롭 그레이 박사의 첫 번째 책인 『인간은 어떻게 움직임을 배우는가』를 읽으며 인간이 움직임을 학습하는 기본적인 개념을 이해할 수 있었다. 현장의 많은 지도자들이 널리 사용하는 훈련 방식에 대해 다양한 연구 결과를 기반으로 박사가 제기하는 문제 의식에 공감할 수 있었다.

롭 그레이 박사의 두 권의 책은 종목을 불문하고 선수의 경기력 향상과 올바른 훈련 방법을 고민하는 사람이라면 꼭 읽어봐야 할 책이다. 자신만의 지도 철학을 가지고 다양한 노력을 기울이고 있는 현장의 지도자들에게 효과적인 훈련 방향을 알려주는 좋은 안내서가 될 거라 확신한다. 『인간은 어떻게 움직임을 배우는가』를 읽으면서 '현장에서 바로 적용할 수 있는 더 세세한 정보가 있었으면' 하는 생각으로 두 번째 책을 손꼽아 기다린 분들에게 이 책은 좋은 해답을 줄 것이다. 그리고 책을 읽는 내내 머릿속을 떠나지 않은 또 하나의 생각은 '씨름 훈련에는 어떻게 적용할 수 있을까?'였다. 롭 그레이 박사는 좋은 코칭은 연습에 어포던스(affordance)를 세팅하는 일이며, 연습환경이 코치 대신 말을 해주도록 연습을 디자인하면 된다고 말하고 있다. 지도자가 연습에 어포던스를 세팅하기 위해서는 그 종목을 충분히 이해하기 위한 탐구가 선행되어야 한다. 경기력이 뛰어난 선수들이 경기 상황에서 환경으로부터 많은 초대를 받을 수 있듯이 조금 더 나은 코칭을 위해 고민하고, 연구하는 지도자가 더 나은 지도자가 될 수 있는 길로 초대를 받게 될 것이다. 롭 그레이 박사가 서문에서 '끝없는 탐구의 길로 함께 가자'라고 초대했으니 이제 우리가 그 초대에 응할 차례이다. 씨름 선수의 훈련을 위한 제약 체크리스트, 변동성을 세팅한 씨름 기술 연습 예시, 씨름 지도를 위한 코칭큐를 고민해야 할 때이다.

- 허용 영남대학교 씨름부 감독

선수의 퍼포먼스를 높이고, 부상을 예방하기 위한 공부와 자료 수집에 관심을 기울여 왔다. 공부한 것들을 현장에 적용하면서 나름의 성과와 시행착오를 겪으며 지도자 생활을 하던 중에 롭 그레이 박사의 책을 접하게 되었다. 코칭에 대해 가지고 있었던 숙제와 엉킨 실타래가 하나씩 풀리는 느낌이었다. 한 장 한 장 읽어 나가며 설레임이 느껴졌고, 코칭에 대한 새로운 시각이 생기는 듯했다. 코치가 중심이 된 코칭과 올바른 움직임을 제시하고 지도해야 동작을 개선할 수 있다는 생각이 과연 옳았을까 생각해 볼 수 있었다. 퍼포먼스 향상과 부상 예방을 위해서는 끊임없는 반복 훈련이 동반되어야 한다는 지도 방식에 대해서도 과연 '정답이었을까?' 하는 의문이 들었다. 책의 내용을 곱씹어 보면서 과거의 지도자 생활을 성찰할 수 있었다. 유익한 정보들이 구체적 사례와 함께 소개되고 있어서 이해하기가 쉬웠다. 지금 하고 있는 코칭과 훈련 방법에 대해 고민하고 있거나 새로운 방향 설정이 필요하다고 느끼는 코치분들께 이 책을 권하고 싶다. 코칭에 대한 색다른 시각이 생길 것이라 확신한다.

– 김윤영 대구 도시개발공사 소프트볼팀 감독

　　　　　나는 보통 "무엇을 배워보고 싶으세요?"라는 질문으로 레슨을 시작한다. "일관성이 없어요. 그래서 코스에서 항상 불안합니다. 일관성있는 샷을 하고 싶어요." 가장 많이 듣는 대답 중에 하나다. 대부분의 사람들은 정서적 안정을 좋아한다. 그러한 심리의 연장선상에서 자신의 골프 실력 또한 일관성이 있기를 바란다. 일관성 있게 스윙을 할 수 있으면 마음에 안정도 찾아오고 항상 올곧은 샷을 칠 수 있을거라 상상한다. 하지만 모두가 알다시피 필드는 일관성과는 거리가 멀다. 온통 변수 투성이다. 안전한 환경인 연습장에서 변수가 많은 필드로 바뀐다면 훈련의 성과는 어떻게 될까? 선수의 마음에 드는 샷은 과연 스코어와 실력 향상에 얼마나 영향을 미칠까? 변수가 거의 없는 안전한 연습장에서만 훈련을 하다가 필드를 나오면 샷마다 바뀌는 필드의 환경, 경기 상황으로 인한 압박감 속에서 경기를 하게 된다. 자연스럽게 멘탈이 동요될 수밖에 없다. 그러기에 코치는 실제 경기에서 벌어지는 변동성과 불안정성을 인정하고 훈련을 구성해야 한다. 『최고의 움직임은 어떻게 만들어지는가』를 읽으며 조건과 제약의 구성을 통해 효과적인 훈련을 할 수 있는 힌트를 얻을 수 있었다. 선수가 어떤 선택을 해야 더 좋은 퍼포먼스를 발휘할 수 있는지 다양한 사례를 통해 아이디어를 얻을 수 있게 해준다.

- 박보영 비브골프랩 코치

랍 그레이 박사의 전작『인간은 어떻게 움직임을 배우는가』를 읽고 느꼈던 감정은 놀라움이었다. 운동 제어와 운동 학습 분야는 다루는 주제가 광범위하고, 자칫 잘못하면 이론에 매몰되어 현장 적용과 멀어질 위험이 있다. 때로는 무리한 적용을 위해 자의적 해석을 하기도 쉬운 분야다. 이 분야의 오랜 연구와 실제 경험을 통해서 함정에 빠지지 않으면서 풀어내는 지식의 깊이와 넓이에 놀라지 않을 수 없었다. 또한 전공자뿐만 아니라 여러 분야의 다양한 독자들을 대상으로 전문적인 내용을 쉽게 풀어가는 것이 참으로 쉽지 않은 일인데, 쉬운 언어와 많은 예시로 누가 읽어도 흥미로운 콘텐츠를 만들었다는 사실이 놀라웠다. 우리가 의식하든, 의식하지 못하든 우리의 움직임에는 달성하고자 하는 목적과 과제가 존재한다. 기술이 뛰어난 움직임은 다양하고 어려운 환경 제약 속에서도 의도한 과제를 효율적으로 수행해 낸다. 아픈 선수와 환자의 진료를 하는 나에게도 '목적이 있는 움직임에서 어떻게 기술의 향상을 이끌어 낼 수 있는가' 하는 문제는 큰 화두일 수밖에 없다. 통증 환자들은 통증으로 인해 특정 맥락에서 효율적인 움직임을 보여주지 못하는 경우가 많고, 보다 효율적이고 유연한 문제해결 능력을 만들어 주느냐가 통증 환자에게, 특히 잘 낫지 않는 만성 통증 치료에 중요한 실마리이기 때문이다. 이 책에서 롭 그레이 박사는 『인간은 어떻게 움직임을 배우는가』에서 소개한 생태학적 이론, 복잡계와 다이나믹 시스템 이론 등을 토대로 찰나의 순간에 승패가 결정되는 엘리트 선수부터, 취미로 운동을 즐기는 일반 아마추어들, 그리고 통증으로 고통받는 환자들에 이르기까지 더 좋은 움직임, 최고의 움직임은 어떻게 만들어지는가 하는 문제를 이론과 실제 코칭 설계 방법을 통해 흥미롭게 소개하고 있다. 한번이 아니라 두세 번 읽다 보면 최고의 움직임을 위한 참신하고 효과적인 코칭 아이디어가 창발할 거라고 확신한다.

- 김동현 온트재활의학과 원장

코치에게 가장 필요한 덕목 중 하나는 주어진 시간을 효율적으로 활용하는 것에 있다. 이를 위해 코치는 움직임에 대한 이해도를 높이는 동시에 선수들에게는 단순하게 접근할 수 있어야 한다. 『최고의 움직임은 어떻게 만들어지는가』를 먼저 읽어 보며 움직임을 보다 다각화하면서도 심플하게 접근해야 하는 코치의 역할에 대해 스스로를 돌아볼 수 있었다. 특히 이 책에 소개된 '경제적인 움직임'이라는 개념은 선수육성에 관여하고 있는 모든 스포츠 관계자들이 함께 머리를 맞대고 고민해 볼 주제라고 생각한다.

- 스티브 홍 SSG 랜더스 총괄 퍼포먼스 코치

교과서적인 스윙이란 어떤 스윙인가? 이 질문에 명확하게 답할 수 있는 교습가는 없을거라 생각한다. 여러 관점과 가설들이 있을뿐 과학적 방식을 통해 합의한 교과서적인 스윙은 애초에 없으니 말이다. 그럼에도 불구하고 연습장을 가보면 아직도 많은 플레이어들이 존재하지도 않는 하나의 올바른 동작을 만들려고 시간을 보내고 있다. 이런 신화가 만들어진 데는 코치들의 무지에서 나온 책임이 크다고 생각한다. 성실한 노력으로 연습장에서는 예쁜 스윙과 좋은 데이터가 나오지만 막상 경기에서는 좋은 성적을 만들어내지 못하는 선수가 너무나 많다. 그럴 때마다 흔히들 하는 말이 있다. '정신력이 나약하다. 노력이 부족한 거다.' 과연 그럴까? 집중해서 잘하려고 할수록 오히려 샷이 잘 안 날아가고, 반대로 대충 툭툭 치는 날 경기가 잘 풀리는 경험을 골프계 종사자라면 누구나 겪어봤을 거라 생각한다. 필드에서 열심히 스윙을 만들려고 할 수록 더욱더 플레이가 망가져 가는 경험도 해봤을 것이다. 이 책에서 롭 그레이 박사는 그 이유를 과학적인 접근으로 명쾌하게 답해준다. 교과서적인 스윙은 존재할 수 없지만, 역학적인 관점에서 볼 때 효율적인 움직임은 존재한다. 클럽 페이스를 안정적으로 컨트롤하기 위한 움직임 조합도 분명 존재한다. 롭 그레이 박사는 그래서 자세보다 조건이라고 표현하고 있다. 또 다른 의문은 그런 효율적인 움직임을 어떻게 선수에게 전달할 것인가 하는 문제다. 이론을 설명해 주면 될까? 특정 동작을 만들면 될까? 우리 대부분이 과거에 그래왔듯이 오로지 노력만을 강조하며 하루에 연습공을 3천 개씩 치다보면 해결될까?

『최고의 움직임은 어떻게 만들어지는가』는 골프의 스윙 테크닉을 직접 다루지는 않지만 위의 의문들에 교습가들이 답을 하는데 충분히 큰 도움을 주리라 확신한다. 본문에서도 계속 언급되듯이 환경의 역할은 너무나도 크다. 인간은 여러 환경(정보)을 경험하면서 학습하고 감각을 넓혀 나간다. 한국은 미국에 비해서 필드 사용에 드는 비용이 비싸다보니 사실 연습장에서 하루종일 공을 치는 것 외에 할 수 있는게 별로 없는 것도 사실이다. 그래서 더더욱 한국의 교습가분들에게 이 책을 추천한다. 제한된 환경 속에서 각각의 선수에 맞는 큐잉과 제약을 통해 최대한 다양한 연습 환경을 디자인해주는 것이 코치의 역할이기 때문이다.

- 김민진 5분 골프과학

코치와 트레이너들의 성장을 도와줄 귀한 책이 출판되어 축하와 더불어 감사의 말을 전하고 싶다. 각각의 종목에서 갖춰야 되는 피지컬적인 부분은 차이가 있을지 모르나, 전문적인 선수로 성장시키기 위해 알아야 할 뇌과학, 움직임 과학의 기본 내용은 크게 다르지 않다고 생각한다. 저마다 사용하는 용어와 방식이 다소 다를 뿐 성공적인 선수로 성장할 수 있도록 정보를 제공하고, 훈련을 실행하고, 피드백을 제공하고, 이 과정을 지속적으로 반복하는 사이클은 모든 종목이 비슷할 것이다. 『최고의 움직임은 어떻게 만들어지는가』에는 많은 이론들이 경험과 융합되어져 있다. 현장에서 활용할 수 있는 많은 사례를 소개하고 있기에 종목에 관계없이 선수와 코치의 성장에 큰 도움이 되리라 생각한다.
- 이재홍 축구 국가대표팀 피지컬 코치

같은 연습이라도 코치와 선수가 그것을 어떻게 받아들이고 해석하느냐에 따라 성장의 폭은 크게 달라질 수 있다. 『최고의 움직임은 어떻게 만들어지는가』는 연습과 선수 육성을 바라보는 시각을 근본적으로 바꿔준다. 특히 과학에 기반한 설명으로 가득 차있는 이 책은 오늘날 MZ 세대의 선수들을 코칭하기 위한 좋은 참고서다. 시키면 당연히 해야 했던 과거와는 달리 지금의 선수들에게는 명확한 방향 제시가 필요하기 때문이다. 이 책은 코치의 통찰력을 업그레이드시켜 준다. 어떤 종목이든 선수가 최고의 움직임을 드러내길 바라는 코치에게 이 책은 최고의 지침서다.
- 김문한 함안베이스볼스포츠클럽 단장

『최고의 움직임은 어떻게 만들어지는가』는 운동 과학을 바라보는 통찰력을 제공한다. 다양한 운동 분야의 최신 연구를 바탕으로, 선수의 퍼포먼스에 영향을 미치는 요소들을 폭넓게 다루고 있다. 축구와 농구에서 선수들이 보여주는 시선 컨트롤 기술부터 스키 시뮬레이터를 활용한 에너지 소비 패턴의 변화까지 최신 스포츠 과학이 진행한 다양한 실험이 소개되고 있다. 측정 장비와 피드백을 활용한 코칭 전략도 설명한다. 이 책을 읽고 나면 누구나 운동에 대한 새로운 시각을 얻게 될 것이다.
- 김규대 2008 베이징, 2012 런던, 2016 리우 패럴림픽 육상 메달리스트

　　　책을 읽으며 선수 시절과 지도자 시절이 오롯이 되살아나는 전율을 느꼈다. 과거를 회상하며 한참 밑줄을 긋다가 시계를 보니 어느덧 새벽 3시였다. 이 책을 현장에 계신 많은 선수와 지도자분들에게 추천한다. 스포츠에서 시각 정보의 중요성을 강조하고 디테일한 솔루션을 제공한 점, 그리고 움직임의 효율성을 강조한 점은 압권이다. 스포츠 현장에 종사하는 모든 이에게 권하고 싶은 책이다. 발전을 위한 최고의 동반자가 될 것이라 확신한다.
- 문용관 SBS 스포츠 해설위원, 전 남자배구 국가대표팀 감독

　　　누군가의 삶의 변화를 돕고 싶은 퍼스널 트레이너로서 나는 롭 그레이 박사의 새로운 책이 나온다는 소식을 듣고 왠지 모르게 가슴이 뜨거워졌다. 그의 첫 번째 책 『인간은 어떻게 움직임을 배우는가』를 읽고 정말 많은 도움을 받았기 때문이다. 이 책

은 인간의 움직임을 해석하는 혁신적인 관점을 우리에게 제시한다. 누군가 이 책을 읽기 시작한다면 롭 그레이 박사가 하는 말들이 단지 스포츠나 선수들에게 국한된 이야기가 아니라는 것을 알게 될 것이다. 제약 주도 접근법, 차이학습법, 결과 지식과 수행 지식, 생태학적 접근법, 지각-동작 커플링, 시너지와 코디네이션, 자기조직화와 같은 다양한 운동 조절과 운동 학습 개념들은 인간의 움직임을 해석하는데 있어서 뇌라는 존재가 가진 지배적이고 초월적 권력을 내려놓을 수 있게 도와준다. 이러한 개념들을 실제 현장에 적용하면 퍼스널 트레이닝에도 단연코 엄청난 결과물들을 가져다줄 것이다. 움직임의 원리에 대해 잘 이해하고 싶은 사람이라면 누구라도 이 책이 훌륭한 가이드북이 될 것으로 확신한다. 보다 많은 분들이 이 책과의 역동적인 상호 작용을 느껴보았으면 한다.

- 강정환 무브먼트 팩토리 퍼스널 트레이너

우연한 만남이 삶을 송두리째 바꾸어 버리는 경우가 있다. 나에게
는 롭 그레이 박사와 그의 책이 바로 그런 만남이었다. 물론 롭 그
레이 박사를 내가 직접 만난 것은 아니다. 아들이 야구를 시작한
후로 나는 자연스럽게 운동학습이라는 주제에 관심을 가지게 되
었고, 관련 서적을 공부하던 중 우연히 『인간은 어떻게 움직임을
배우는가』라는 책을 만나게 되었다. 지금도 책을 읽으며 놀라고
감탄했던 순간이 떠오른다. 두 책의 번역본에 대한 감수를 부탁받
아 다시 책을 읽으면서 또 다시 감동을 느끼며 행복한 시간을 보
냈다.

이 책 『최고의 움직임은 어떻게 만들어지는가』는 기존의 정보
처리 과정에 근간한 운동학습이론(나 역시도 20년 동안 신경과학을 공
부하며 인간이 그렇게 움직임을 학습한다고 배워왔다)을 반박하는 내용들
로 가득하다. 기존의 지식 체계에 반하는 주장에 불편함을 느낄

수도 있다. 그러나 저자의 주장들은 너무나 체계적이고, 이해하기 쉽게 적혀 있고, 설득력이 있으며, 매력적인 글로 표현되어 있다. 이 책은 생태학, 심리학, 복잡계 과학, 철학, 건축학, 신경학 등 다양한 분야의 지식을 담으면서도 서로 다른 분야의 지식을 통합한 저자의 통찰력이 곳곳에 묻어 있다. 가끔씩 등장하는 난해한 용어들로 인해 어렵다고 느낄 수도 있겠지만, 조금만 주의를 기울인다면 쉽게 핵심을 파악할 수 있는 책이라고 확신한다. 이 책을 읽기 전에 전편인 『인간은 어떻게 움직임을 배우는가』를 꼭 먼저 읽어보기를 권하고 싶다. 이 책은 전편의 해설서이자 확장판이기 때문이다. 그리고 영어에 익숙한 분이라면 원서도 꼭 한 번 읽어보았으면 한다. 번역으로 살리지 못한 놀라운 은유들이 곳곳에 숨어 있어 또 다른 매력을 느낄 수 있을 것이다.

다윈은 환경의 변화에 가장 잘 적응한(most adaptable to change) 자만이 살아남는다고 말했다. 이미 (운동학습 이론과 코칭 방법에 대한) 변화는 시작되었다. 스포츠 환경에서 오래도록 살아남고 싶은 선수와 지도자, 그리고 움직임에 관심이 있는 분들에게 이 책을 꼭 추천하고 싶다.

안성기 신경과 전문의 서울센트럴요양병원 진료부장 먼저 가치 있는 책을 번역할 수 있는 기회를 주신 최승표 대표님과 나의 영원한 스승이신 장은욱 교수님, 신뢰하는 동반자 이상일 대표님, 운동학습 분야에서 탁월한 업적을 쌓아나가고 계신 성종훈 교수님께 깊은 감사의 말씀을 전한다.

지도자로서 꿈꾸는 평생의 목표는 재능의 극복이다. 묵묵히 훈련하는 평범한 선수들이 재능을 타고난 선수들과 경쟁할 수 있도록 그들의 신체 능력과 특이적인 협응력을 발전시키는 것이 나의 평생의 과업이자 도전이다. 체계적으로 준비된 훈련은 선수의 성장에 큰 영향을 미친다. 선수 개개인의 창의적인 사고와 실천을 독려하는 훈련 시스템은 성장하는 젊은 선수들뿐만 아니라 고착화된 어트랙터가 존재하는 베테랑 선수들에게도 반드시 필요하다. 시스템은 종종 천부적인 재능의 벽을 뚫는 도전을 해야 한다. 많은 선수들이 평생에 걸쳐 갈고 닦아야 하는 기술도 어떤 선수는 단하루만에 마스터하기도 하는 것이 스포츠 세계의 냉정한 현실이다. 내가 오랫동안 선수들과 희로애락을 겪으며 자주 목격한 장면이기도 하다. 지도자라면 당연히 이런 현실에 부딪혀 보겠다는 도전 의식을 가져야 한다고 생각한다. 선수들은 종종 단계적인 발전을 뛰어 넘는 혁신적인 '그 무엇'을 보여주곤 한다. 단단한 기본기와 체계적인 훈련의 과정 속에서 갑자기 튀어나오는 기술과 능력의 창발! 이를 위해 이론과 지식을 쌓아나가려는 노력이야말로 우리 지도자들이 갖추어야 할 최고의 무기라고 생각한다.

선수가 자신에게 요구되는 기술적, 신체적 능력을 스스로 탐색할 수 있도록 도와주는 생태학적 접근법, 다이나믹 시스템 이론은 운동 기술의 '창발'을 유도하는 기폭제가 되는 개념이다. 롭 그레이 박사의 『최고의 움직임은 어떻게 만들어지는가』는 어찌 보면 복잡하기만 하고 우연한 성과로 보이기도 하는 선수의 발전 뒤에 어떤 원리가 작용하고 있는지를 쉽게 설명한다. 또한 책에서 소개하고 있는 여러가지 사례들은 노련한 코치가 되는 과정에서 거쳐야 하는 시행착오들을 줄여준다. 수십 년간의 코칭 경험을 통해 얻을 수 있는 여러 심리적, 기술적 노하우들을 미리 경험하게 해준다. 자신의 훈련을 새로운 관점으로 들여다볼 수 있도록 의식의 전환을 가져다준다. 개인적으로는 이 책의 등장과 함께 5년 만에 프로야구 현장에 복귀하여 두려움과 떨림을 느끼고 있다. 멀리 바다가 보이는 아름다운 스프링 캠프 훈련장에서 많은 선수들이 꿈을 키우고 있다. 스프링 캠프에서의 나의 하루는 이 책에서 다루고 있

는 내용들의 진정한 시험대이자 공존의 장이다. 나는 그들에게 기회의 창(어포던스)을 열어주기 위한 방법을 고민하며 하루하루를 보내고 있다. 많은 분들이 이 책을 파트너로 삼아 매일 마주하는 코칭의 도전을 즐기기를 바란다. | **정연창**

인간은 다양한 움직임을 한다. 지금 내가 이 글을 쓰기 위해 하고 있는 타이핑처럼 작고 정적인 움직임부터, 축구에서 공격수가 수비수를 돌파하여 멋지게 골을 넣는 크고 역동적인 움직임까지 움직임은 너무나도 다양하다. 각각의 모든 움직임은 목적을 가지고 있으며 인간은 그 목적을 효율적으로 달성하기 위해 움직임을 배우고 연습한다.

인간은 하고자 하는 움직임을 어떻게 배우고 능숙하게 잘 해내는 것일까? 더 원초적인 질문을 해보자. 인간은 어떻게 움직이고 어떻게 움직임을 배울까? 어찌 보면 과학이라기 보다 철학에 가까운 이 원초적인 질문에 대한 해답을 찾기 위해 모터 컨트롤이란 학문은 시작되었을 것이다. 실제로 모터 컨트롤을 지난 10년 넘게 탐구해 온 사람으로서 느끼는 것 중 하나는, 때때로 모터 컨트롤에서 움직임을 설명하는 과정은 마치 짙은 안개 속에서 운전을 하는 것처럼 굉장히 이해하기 어렵고 난해한 경우가 많다는 것이다. 인간의 움직임이 단순한 수학 방정식으로 설명하기 어려운 많은 변수와 상호 작용에 의해 영향을 받기 때문에 단일한 해답으로는 설명이 불가능하기 때문일 것이다. 나는 연구자인 동시에 교육자로서 이 난해함을 어떻게 쉽게 풀어 전달할 수 있을까를 항상 고민해 왔다. 모터 컨트롤 연구들은 대부분 신경계 환자들의 재활을 위한 걸음걸이, 밸런스 같은 일상 생활에 필요한 움직임 회복에 초점을 맞추고 있다. 실제로 연구의 결과물들은 환자들의 움직임 재활에 큰 공헌을 하고 있다. 최근에는 스포츠 분야로 나아가 선수들의 움직임을 이해하고 개선시키기 위한 방향으로도 모터 컨트롤 연구들이 확장되고 있다. 선수 트레이너 출신 교육자로서 트레이너를 꿈꾸는 학생들을 가르치고, 트레이닝 분야의 지식 확장을 바라는 나의 입장에서는 정말 반가운 일이 아닐 수 없다. 환자들을 대상으로 한 연구들이 그러했듯 이러한 노력들은 스포츠 현장에서 코치, 트레이너, 선수들의 퍼포먼스 향상을 위해 많은 기여를 할 것이라 굳게 믿는다.

이번 번역 작업 참여를 통해 그러한 노력에 조금이나마 보탬이 될 수 있어 기쁘고 감사하다. 또한 나 스스로도 많이 배우고 성장할 수 있는 시간이 되었다. 이 책『최고의 움직임은 어떻게 만들어지는가』는 모터 컨트롤의 난해함과 복잡함을 이해하기 쉽게 풀어서 설명한다. "어떻게 인간은 스포츠 관련 움직임을 배우는 것일까? 어떻게 하면 능숙하게 잘 할 수 있을까?" 내가 했던 이 질문에 대한 답을 찾고 있는 분이라면 이 책을 통해 다양한 이론적인 관점들과 스포츠 현장에 적용되었던 사례들을 만날 수 있다. 책에 소개된 내용들이 독자의 경험과 연결되어 더 나은 움직임이 '창발하는' 길라잡이 역할을 해줄 것이라 믿는다.

번역 작업을 제안해 주신 장은욱 교수님과 정연창 코치님, 이상일 코치님, 그리고 모터 컨트롤의 새로운 관점을 제시하는 책을 소개할 수 있는 기회를 제공해 주신 최승표 대표님께 감사의 말씀을 전하고 싶다. 이 책이 많은 움직임 전문가들의 시야와 지식을 더욱 풍부하게 확장시키는데 도움이 되기를 기대한다. | **성종훈**

롭 그레이 박사의 첫 번째 책『인간은 어떻게 움직임을 배우는가』를 번역할 때에는 16년간 몸담고 있는 스포츠 과학과 선수 트레이닝 분야의 전문가들을 기억하고 생각하면서 작업을 했다. 그런데 책이 출판되고 난 후, 스포츠와 상관없는 많은 분야의 독자분들이 관심을 갖고 책을 읽어주신 것 같아 무척 감사한 마음이 들었다. 동시에 '인간의 움직임'이라는 주제는 단지 걷고, 뛰고, 던지고, 스포츠 활동에 참여하는 수준을 넘어 사회를 구성하는 여러가지 원리의 집합체가 아닐까 하는 생각도 들었다. 좋은 사회가 개인의 만족과 성취, 그리고 평안을 느낄 수 있는 환경, 제도와 같은 주변 조건들로 이루어지는 결과물인 것처럼, 인간의 움직임도 정확한 목적과 주변의 조건에 영향을 받아 최적화된 결과물을 보여준다.

현재 만나고 있는 고객과 선수들을 위해 어떻게 움직임을 최적으로 만들 것인가? 스포츠 퍼포먼스를 향상시키고, 통증을 감소시키고, 행복한 삶을 영위할 수 있게 만들 수 있을까? 결국 스포츠 과학 전문가들과 현장의 지도자들은 이런 질문에 답해야 한다는 같은 목표를 가지고 있다. 현장 적용의 성공 여부는 지도자의 끊임없는 탐구와 비판 정신에 달려있으며, 이를 위해서는 다양한 개념을 수용할 수 있는 마음과 지식이 중요하다.

『최고의 움직임은 어떻게 만들어지는가』는 인간의 움직임을 보다 심도 깊은 차원에서 탐구하며 폭넓게 적용할 수 있는 지식의 크기를 넓혀줄 것이다. 누군가는 혁명적이며 새로운 개념을 만날 것이고, 또 다른 누군가는 현장 적용을 위한 실용적인 레시피를 찾을 수 있을 것이다. 스포츠 과학 분야에 종사하지 않는 분이라도 인간의 움직임에 대한 이해를 통해 자신의 분야에 적용할 아이디어를 얻을 수 있으리라 확신한다. 번역 작업에 참여하는 것은 나의 교육 역량을 확장시켜 줄 뿐 아니라 새로운 연구를 위한 궁금증을 갖게 해주는 좋은 활력소가 된다. 현장을 잊지 못하도록 인사이트를 끊임없이 심어주는 정연창 트레이닝 코치와 이상일 코치, 같은 학과에서 함께 연구하며 교육에 힘써 주시는 성종훈 교수님, 그리고 항상 좋은 기획을 담당해 주시는 코치라운드 최승표 대표님에게 감사의 말씀을 드린다. | **장은욱**

작년에 출판된 롭 그레이 박사의 『인간은 어떻게 움직임을 배우는가』는 나로 하여금 읽으면서 많은 생각을 하게 만든 책이었다. 초등학교 5학년부터 시작해 프로야구 선수가 되기 위해 열심히 운동을 했던 어린 시절의 여러 장면들을 떠올릴 수밖에 없었다. 나는 어떻게 야구라는 스포츠를 학습했었나? 무엇을 느끼며 학창 시절을 보냈었지? 그 시절의 나는 야구를 하면서 나만의 생각을 가져본 적이 있었나? 움직임을 창의적인 방법으로 시도해 본 적이 있었나?

감독, 코치님과 선배들의 말이 법과도 같은 시절이었다. 그 당시의 움직임 학습은 지도자들의 경험으로 이루어진 것이 대부분이었다. 선수들마다 신체 능력과 구조도 다르고, 저마다 가지고 있는 생각이 달라도 모든 선수들이 하나의 획일적인 방법으로 지도를 받던 시절이었다. 사실 사람은 같은 목적의 움직임을 만들어 내려고 해도 똑같이 움직일 수는 없다. 사람은 로봇이 아니기 때문이다. 대신 사람은 환경에 따라 움직임에 변화를 주면서 적응할 수 있는 능력을 갖고 있다. 지도자라면 인간의 움직임이 가지고 있는 이런 특성을 이해하고 접근하는 것이 맞을 것이다. 그저 자신이 경험한 것을 바탕으로 지도하는 것이 아니라 각각의 선수들이 자신의 신체적인 특성에 맞는 움직임을 스스로 드러낼 수 있도록 도와주어야 한다.

지도자는 같은 말을 해도 선수는 각자 다르게 받아들이기도 한다. 지도자의 말을 듣고 동작이나 자세를 수정하기 위한 노력이 또 다른 문제를 낳는 경우도 많다. 심지어는 올바르게 하고 있던 움직임까지 문제가 생기는 경험을 종종 하곤 한다. 선수는 훈련을 하고도 어떤 움직임이 자신이 할 수 있는 최고의 움직임인지 느끼지 못하고 끝나는 날이 대부분이다. 지도자의 세심한 관찰과 적절한 개입이 그래서 중요하다. 수행하기 쉬운 과제를 시작으로 좋은 퍼포먼스를 낼 수 있는 학습 방법이나 환경을 지속적으로 만들어야 선수가 스스로 최적의 움직임을 찾아갈 수 있을 거라고 믿는다. 롭

그레이 박사가 이 책에서 구체적으로 소개하고 있듯이, 혹시라도 연습에서 어려움을 겪고 있는 선수가 있다면 환경을 바꾸거나 과제의 난이도를 조절하면서 선수가 최고의 움직임을 찾을 수 있도록 기다려주면 된다. 나에게도 더 많은 고민과 공부가 필요하다는 사실을 일깨워준 책이다. 부족하지만 이런 훌륭한 책을 함께 번역할 수 있게 도와주신 장은욱 교수님, 정연창 코치님, 성종훈 교수님, 최승표 대표님께 감사의 말씀을 드린다. 현장에서 선수를 지도하는 감독, 코치님들과 트레이너뿐만 아니라 학생들과 부모님들도 꼭 한번 읽어 보실 것을 권한다. | **이상일**

번역한 글을 다시 볼 때마다 마음에 들지 않는 단어나 문장이 계속 눈에 들어온다. 분명 며칠 전에 훑어보았을 때는 문제라고 느끼지 못했던 문장인데 어딘가 어색한 느낌으로 다가온다. 단어와 문장은 그대로지만 그 사이에 무언가가 변한 것이 분명하다. 전체 번역글을 리뷰하고 나서 책의 메시지와 흐름을 받아들이는 나의 이해 수준이 바뀌었을 지도 모른다. 그 사이에 내가 다른 책이나 기사 등을 보며 접한 정보가 그 문장과 관련이 있을 지도 모르겠다. 어찌되었든, 나는 그 문장을 손보기로 하고 단어를 바꾸거나 조사나 부사에 변화를 주어 조금 더 내 마음에 드는 문장으로 바꾼다.

그런데, 문제는 그걸로 끝나지 않는다. 단어 하나만 바꿨을 뿐인데 이어지는 다음 문장이 또 어색하게 느껴진다. 앞 문장의 단어와 표현 방식을 기반으로 다음 문장이 만들어졌기 때문이다. 두 문장이 매끄럽게 연결되도록 마찬가지로 단어나 조사에 살짝 변화를 준다. 내가 직접 옮긴 번역글인데도 나는 이렇게 매번 고쳤다 지웠다를 반복한다. 이런 나의 모습을 보며 책에서 소개하고 있는 우리 몸의 운동 시너지와 자기조직화 프로세스를 떠올린다. 읽기 쉽고 이해하기 쉬운 문장으로 채우고 싶다는 나의 '의도'가 활자에 민감하게 조율하며 최적의 솔루션을 이끌어내는 과정은 우리 몸이 움직임을 최적화하는 과정과 닮았다.

때로는 적합한 단어가 생각나지 않아 며칠을 고민하기도 한다. 사전도 뒤져보고, 인터넷으로 관련 단어를 검색해 보아도 좀처럼 눈에 들어오는 단어를 찾기가 어렵다. 그러던 어느 순간 어떤 단어가 내 마음 속을 파고 들어온다. 문제를 해결했다는 환희와 동시에 호기심이 올라온다. 그 단어는 어디에 있었을까? 내 머릿속에? 아니면 어딘가에 있던 단어를 내가 무심결에 스쳐 지나가며 본 것인가? 왜 얼마 전까지 생각나지 않던 단어가 이제 떠오른거지? 이런 나의 모습을 보며 느닷없이 창발하는 운동 기술을 생각한다. 내가 원하는 순간은 예기치 못한 순간에 뜻밖의 방식으로 찾아온다는 사실을 직접 실감한다. 이 모든 과정을 내가 했다는 느낌보다 나도 모르게 드러났다는 느낌이 더 강하게 든다. 이 책의 부제처럼!

번역에 함께 참여해 주신 정연창, 이상일, 성종훈, 장은욱 네 분께 감사드리고, 늘 멋진 표지와 일러스트, 편집으로 책을 멋들어지게 만들어주시는 조재영, 정희정, 정면씨에게도 감사의 마음을 전한다. | **최승표**

목
차

추천의 글 | 04

감수자의 글 | 15

번역자의 글 | 17

서문 끝없는 탐구의 길을 다시 시작하며 | 32

1장　　　정확한 태클에 숨어 있는 과학 | 47

인간은 지각을 통해 움직인다 : 직접 지각 | 50

뇌가 모든 근육과 관절을 컨트롤할 수 있을까 | 58

피칭 동작을 만드는 신비로운 운동 시너지 | 61

2장　　　수비 사이의 공간을 뚫어내는 정보-움직임 컨트롤 | 65

움직임에 필요한 정보를 직접 얻는다 : 구체화 정보 | 70

움직이는 방향을 직접 알려주는 광학 흐름 | 76

정보를 커플링해 수비수 사이를 뚫는다 | 80

날아가는 공을 잡아라 : 광학 가속도 | 84

정확한 타이밍에 상대를 쓰러뜨린다 : 시야각 | 85

지각-동작 커플링을 위한 연습 디자인 | 87

3장　　최고의 선수들은 보는 곳이 다르다 | 91

메이저리그 내야수의 눈의 움직임 | 94
시선의 변화로 퍼팅 테크닉을 바꾼다 | 98
페널티킥을 막는 골키퍼의 눈 | 101
투수의 모자를 보는 타자 : 시각 피봇 포인트 | 103
포인트 가드의 놀라운 시야 : 시선 앵커링 전략 | 104
시력은 과대평가되고 있다 | 106
머리를 움직이지 말라는 코치의 말 | 110
창의적인 축구 선수가 보여주는 시선 스캐닝 | 114
시선 컨트롤 능력을 키우기 위한 다섯 가지 접근법 | 116

4장　　움직임에 신경을 쓰면 움직임이 좋아질까 | 125

몸의 움직임에 신경을 쓰면 벌어지는 일 | 128
단어 하나에 따라 바뀌는 퍼포먼스 | 133
외적큐가 더 나은 퍼포먼스와 학습으로 이어지는 이유 | 137
최적의 코칭큐 사용을 위한 네 가지 원칙 | 142
왜 우리의 주의력은 흐트러지는가 | 152

5장   날아가는 프리즈비를 잡는 강아지 | 163

미래를 만들려면 미래를 예측해야 한다 : 예측 컨트롤 모델 | 170
지각에 대한 오해로 생긴 문제들 | 175
프리즈비를 잡아내는 강아지 : 전향 컨트롤 모델 | 178
예측하지 않지만 정확한 타이밍에 상대를 쓰러뜨린다 | 188

6장   동작이 아니라 연습 환경을 바꾼다 | 193

어린 시절 미끄럼틀이 보낸 초대장 | 196
어포던스의 세 가지 핵심 포인트 | 199
최대한 천천히 몸을 날리는 골키퍼 | 211
자세가 아니라 조건이다 | 216
좋은 코칭은 연습에 어포던스를 세팅하는 일 | 226

7장   근막의 자기조직화를 훈련시킨다 | 229

메카닉의 문제가 아닐 수 있다 : 근육 슬랙 | 232
근육 슬랙을 없애는 세 가지 방법 | 235
팝업 텐트와 같은 인간의 몸 : 생체긴장통합체 | 239
아쿠아백과 동시수축 | 244

8장　최고의 움직임은 경제적이다 | 249

같은 움직임을 적은 에너지로 만들어낸다 : 움직임 효율성 | 253
움직임 효율성도 그 자체가 연습의 목적이다 | 257
외적큐, 피드백, 측정 장비 : 움직임의 효율성을 높이는 연습 | 262

9장　빠른 결정이 언제나 좋은 결정인 것은 아니다 | 267

최대한 오래 결정을 미루는 능력 : 숙련된 의도성 | 269
움직임 속에서 창발하는 선택 | 277
놓치지 않는 초대장 : 숙련된 의도성의 기본틀 | 280
제약으로 의사결정 능력을 키운다 | 283
경기 중에 좋은 의사결정이 창발하도록 만드는 연습 | 286

10장　어퍼컷과 훅을 자유자재로 날린다 | 289

안정성과 융통성의 딜레마 : 어트랙터의 명과 암 | 292
날아오는 공에 따라 글러브 모양을 바꾼다 : 메타 안정성 | 297

11장　환상적인 어시스트의 비밀 | 303

지식이 아니라 조율을 공유한다 : 어포던스 공유 모델 | 309
팀 코디네이션 능력을 키우는 연습 | 316

12장   카운트에 따라 달라지는 타자의 의도 | 319

길이는 같아도 장력은 다른 고무 밴드 : 이력 현상 | 322
스윙을 피칭 동작과 커플링시킨다: 사전 단서와 미세 조정 | 328
예측이 아니라 의도를 코칭한다 | 332

13장   결승전의 만원 관중을 즐기는 선수 | 335

압박감을 다루는 법도 연습으로 발전시킬 수 있는 기술이다 | 337
선수는 결과에 보다 큰 두려움을 느낀다 | 341
연습에 압박감을 세팅하기 위한 핵심 원칙 | 345
선수의 기대에 따라 달라지는 연습 효과 | 348

14장   선수에 맞는 최적의 연습 난이도 | 351

단순 반복 연습이 가져다주는 '배웠다'는 느낌 | 355
학습 정보는 변화와 실패의 경험 속에 있다 : 70% 법칙 | 359
연습은 반복이면서 조정이다 | 363
연습의 난이도에 변화를 주기 위한 기술 훈련 주기화 프로세스 | 368

15장   예전의 몸으로 돌아가면 된다는 착각 | 373

재활은 새롭게 바뀐 몸에 대해 탐구하는 시간 | 375
완벽한 폼의 위험 | 377
최적의 스트레스 포인트를 찾아라 : 안티취약성 | 380
어포던스와 연결하는 재활 프로세스 | 384

16장   체크리스트는 잠자고 있는 아이디어를 깨워준다 | 389

연습 디자인을 위한 체크리스트 | 391
자신의 연습을 객관적으로 평가한다 | 394
연습의 변동성을 계획하고 기록하는 작업의 가치 | 394
코칭큐를 만들고, 분류하고, 정리하자 |398

에필로그 | 400
주 | 403

끝없는 탐구의 길을
다시 시작하며

이야기를 시작하기 전에 먼저 자신이 최고라고 생각하는 선수를
한 명 떠올려 보자. 그 선수가 다른 선수와 차이가 나는 점은 무엇
인가? 더 많은 득점, 더 많은 승리의 기록을 쌓았기 때문인가? 스
포츠 역사상 가장 뛰어난 업적을 남긴 두 선수가 최근에 은퇴를
선언했다. 세레나 윌리엄스와 로저 페더러다. 이 두 테니스의 전설
이 그토록 높은 평가를 받는 이유는 단순히 많은 대회에서 우승을
차지했기 때문일까? 아니면 또 다른 이유가 있는 것일까? 나는 두
선수가 많은 사람들로부터 위대한 선수로 칭송받는 데에는 우승
횟수 이상의 이유가 있다고 생각한다. 그들이 성취한 업적뿐만 아
니라 그것을 위해 기울인 과정 때문이다.

　최고의 기술을 보여주는 선수는 대개 최고의 움직임을 가진 선

수다. 그 선수들은 부드러운 움직임으로 더 많은 파워를 이끌어 낸다. 더 좋은 리듬과 타이밍으로 상대보다 늘 한 발 앞서 움직인다. 그들이 경기를 할 때는 마치 시간이 느리게 흐르는 것처럼 느껴진다. 그들은 또한 다른 선수들이 놓치는 기회를 포착하기 때문에 사람들은 종종 '시야가 넓다'는 말을 하기도 한다. 그들은 폭풍우의 한 가운데에서 배를 조종하는 선장처럼 경기 중에 끊임없이 나타나는 격렬한 변화에 대응하기 위해 자신의 기술을 미세하게 조절하면서 움직인다. 새로운 규칙, 새로운 테크놀로지, 새로운 장비, 그리고 자신을 이겨보겠다는 마음으로 밑에서 치고 올라오는 후배 선수들. 선수를 둘러싼 환경에는 변화의 파도가 넘실거리고 있다.

그들이 경기를 하는 모습을 보면 수만 명의 관중들이 하나도 존재하지 않는 것처럼 보인다. 마치 경기장에 혼자 있는 것처럼 플레이를 한다. 그들은 세월이 흘러도, 몸에 여러 부상이 쌓여도 자신의 기량을 유지한다. 시대를 초월한 불멸의 존재처럼 보인다. 그들은 윌리엄스와 페더러가 그랬듯이 똑같은 '이상적인' 동작을 매번 사용하지 않는다. 자신의 강점을 살려서 자신만의 고유한 접근 방식과 스타일로 경기한다.

이 책에서 나는 『인간은 어떻게 움직임을 배우는가』에서 다룬 주제들 너머로 가보려고 한다. 그 책에서 나는 인간이 어떻게 신체를 컨트롤하고 코디네이션하는지 다소 기본적인 수준의 아이디어들을 소개했다. 이 책에서는 그저 능숙하게 움직이는 수준을 넘어 마스터로 가는 길로 초대하려고 한다. 제법 잘 하는 수준을 넘어 최적화의 길로 가보려고 한다. 신체의 많은 부분들이 관여하는 움직임에서 경제적이고 효율적인 움직임으로 발전시켜 보려고 한다. 『인간은 어떻게 움직임을 배우는가』에서는 너무 많은 움직임 옵션이 존재하는 자유도 문제를 해결하는 차원에서 이야기했다면 이 책에서는 한 발 더 나아가 움직임 솔루션의 '풍요(abundance)' 를 적극적으로 활용하는 방법을 알아보려고 한다. 주어진 옵션 중에 최고의 옵션을 선택하는 작업을 넘어 움직이면서 어포던스 (affordance)에 영향을 미치는 단계, 다시 말해 자신이 사용할 수 있는 움직임 옵션을 주도적으로 만들고 변화시키는 단계까지 나아가 보려고 한다. 지각을 통해 움직이는 과정뿐만 아니라 움직임을 통해 지각하는 과정에 대해서도 이야기하려고 한다. 시간에 쫓기거나 압박감을 느껴 서둘러 동작을 선택하는 단계에서 벗어나 마치 무슨 일이 일어날지 알고 있었던 것처럼 여유있게 동작을 선택하는 단계로 발전해 보려고 한다. 마지막으로, 쉽게 깨지고 부서지는 기술이 아닌 적응 능력이 뛰어나고 왠만해서는 무너지지 않는, 도전을 받으면 더욱 강해지는 안티취약성(anti-fragile)을 어떻게 발전시킬 수 있을 지 소개하려고 한다.

　나는 이 책을 통해 최적의 움직임을 어떻게 발전시킬 수 있을지 함께 탐험하고 싶다. 각각의 선수가 주어진 여러 제약 조건 속에서 최고의 퍼포먼스를 낼 수 있는 움직임 패턴이 바로 최적의 움직임 이라고 할 수 있다.[01]

기술은
명사가 아니라 동사다

"연습을 인스킬먼트(enskilment)[*]의 과정으로 이해할 때 학습 (learning)은 행동(doing)과 구분되지 않는다. 학습과 행동 모두 세상과 실질적으로 관여되어 있다는 맥락이 깔려 있다." - 팀 잉골드[02]

평범한 테니스 선수를 세레나 윌리엄스나 로저 페더러로 만들 수 있는 간단한 연습 방법이나 비법은 당연히 존재하지 않는다. 하지만 그 길을 안내하는데 중요한 원칙은 있다. 숙련된 기술을 갖춘 다는 것은 결국 선수와 환경 사이의 관계를 만들고, 유지하고, 발전시키는 일이다. 의미를 기가 막히게 담아낸 잉골드의 말처럼 숙련된 기술은 '기술을 습득하는' 문제가 아니다. 선수의 몸에 저장된 무언가를 끄집어 내서 '컨트롤 할 수 있는 것을 컨트롤하는' 문제도 아니다. 숙련된 기술은 자신을 둘러싼 공간 속에서 움직여야 하는 인스킬먼트의 문제다.

결국 기술에서 중요한 것은 맥락(context)과 대칭(symmetry)이다. 기술은 명사라기 보다는 동사에 가깝다. 나는 결혼 생활을 잘 유지

---

* 팀 잉골드가 만든 단어로 인간의 주의가 깊게 머무르는 물리적 대상이 학습의 기반이 되며, 이것이 기술 습득의 본질이라는 의미로 '인스킬먼트enskilment'라고 불렀다.

하기 위한 좋은 '기술(명사)'을 가지고 있는 것이 아니라 아내와 좋은 결혼 생활을 '유지하고 있다(동사)'. 기술은 모든 것이 맥락 속에 존재한다. 아무런 맥락도 없이 일반적으로 좋은 결혼 기술을 가지고 있는지 테스트를 해보자고 누가 제안을 하면 나는 탐탁치 않을 것 같다. 좋은 결혼 생활은 '내'가 홀로 가질 수 있는 것이 아니다. 나와 아내, 둘의 문제다. '좋은 결혼 생활'은 누군가 한 사람이 자신의 것으로 소유할 수 있는 것이 아니다. 본질적으로 자신과 배우자 사이에 존재하는 것으로 상호적이면서 대칭적이다. 결혼 생활을 하며 나는 파트너와의 좋은 관계는 어떤 물건(명사)처럼 혼자 가질 수 있는 것이 아니라는 사실을 배우고 있다. 관계는 만들어 나가는 것이다(동사). 기술 역시 정적인 상태를 의미하는 명사가 아니다. 움직임을 통해서만 설명할 수 있는, 역동적으로 변화하는 동사다.

이 책에서 나는 최적의 움직임이란 결국 관계를 맺는 일이라는 점을 말하고자 한다. 〈그림 1〉처럼 선수를 둘러싼 환경은 선수에게 일종의 파트너다. 좋은 팀동료가 그렇듯이 환경 역시 선수에게 많은 것을 제공한다. 환경은 선수를 성공으로 이끄는 풍요로운 정보의 원천으로 선수를 다양한 움직임으로 초대한다. 환경으로부터 스스로를 떼어내어 모든 것을 혼자서 해내려고 애쓸 필요가 없다. 환경과 잘 연결되면 선수는 움직임을 통해 필요한 정보를 얻을 수 있다. 심지어는 환경 속의 정보를 만들고 변화시켜 환경으로부터 보다 많은 초대장을 받기도 한다.

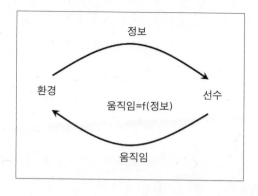

〈그림 1〉 선수와 환경의 관계

1장은 선수와 환경의 관계를 자세히 들여다본다. 환경이 선수에게 제공하는 것이 무엇인지 이야기할 것이다. 그리고 뇌뿐만 아니라 인체 시스템 전반에 걸쳐 지능(intelligence)이 존재한다는 사실도 핵심 포인트로 다루려고 한다.

2장부터 4장까지는 환경으로부터 얻을 수 있는 정보가 무엇인지, 그리고 정보를 가장 효과적으로 포착할 수 있는 방법은 무엇인지 살펴본다. 스포츠 분야에 있는 많은 사람들은 운동 기술에 대해 일종의 '매트릭스**'를 만들어왔다. 키에누 리브스가 주인공으로 나오는 영화 『매트릭스』처럼 정보를 처리하고, 해석하는 복잡한 세계를 만들어 운동 기술을 바라보고 있다.

** 매트릭스는 지표라는 의미를 가지고 있다. 저자는 이 책에서 복잡한 세계와 지표를 모두 뜻하는 중의적인 의미로 매트릭스라는 단어를 반복해서 사용하고 있다.(역자주)

야구에서는 보통 타자에게 이런 주문을 한다. 투수가 어떤 구종을 던지는지(투심 패스트볼, 슬라이더, 커브볼), 다른 투수보다 공이 빠른지, 회전수가 많은지, 볼배합은 어떤지, 디셉션 동작이 있는지 등을 미리 알아야 한다고 말한다. 이것 말고도 타자에게 주문하는 것들이 무척 많다. 단순한 스토리를 지나치게 복잡하게 만든다. 타자가 공을 제대로 때리기 위해 필요한 유일한 정보는 공이 홈플레이트를 언제, 어디로 지나가느냐 밖에 없다. 이게 전부다!

이 책에서 나는 영화 『매트릭스』의 마지막 장면으로 바로 넘어가려고 한다. 나는 그런 복잡한 '매트릭스'를 가로질러 핵심적인 내용을 확인하고 싶다. 좋은 결과를 얻으려면 많은 정보를 알고 있어야 한다는 환상을 깨고 싶다. 움직임을 컨트롤하는 데 필요한 정보가 정말 무엇인지 말하고 싶다. 그 정보는 환경 속에서 선수가 직접 포착하기만을 기다리고 있다.

좋은 기술은
하나의 움직임 솔루션을 반복하는 프로세스가 아니다

5장부터 8장까지는 움직임의 측면을 다룬다. 우리의 몸에서 언제나 전지전능한 존재로 여겨져 온 뇌의 부담을 조금이나마 덜어주려고 한다. 운동 조절(motor control)의 세계에서 뇌는 너무나 절대적인 존재였다. 이제는 최고 권력자의 자리에서 물러날 시간이다. 나는 두 가지 다른 방식으로 이 문제에 접근하려고 한다.

첫째, 선수는 환경과 올바른 관계를 만들면, 다시 말해 정보와 움직임 사이에서 좋은 관계를 만들면 많은 것을 얻을 수 있다. 그것도 아무런 대가도 없이 공짜로! 앞서 언급했듯이 타자가 상대 투수에 대해 알기 위해 많은 정신적인 노력을 기울일 필요가 없다는 의미다.

선수의 기대(anticipation)를 예로 들어보자. 많은 사람들은 상대보다 '한 발 앞서' 움직이기 위해서는 먼저 다양하고 복잡한 상황을 머릿속에서 예측해야 한다고 생각한다. 상황도 고려해야 하고, 어떤 일이 일어날 확률이 얼마나 되는지 가중치를 주면서 예측해야 한다고 말한다. 다시 말하지만, 우리는 많은 것들을 지나치게 복잡하게 만들었다. 기대란 결국 움직임에 관한 것이다. 선수와 환경을 하나의 시스템이라고 본다면, 시스템의 한 부분(선수)이 시스템의 다른 부분(공이나 상대방)이 몇 초 후에 할 일을 지금 하는 것을 의미한다. "그게 가능해?"라고 말할 수 있다. 당연히 가능하다. 정보와 움직임 사이의 관계를 제대로 만들고 유지해 나가면 된다. 아래의 함수와 같은 관계가 만들어지면 쉽게 일어날 수 있는 일들이다.

움직임=f(정보)

내가 생각하는 두 번째 접근 방식은 선수가 자신의 몸을 바라보는 방식에 변화를 주는 것이다. 많은 사람들은 인간의 신체를 '하드 어셈블리(hard assembly)'***라고 가정한다. 하드 어셈블리에는 미리 정해진 특정 기능을 수행하도록 세팅된 부품이 있다. 그런 부품들이 사전에 세팅된 순서로 조립이 된다. 하드 어셈블리 공정에는 이렇게 사전에 세팅된 프로세스에 변화를 주기가 어렵다. 우리는 인간의 신체가 이런 하드 어셈블리 방식으로 움직인다고 가정하곤 한다. 자전거를 예로 들면, 자전거에는 핸들과 브레이크, 페달 등이 있어서 방향을 잡고 속도를 내고 제동을 한다. 이것들 모두를 컨트롤하는 것은 지능을 가지고 있는 운전자다. 핸들을 적절한 각도로 꺾고, 알맞은 힘을 주면서 페달을 밟고, 브레이크를 제때 누르는 것 모두 운전자의 몫이다. 자전거 자체는 이런 일들을 하지 못한다. 자전거는 단지 운전자가 가지고 있는 기술을 표현할 수 있는 도구일 뿐이다. 자전거 자체에는 아무런 기술도 없다.

하지만 지금까지 말한 자전거와 운전자의 비유는 우리 몸이 작동하는 방식이 아니다! 우리의 뇌는 자전거 위에 앉아 운전을 컨트롤하듯이 우리 몸을 컨트롤하고 있지 않다. 그런 것처럼 보일 뿐이다. 실제로 우리 몸은 레고로 만들어진 자전거에 가깝다. 몸을 선수와 환경의 관계 속에 존재하는 일부로 간주하면 몸은 '소프트

***　고정 자동화(fixed automation)라고도 불린다. 부품에 거의 변화가 없는 제품을 만드는데 사용하는 공정을 의미한다. 대량 생산을 하게 되면 생산 단가를 낮추면서 생산 속도를 빠르게 가져갈 수 있지만, 부품에 변화가 생겼을 때 공정에 변화를 주기가 매우 까다롭다.

어셈블리(soft assembly)'****에 가깝다. 몸은 사전에 세팅된 방식과 순서대로만 움직이는 것이 아니라 다양한 과제를 해결하기 위해 스스로를 재구성하고 재조직한다. 같은 부품을 다른 목적으로 사용하기도 하고, 같은 기능을 수행하지만 때에 따라서는 다른 부품을 사용하기도 한다. 신체 내부의 긴장을 기가 막히게 컨트롤해서 몸의 구조와 안정성을 유지한다. 몸은 그 자체에 지능과 기술이 있다. 단지 그럴 수 있도록 허용해 주기만 하면 된다.

9장부터 12장까지는 적응 능력에 대해 다룬다. 환경과의 관계를 어떻게 조정하고 변화를 주어야 좋은 경기력을 유지할 수 있는지 이야기하려고 한다. 다시 한번 결혼에 비유하자면, 파트너와 좋은 관계를 유지하는 하나의 방법, 영원히 통할 수 있는 한 가지 방법은 있을 수 없다. 자녀에 관한 문제, 장기대출 상환, 새로운 직업을 구하는 과제, 나이를 들어가는 상황 등을 모두 고려해 파트너와 상호작용을 하면서 새로운 방법을 지속적으로 찾아 나가야 한다. 〈그림 2〉와 같이 이는 스포츠에서도 마찬가지다. 좋은 기술은 하나의 움직임 솔루션을 반복하는 프로세스가 아니다. 움직임 솔루션을 찾는 프로세스를 반복하는 능력이 좋은 기술이다.[03] 테니스 코트의 상태가 매일 바뀌듯이 선수가 마주하는 제약은 늘 변한다. 제

****　　유연 자동화(flexible automation)라고도 불린다. 부품에 변화를 주면서 다양한 제품군을 만드는데 사용하는 공정을 의미한다.

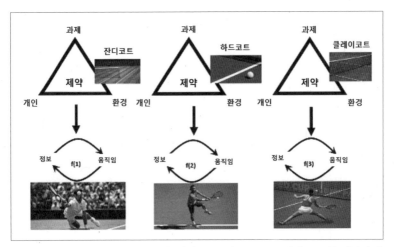

〈그림 2〉 테니스 선수들의 적응 능력. 잔디 코트, 하드 코트, 클레이 코트 등 제약의 변화에 따라 움직임 패턴에 변화를 주는 선수들.

약은 선수가 해결해야 할 새로운 문제들을 끊임없이 만들어 낸다.

적응 능력을 바탕으로 움직임 솔루션을 잘 만들어 내는 선수로 키우려면 두 가지 핵심 포인트를 기억해야 한다. 하나는 솔루션이 될 만한 다양한 옵션을 선수에게 제공해야 한다. 또 하나는 사용가능한 행동의 기회(어포던스, affordance)를 움직이면서도 최대한 오래 놓치지 않도록 훈련시켜야 한다. 이를 위해 의사결정이라는 요소를 선수에게 어떻게 학습시킬 수 있는지 따져보려고 한다. 일반적으로 스포츠의 세계에서는 빠른 결정이 좋은 결정이라고 생각하는 경우가 많지만 실제로는 그렇지 않다. 오히려 좋은 의사결정을 위해서는 결정을 최대한 미룰 수 있는 능력이 필요하다.

13장부터 15장까지는 그림 3에 표시된 문제들을 다루는 방법을

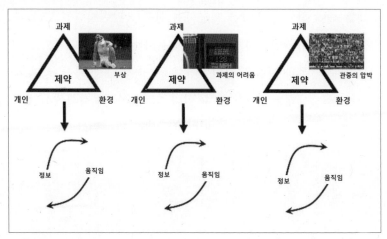

〈그림 3〉 부상, 과제의 어려움, 관중들의 압박 등으로 인해 정보와 움직임의 관계가 무너진 경우.

이야기한다. 부상, 통증, 지나치게 높은 난이도, 압박감과 같은 제약은 선수와 환경의 관계를 깨뜨린다. 때로는 선수의 커리어를 끝내기도 한다. 어떻게 하면 선수들의 기술을 안정적으로 강화시킬 수 있을지 살펴보려고 한다. 하지만 나는 이 문제를 대부분의 사람들이 기대하는 방식으로 풀어나가지는 않을 것이다. 아무도 건드리지 않는, 장식장 안에 놓인 유리병처럼 운동 기술을 조심스럽게 다루어서는 안된다. 오히려 유리병을 밖으로 꺼내 언제든지 깨질 수 있는 환경 속에 놔두어야 한다. 실제 경기에서는 기술이 산산조각이 나버리는 상황 속으로 선수를 초대해야 한다. 나는 기술을 일부러 망가뜨리면서 기술을 단련하는 방법을 소개하려고 한다. 과제를 제대로 수행하지 못하면 연습 후에 모두가 보는 앞에서

노래를 해야 하는 압박감을 제공하며 선수를 단련시킬 수도 있다. 다양한 동작과 불안정한 자세에도 도전시킨다. 이런 방식으로 코치는 선수의 몸과 마음을 안티취약성(anti-fragility)을 가진, 쉽게 무너지지 않는 상태로 끌어올릴 수 있다. 압박감이 큰 상황에서 초크***** 상태에 빠져 퍼포먼스가 떨어지는 것을 막아준다.

***** 압박감이 심한 상황에서 선수가 과도하게 긴장을 하며 정상적인 플레이를 보여주지 못하는 상태를 의미한다. 초크 상태에 빠진 선수는 숨을 제대로 쉬지 못하거나, 주변에서 벌어지는 일을 제대로 지각하지 못하거나, 평소에는 쉽게 할 수 있는 동작을 실수하는 등의 모습을 보인다.

마지막으로 16장에서는 선수와 환경의 관계를 발전시키는 데 유용하다고 생각하는 몇 가지 도구와 체크리스트를 소개한다. 어떻게 하면 데이터에 기반해 연습을 잘 디자인할 수 있을까? 코치가 어떤 방식으로 코칭큐와 제약, 드릴 등을 구성하면 선수 모두가 핵심 원칙을 공유하면서 연습할 수 있을까? 이런 질문에 답을 해보려고 한다.

먼저 나의 첫 번째 책 『인간은 어떻게 움직임을 배우는가』를 읽고 피드백을 주신 모든 분께 고맙다는 말을 전하고 싶다.[04] 반응이 정말 대단했고, 솔직히 너무나도 황송한 수준이었다. 독자분들의 열광적인 반응을 접하며 다음 책을 써야겠다는 영감과 동기를 얻을 수 있었다.

가장 고마웠던 것은 내가 그동안 교류를 해왔던 코치, 트레이너, 선수들의 반응이었다. 굳이 말로 표현하자면 '공명하는 느낌'이었다. 내가 소개한 혁신적인 접근법을 현장의 많은 분들이 받아들이고 있었다. 그 방법을 사용하면 연습이 더욱 생동감 있고 역동적으로 바뀌며, 연습이 경기와 비슷해지면서 선수들이 더욱 재미있게 참여하게 된다고 많은 코치들이 이야기해 주었다. 그런 모습은 사실 우리 모두가 스포츠를 시작한 이유이기도 하다.

그리고 내가 제시한 아이디어들은 사실 현장의 코치들이 오랜 시간 동안 실험을 하면서 풍부한 경험적 지식을 통해 스스로 개발한 연습 방식과 매우 유사하다. 우리는 완전히 새로운 발명을 하려는 것이 아니다. 기술 습득의 바탕이 되는 이론을 이해해서 기존의 코칭 기법을 발전시키고, 변형하고, 확장하려는 것뿐이다.

이 책은『인간은 어떻게 움직임을 배우는가』에서 소개한 몇 가지 핵심 원리를 기반으로 풀어나간다. 변동성, 자기조직화, 지각-동작 커플링, 제약 등 오랜 친구들을 다시 만나게 된다. 제약 주도 접근법과 차이학습법도 다시 한 번 꺼내볼 생각이다.『인간은 어떻게 움직임을 배우는가』를 읽지 않았어도 재미있게 읽을 수 있는 책을 쓰려고 했지만 그래도 그 책을 먼저 읽고 나서 이 책을 집어들면 더 많은 아이디어를 얻을 수 있지 않을까 생각한다.

자! 이제 즐길 시간이다. 이번에도 함께 시작을 축하하면서 이야기를 시작해보자! 그리고 커플링을 잊지 말자! (『인간은 어떻게 움직임을 배우는가』를 읽었다면 무슨 뜻인지 이해했을 것이다!)

1장

정확한 태클에
숨어 있는 과학

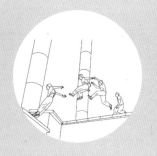

"머릿속에 무엇이 있는지 묻지 말고, 머리가 어디에 속해 있는지 물어라." - 윌리엄 메이스[01]

'막강한 파워를 가지고 있는 뇌는 인간의 움직임에 대해 모든 답을 가지고 있다!' 운동 기술과 관련해 우리는 오랫동안 이렇게 믿어왔다. 반면 몸 밖의 환경에 대해서는 다음과 같이 생각해 왔다. 환경은 무질서하다. 그리고 미스테리로 가득 차 있다. 인간의 지각 시스템이 환경으로부터 포착하는 정보들은 그 자체로 분명하지가 않다. "저기 저런 게 있을 지도 몰라." 이런 느낌의 간접적인 신호에 불과하다. 환경으로부터 포착된 정보가 움직임을 컨트롤하기 위해 사용되려면 별도의 처리와 해석 과정을 거쳐야 한다. 몸은 뇌의 꼭두각시에 불과하다. 근육과 건, 관절 등은 자체적인 지능이 없기 때문에 뇌로부터 전달된 프로그램을 충실히 수행할 뿐이다. 어떤 기술을 숙련한다는 것은 그러므로 우리의 뇌를 지식과 멘탈 모델, 운동 프로그램 등으로 채운다는 것을 의미한다. 기술이 살고 있는 집은 바로 머리다!

하지만 나는 다른 주장을 하고 싶다. 최고의 움직임으로 가는 다른 길이 있다면? 우리를 둘러싼 환경이 그다지 미스테리하지 않다면? 결정적으로 우리가 찾는 많은 답을 환경이 제공하고 있다면? 윌리엄 메이스가 재치있게 표현한 위의 문장처럼 뇌 안에서 무슨 일이 벌어지고 있는 지를 탐구하는 노력만큼 뇌가 어디에 속해 있는지(환경, 생태)를 탐구해 보면 어떨까? 뇌의 꼭두각시라 믿어왔던 우리의 몸은 생각 이상으로 지능적인 것은 아닐까? 복잡한 움직임 문제를 스스로 해결할 수 있는 것은 아닐까? 이제 뇌와 몸, 그리고 환경 사이의 관계를 고려하면서 운동 기술을 보다 균형잡힌 시각으로 들여다보자.

인간은 지각을 통해 움직인다 : 직접 지각

'죽음의 행성'이라는 액션 영화의 주인공으로 캐스팅되었다고 상상해보자. 거대한 행성이 지구로 다가오고 있다. 인류를 구해야 할 임무가 있는 나는 행성이 언제 지구와 충돌할 지를 알아내야 한다. 하지만 행성은 미지의 존재다. 얼마나 큰 지 알 수가 없다. 집채만한 크기의 커다란 바위가 멀리서 날아오고 있는지, 배구공만한 크기의 돌이 가까이 다가온 상태인지 알 수가 없다. 얼마나 빨리 지구를 향해 돌진하고 있는지도 알 수 없다. 이런!! 영화가 해피 엔딩으로 끝나긴 틀렸다. 지구는 이대로 멸망할 것인가!
다행히도 과학자이자 소설가인 프레드 호일(Fred Hoyle)은 1957년에 쓴 『The Black Cloud』라는 과학 소설에서 이 문제에 대한 근사한 해결책을 제시했다.[02, 03] 호일은 충돌까지 남은 시간(time to contact : TTC)을 알아내기 위해 다가오는 물체의 실질적인 거리나 속도를 알 필요가 없다는 사실을 알아차렸다. 눈에 들어온 그 물체의 이미지 크기를 알면 된다는 것이다. 〈그림 1.1〉을 보면 풋볼 선수가 공을 들고 달려오고 있다. 이 선수가 일정한 속도로 달려오면, 충돌하기까지 걸리는 시간(TTC)은 달려오는 선수의 현재 이미지 크기를 이미지가 커지는 속도로 나누면 된다. 됐다!!! 이제 영화를 해피 엔딩으로 끝낼 수 있다.

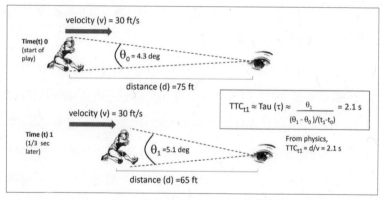

〈그림 1.1〉 바라보는 대상의 크기 변화로부터 얻을 수 있는 충돌 시간 정보. '타우'라고도 부른다.

나는 위의 사례를 이용해 제임스 깁슨이 제시한 '직접 지각(direct perception)' 이론을 설명하곤 한다. 직접 지각의 놀라운 능력을 이해하기 좋은 사례다. 이 문제는 언뜻 보면 머릿속에서 여러 계산과 분석 작업을 해야 하는 복잡한 일처럼 보이지만 전혀 그렇지 않다! 충돌까지 걸리는 시간(TTC)을 알기 위해 선수가 달려오고 있는 속도와 거리를 파악할 필요가 없다.[04] TTC는 환경에서 직접 얻은 정보를 통해 구체적으로 알 수 있다. TTC를 예측하기 위해 사전에 상대 선수의 움직임을 분석할 필요도 없다. 올바른 정보를 환경으로부터 제대로 포착하기만 하면 된다.

이 경우에 다가오는 대상의 크기가 변하는 속도를 데이비드 리(David Lee) 박사는 '타우(tau)'라고 이름 붙였다. 타우는 자동차를 운전할 때 브레이크를 밟아야 할 타이밍,[05] 멀리뛰기 선수가 발판을 밟는 타이밍,[06] 새가 물고기를 잡기 위해 물 속으로 뛰어들면서 날개를 순간적으로 접는 타이밍을 어떻게 컨트롤하는지를 설명하는데 유용하다.[07]

풋볼 선수가 상대를 태클하기 위해 달려가는 두 가지 다른 상황을 통해 타우를 조금 더 이해해보자. 첫 번째는 펀트*를 리턴하려고 기다리는 상대팀 선수를 향해 수비수가 뛰어가는 상황이다. 수비수는 최대한 빨리 달려서 펀트 리터너와의 거리를 빠른 시간 안에 줄여야 한다. 할 수만 있다면 태클을 할 수 있을 정도의 지점까지 와있어야 한다. 하지만 부딪히기 직전에는 멈추어야 한다. 펀트를 리턴하는 선수가 공을 잡기 전에 태클을 하면 방해 동작으로 페널티를 받기 때문이다.

---

* 상대방 진영 깊숙하게 공을 차서 보내는 플레이를 말한다.

두 번째는 공을 잡고 뛰는 상대 공격수를 향해 태클을 해야 하는 상황이다. 수비수는 강력한 태클로 공격수와 부딪혀 공을 떨어뜨리게 만들어야 한다. 하지만 너무 빨리 달려서 공격수를 지나치는 오버런이 되어서는 안된다.

이 두 가지 각각의 시나리오에서 수비수는 자신이 목적을 달성할 수 있는 적절한 속도로 달리고 있는지를 어떻게 알 수 있을까? 이것 역시 여러 계산과 예측을 해야 하는 복잡한 문제처럼 보인다. 하지만 두 상황 모두 단순하게 문제를 해결할 수 있다. 선수는 간단하게 환경으로부터 하나의 정보만 포착하면 된다. 그리고 그 정보를 이용해 달리는 속도를 조절하면 된다. 그러면 수비수는 달려가는 상대 공격수를 딱 맞는 타이밍에 태클할 수 있다.

'타우'라는 정보는 상대 선수가 자신과 충돌하기까지 남은 시간을 알려준다. 타우는 보고 있는 대상의 이미지 크기 변화를 기반으로 하기 때문에 여러 상황에 적용될 수 있다. 날아오는 야구공을 치는 타자처럼 대상(공)은 움직이고 자신은 제자리에 있는 상황, 멀리뛰기 선수가 발판을 밟고 뛸 때처럼 대상(발판)은 고정되어 있고 자신이 움직이는 상황, 축구에서 크로스로 날아오는 공을 향해 달려가는 선수처럼 대상(공)과 선수 모두 움직이는 상황 등이다.

〈그림 1.1〉처럼 공을 잡은 상대팀의 러닝백**이 자신을 향해 달

** 풋볼에서 공을 잡고 뛰는 공격 포지션

려오는 상황을 다시 들여다보면, 달려오는 러닝백의 이미지 크기의 변화 속도(타우)는 2초 안에 자신과 충돌할 거라는 사실을 알려준다. 물론, 수비수는 러닝백과 충돌할 때까지 멍하니 서서 기다리지만은 않는다. 상대가 최대한 앞으로 전진하지 못하도록 막아야하기 때문이다. 그래서 수비수는 다가오는 러닝백을 향해 달리게된다. 이로 인해 러닝백의 이미지는 훨씬 빠른 속도로 커지면서 타우의 값도 바뀌게 된다. 타우는 그럼 수비수에게 충돌 시간이 1초라고 다시 알려준다.

선수와 대상이 환경 속에서 움직일 때 타우의 값이 변화하는 속도(타우닷tau-dot이라고 불리는 변수)는 움직임 컨트롤을 위해 사용되는 또 다른 직접 정보가 된다. 이 정보는 뇌에서 처리하거나 해석할 필요가 없다. 데이비드 리 박사는 1976년에 진행한 연구에서 타우닷이 다가오는 물체와 얼마나 강하게 충돌하게 되는지를 직접 구체적으로 알려준다고 이야기했다. 데이비드 리 박사의 분석으로부터 우리는 충돌을 컨트롤하기 위해 사용할 수 있는 간단한 법칙세 가지를 정리할 수 있다.

(1) 타우닷 값이 −1과 −0.5 사이인 경우(그림 1.2.A)에는 움직이는 도중에 큰 충격을 가하며 상대와 충돌하게 된다. −1에 가까울 수록 충돌로 인한 힘은 더 커진다.

(2) 타우닷 값이 −0.5와 0 사이인 경우(그림 1.2.B)에는 상대와 아주 가까이 접근하지만 충돌 직전에 멈추게 된다. 만약 정확

히 −0.5라면 상대와 키스를 할 수 있을 정도로 가까운 거리
에서 멈추게 된다.

(3) 타우닷 값이 0보다 큰 경우(그림에는 없다)에는 여전히 계속 움
직이지만 대상으로부터 멀리 떨어져 있는 위치에 가 있게
된다.

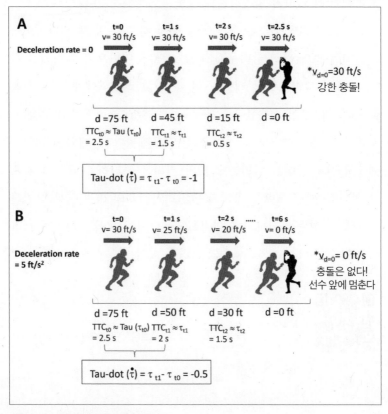

〈그림 1.2〉 타우닷 컨트롤 법칙

그러므로 첫 번째 시나리오에서 펀트 리터너를 향해 뛰는 우리 팀의 디펜시브백***이 해야 할 일은 달리는 속도를 조절하며 타우닷의 값을 -0.5와 0 사이로 유지하는 것이다. 타우닷의 음의 값이 커지면 달리는 속도를 늦춰야 한다. 타우닷의 값이 0에 너무 가까워지면 그때는 속도를 높여야 한다. 이렇게 정보에 조율하며 달리는 속도를 조절하면 디펜시브백은 펀트 리터너가 공을 잡기 전에 최대한 빨리 다가가 멈춘다는 목적을 달성할 수 있다.

달려오는 러닝백을 향해 태클을 해야 하는 두 번째 시나리오에서 수비수는 달리면서 타우닷의 값을 -0.5 미만으로 유지해야 한다. 그래야 달려가면서 태클을 할 수 있고 러닝백에게 큰 충격을 줄 수 있다. 사실 선수들은 줄곧 이렇게 해왔다. 적절한 정보를 포착해서 그것을 이용해 움직임을 컨트롤 해왔다. 상대의 움직임을 예측하거나, 상대가 달리는 속도와 거리를 복잡하게 계산할 필요가 없었다. 환경 속에는 우리가 발견하기를 기다리는 정보가 있다는 것을 보여주는 사례가 있다. 다소 극단적인 예이긴 하지만 브라이언 부쉬웨이(Brian Bushway)의 놀라운 이야기를 소개한다.[08]

브라이언 부쉬웨이의 이야기

*** 풋볼에서 수비 포지션 중에 하나

운 좋게도 나는 팟캐스트에 브라이언을 초대해 인터뷰한 적이 있다.[09] 그는 14살부터 시력을 잃기 시작했고, 지금 그의 눈은 빛에 전혀 반응을 하지 않는다. 그렇지만 놀랍게도 브라이언은 여전히 '볼 수 있다'. 브라이언은 음파를 탐지하는 법을 배웠다. 그는 환경에서 자연발생하는 청각 정보, 즉 사물에서 반사되어 나오는 소리를 이용해 대상과 사건의 위치를 파악하고 확인한다. 산악자전거도 타고, 얼음 위에서 스케이트도 타는 등 정상 시력을 가진 사람들과 다를 바 없이 많은 활동을 한다. 중요한 것은 브라이언 또한 스스로 음파를 내보내는 존재라는 사실이다. 그는 입으로 '딸깍' 하면서 일부러 소리를 만든다. 이 소리가 환경 속에서 반사되면서 자신이 포착할 수 있는 청각 정보를 만들어 낸다. 브라이언의 이런 모습은 깁슨이 말한 '지각-동작 커플링(perception-action coupling)'과 완벽하게 들어맞는다. 우리는 지각을 통해 움직일 뿐만 아니라 움직이면서 지각을 하기도 한다.

환경으로부터 얻는 정보는 분명하지도, 완전하지도 않다는 가정에는 문제가 있다. 그 정보들이 뇌를 통해 처리되거나 해석되어야 한다는 가정도 마찬가지다. 다음 장에서 다시 다루겠지만, 연구자들은 야구나 크리켓에서 공을 치거나 잡는 기술부터 축구와 농구, 럭비에서 수비 사이의 공간을 뚫어버리는 기술에 이르기까지 광범위한 스포츠 기술에서 타우와 타우닷과 같은 정보의 존재를 확인했다. 움직임을 컨트롤할 수 있도록 환경이 직접 제공하는 정보들이다. 최고의 움직임은 단지 뇌의 정보처리 능력을 키운다고 해서 만들어지는 것이 아니다. 사실 그러한 정보처리 과정은 필요하지 않다. 최고의 움직임은 움직임을 컨트롤하는데 직접적이면서 강력하게 영향을 미치는 정보와 조율하는 작업으로부터 나온다.

뇌가 모든 근육과 관절을 컨트롤할 수 있을까

우리의 몸은 정말 뇌의 꼭두각시에 불과할까? 많은 사람들의 생각처럼 뇌의 명령에 따라 움직이는 단순한 기계장치거나 그저 기술이 표현되는 경로일 뿐일까? 〈그림 1.3.A〉와 같은 방식으로 바퀴가 움직이는 자동차를 운전하면 어떤 일이 벌어질 지 생각해 보자. 이 차는 4개의 바퀴가 완전히 따로 움직이기 때문에 운전자는 각각의 바퀴에 연결된 4개의 핸들을 모두 조작해야 한다. 아마 대부분의 사람들은 이 차의 설계가 형편없다고 생각할 것이다. 운전자에게 너무 많은 부담을 주는 디자인이기 때문이다. 각각의 바퀴를 일일이 컨트롤하는 것은 너무나 어려운 일이다. 4개의 핸들을 조작해 차를 몰려면 오랜 시간을 훈련해야 하는데 좋은 방법이라고 할 수 없다. 자동차의 디자인을 바꾸는 것이 보다 좋은 방법이다. 〈그림 1.3.B〉와 같이 바퀴 사이를 연결하는 차축을 추가하면 문제를 간단히 해결할 수 있다. 그러면 운전자는 하나의 핸들로 바퀴를 컨트롤할 수 있게 된다.

이번에는 두 가지 종류의 텐트를 떠올려보자. 하나는 말뚝을 박아 땅에 고정시키고 밧줄을 연결해 만드는 옛날 방식의 텐트다. 어

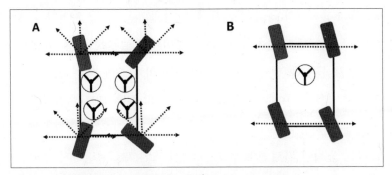

〈그림 1.3〉 컨트롤 문제를 단순화시키기 위한 자동차 디자인 개선

릴 때 나는 이런 스타일의 텐트를 치면서 엄청 고생했던 기억이 있다. 밧줄은 어느 정도의 각도로 연결해야 하는지, 말뚝을 박을 곳에 나무 뿌리가 있으면 어떻게 해야 하는지를 알려주는 텐트 설치 강좌를 들어야 하나 고민할 정도였다.

또 하나는 요즘 대부분의 사람들이 캠핑을 갈 때 사용하는 현대적인 스타일의 팝업 텐트다. 이 텐트는 가방에서 꺼내자마자 자동으로 텐트의 모양이 만들어진다. 이러한 팝업 텐트는 '긴장통합체(tensegrity)'의 좋은 예다. 팝업 텐트는 사용하는 사람이 외부에서 힘을 가해 만들어지는 구조가 아니다. 텐트 안에 붙어 있는 폴대가 일으키는 장력(긴장)으로 만들어진다. 다시 말해 팝업 텐트의 구조를 만드는 원천은 외부에서 작용하는 힘이 아니라 내부에서 만들어진 힘들의 균형이다. 팝업 텐트는 일단 만들어지면 그대로 들어서 다른 장소로 옮길 수도 있다. 심지어는 우주로 날려보내더라도 텐트의 모양은 변하지 않는다. 단어에서 알 수 있듯이, 긴장통합체

(tensegrity)는 긴장(tension)을 통한 완전체(integrity)를 의미한다. 텐트의 구조는 텐트 안에 있는 폴대 사이에서 발생하는 장력(긴장)이 내적으로 균형을 잡으며 유지된다. 외부의 압력에 의해 텐트의 구조가 유지되는 것이 아니다. 오히려 외부의 힘은 텐트를 가방에 다시 넣을 때처럼 텐트의 구조를 유지하고 싶지 않을 때 필요하다.

나는 움직임 컨트롤의 두 가지 핵심 포인트를 설명하기 위해 자동차와 텐트의 사례를 들었다. 첫째, 뇌라는 중앙 통제실에 움직임 컨트롤에 대한 모든 짐을 떠맡기고, 신체의 각 부분이 무엇을 해야 하는지 일일이 명령을 내리도록 하는 것은 엄청나게 어려운 일이다. 4개의 핸들을 일일이 조작하며 자동차를 운전하는 것은 그다지 효과적인 방법이 아니다. 말뚝과 밧줄 등 여러 외부의 힘을 이용해 텐트를 설치하는 작업 또한 마찬가지다. 4개의 핸들로 움직이는 자동차나 옛날 방식의 텐트가 가지고 있는 부품의 수보다 우리의 몸을 구성하고 있는 근육이나 관절의 수가 훨씬 많다. 아래는 공을 던지거나, 배트로 공을 치거나, 골프 클럽을 휘두를 때 상체에서만 벌어지는 일을 설명한다.

"어깨의 경우, 10개의 근육이 관절 주변에서 함께 움직인다. 여러 안정근과 이두박근, 삼두박근은 제외한 숫자다. 팔꿈치에는 6개의 근육이 함께 움직인다. 4개의 근육이 척골 관절을 움직이고, 6개의 근육이 손목의 움직임에 관여한다. 26개의 자유도가 조절되어야 한다는 의미다."[10]

이렇듯 뇌의 중앙 통제실에서 명령을 내려 몸을 움직이게 만드는 일은 4개의 핸들이 아니라 26개의 핸들이 있는 자동차를 운전하는 엄청난 난이도의 작업인 셈이다. 아직 우리는 하체에 대한 이야기는 하지도 않았다. 두 번째 핵심 포인트는 설령 명령을 내리는 뇌의 기능을 발달시킨다고 해서 움직임 컨트롤 문제를 근본적으로 해결할 수 없다는 점이다. 경험을 통해 뇌에 지식을 쌓고, 운동 프로그램과 멘탈 모델을 저장시켜 신체의 구성 요소들이 각각의 상황에서 어떤 움직임을 가져가야 하는지 구체적인 값을 정해준다고 한들 움직임 컨트롤 문제가 제대로 해결되는 것은 아니다. 이것은 여러 핸들을 조작하는 법을 가르쳐서 해결되는 문제가 아니다. 텐트를 설치하는 방법을 하나하나 가르쳐서 해결할 수가 없다. 자동차와 텐트의 디자인을 개선해야 한다. 인간의 몸도 적절한 방법으로 훈련을 하기만 하면 바퀴를 연결하는 차축과 텐트에 붙어있는 폴대가 작용하듯이 움직임을 컨트롤할 수 있다.

피칭 동작을 만드는 신비로운 운동 시너지

우리 몸이 운동 시너지를 발달시키는 모습이 좋은 예다. 최근에 마쓰오(Matsuo)의 연구팀은 준프로급의 투수를 대상으로 피칭 동작을 분석했다.[11] 12명의 투수가 최고 구속의 패스트볼을 10개씩 던졌다. 투수가 피칭을 하는 동안 팔꿈치, 어깨, 골반, 무릎, 발목 등의 관절 각도를 측정했다. 수집한 관절 각도 데이터를 이용해 피칭 동작을 재구성하고 공이 릴리스되는 시점에 손이 어디를 향하고 있는지를 계산했다.

투수는 릴리스포인트의 변동성이 각각의 투구마다 작기를 바란다. 그래야 공을 원하는 타겟으로 던질 가능성이 높기 때문이다. 그렇다면 각각의 관절이 무엇을 해야 하는지 중앙통제실(뇌)이 일일이 명령을 내리는 방식으로 릴리스포인트를 일관되게 가져갈 수 있을까? 이에 대한 답을 찾기 위해 연구팀은 〈그림 1.4〉처럼 피칭 동작을 두 가지 유형으로 재구성해서 비교했다.

〈그림 1.4〉의 위쪽은 하나의 피칭 동작에서 측정한 관절 각도로 피칭 동작을 재구성한 이미지다. 아래쪽은 서로 다른 피칭 동작에서 측정한 관절각도로 재구성한 이미지다. 이를테면 첫 번째 피칭에서 팔꿈치 각도를 가져오고, 네 번째 피칭에서 무릎 각도, 다섯 번째 피칭에서 고관절 각도를 가져와 하나의 피칭 동작을 구성한 것이다.

투수가 피칭을 할 때 요구되는 모든 관절의 각도를 뇌에 구체적으로 세팅해 놓았다면 그가 하는 모든 피칭 동작에는 차이가 없어야 한다. 매번 피칭을 할 때마다 뇌가 정해 놓은 팔꿈치 각도로 공을 던져야 한다. 첫 번째 피칭이던 다섯 번째 피칭이던 팔꿈치 각도에는 차이가 없어야 한다. 하지만 연구팀이 관찰한 내용은 그렇지 않았다. 정확한 피칭의 척도라고 할 수 있는 릴리스포인트를 관찰해 보니 손의 각도는 서로 다른 피칭 동작에서 관절 각도를 가져와 재구성했을 때 변동성이 9배나 더 높았다.

하나의 피칭 동작에서 수집한 관절 각도로 구성한 피칭 동작

1 2 3 4 5..

서로 다른 피칭 동작에서 수집한 관절 각도로 재구성한 피칭 동작

1 2 3 4 5..

〈그림 1.4〉 측정한 관절 각도 데이터로 재구성한 피칭 동작.

이 연구 결과는 두 가지 중요한 사실을 알려준다. 첫째, 피칭을 할 때마다 각 관절의 각도는 달라진다. 투수는 항상 똑같은 관절 각도로 피칭을 하는 것이 아니다. 둘째, 이러한 변동성은 그저 무작위로 일어나는 것이 아니다. 하나의 피칭 동작에서 팔꿈치와 어깨 관절의 각도를 관찰했더니, 두 관절이 서로에 맞추어 변화를 주는 모습을 확인할 수 있었다. 어깨가 과도하게 회전하는 바람에 릴리스포인트에서 손이 너무 낮아질 것 같으면 팔꿈치 관절이 회전을 줄이는 보상 움직임을 만들어내며 운동 시너지를 일으킨다. 자동차에 비유해 설명하면 투수의 몸은 관절을 연결하는 차축을 만들어 어깨와 팔꿈치가 서로의 움직임을 보완하도록 자기조직화하고 있는 셈이다. 이렇듯 인간의 몸은 그 자체에 지능이 있다. 뇌에 만 지능이 존재해서 몸을 컨트롤하는 것이 아니다.

뇌 역시 선수와 환경을 아우르는 시스템의 일부로 여기면서 운동 기술을 보다 균형 잡힌 관점으로 바라보면 우리가 찾고 있는 많은 답을 얻을 수 있다. 복잡하게 예측을 하지 않아도, 각각의 관절을 어떻게 움직여야 하는지 뇌에 프로그램을 저장해 놓지 않아도 우리는 목적을 달성하고 움직임을 최적화하는 법을 배울 수 있다. 그저 환경 속에 존재하는 올바른 정보에 주파수를 맞추는 법만 배우면 된다. 우리 몸의 지각(perception)은 일종의 라디오다. 듣고 싶은 채널에 맞추기만 하면 된다. 그렇게 지각을 통해 포착한 정보를 움직임과 연결하기만 하면 된다. 그것만으로도 우리는 놀라울 정도로 탁월한 기술을 구사할 수 있다.

브라이언 부쉬웨이가 보여주는 모습처럼 인간은 심지어 시력이 사라져도 '보는' 법을 배울 수 있다. 지능을 가진 몸이 차축과 폴대로 몸의 여러 부분을 연결하면서 스스로를 조직하도록 허용해주면 된다. 몸은 필요한 상황이 되면 순간적으로 놀라운 코디네이션 능력을 보여준다. 이제 선수와 환경을 어떻게 연결시킬 수 있는지 본격적으로 탐험을 시작해 보자.

2장

수비 사이의 공간을 뚫어내는
정보-움직임 컨트롤

많은 사람들은 인간의 지각을 움직임을 컨트롤하기 위한 간접적인 수단으로 여겨왔다. 지각 자체만으로는 충분하지 않으며 지각한 정보를 뇌에서 해석하고 처리한 후에 움직임을 위한 명령을 내려야 한다는 생각이다. 그러한 믿음을 바탕으로 만들어진 코칭 방법들은 선수가 반드시 지나가야 하는 매트릭스Matrix의 세계를 만들었다. 키애누 리브스가 주연한 영화 『매트릭스』에 등장하는 세계처럼 선수를 둘러싼 환경은 매우 미스테리하고 복잡하기 때문에 많은 정신적인 노력을 기울여 그것을 해석하고 이해해야 한다는 믿음을 키워왔다.

"지각은 환상이야."
"현실이라는 것은 우리의 뇌에서 만들어지는 세계일 뿐이야."

그런 믿음을 은연중에 받아들이는 말들이다. 이런 믿음에 기반해 움직임을 바라보면 선수는 좋은 움직임을 만들기 위해 뇌에서 정보를 처리하고 계산하는 법을 배워야 한다. 어떤 일이 일어날지 예측하고 움직여야 한다. 하지만 우리는 모두 영화『매트릭스』의 마지막 장면을 기억하고 있다. 주인공인 네오가 알아차렸던 것처럼 이것이 모두 조작된 현실이라면?!

2장에서는 환경으로부터 어떤 정보를 포착해야 움직임을 '직접' 컨트롤할 수 있는지 사례 중심으로 이야기하려고 한다. 잡는 동작과 때리는 동작, 달리기와 멈추기, 태클과 태클을 피하는 움직임에 이르기까지, 제임스 깁슨(James Gibson)이 소개한 직접 지각 이론을 바탕으로 소개하려고 한다. 깁슨이 지각에 대한 연구를 시작했을 때,[01] 우리가 세상을 지각하는 방식에 대한 생각은 영화『매트릭스』와 매우 비슷했다. 세상에 있는 많은 정보들 중에 우리가 얻는 것은 제한적인 단서에 불과하며, 우리가 바라보는 세상은 그 단서를 가지고 뇌가 만든 조작된 세계다. 이런 설명으로 충분해

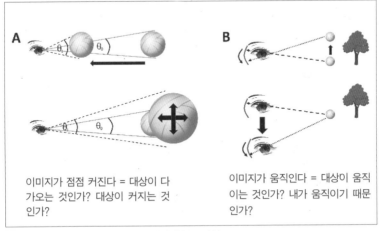

이미지가 점점 커진다 = 대상이 다가오는 것인가? 대상이 커지는 것인가?

이미지가 움직인다 = 대상이 움직이는 것인가? 내가 움직이기 때문인가?

〈그림 2.1〉 망막에 맺힌 이미지의 변화와 불분명함

보였다. 〈그림 2.1〉처럼 감각 기관을 통해 들어오는 정보는 끊임없이 변화한다. 분명하지 않고 모호한 측면도 있다. 시각 지각을 예로 들면, 물리적으로 변하지 않는 대상을 보는데도 그 물체는 다르게 보일 수 있다. 바라보는 물체의 이미지 크기는 얼마나 멀리 떨어져 있느냐에 따라 변한다. 망막에 맺히는 물체의 모양은 보는 각도에 따라 달라진다. 심지어 명암과 색깔도 배경과 조명에 따라 바뀐다.

최근에 한 드레스 사진이 큰 화제가 되고 있다.[02] 같은 색깔의 드레스인데도 보는 사람에 따라 완전히 다른 색으로 지각된다. 어떤 사람들은 파란색이라고 하고, 어떤 사람들은 금색으로 보인다고 말한다.

사람에 따라 다르게 지각되는 색깔

심리학 용어로 설명하면, 같은 원위(distal)* 자극이라도 망막에 닿는 근위(proximal)** 자극에는 광범위한 변화를 일으킬 수 있다. 같은 물체로부터 들어오지만 시각 정보가 끊임없이 변하는 빛의

---

* 체간을 기준으로 먼 곳
** 체간을 기준으로 가까운 곳

패턴을 우리는 어떤 과정을 통해 보는 것일까? 뇌가 그런 이미지 변화를 교정하기 위해 정보를 처리하고 계산하는 과정이 있어야만 가능한 일이 아닐까? 나의 첫 번째 책 『인간은 어떻게 움직임을 배우는가』를 읽은 분이라면 이쯤에서 우리가 하는 이야기가 니콜라이 번스타인(Nikolai Bernstein)의 이론과 유사하다는 점을 눈치 챘을 것이다. 깁슨이 지각을 바라보는 관점은 운동 학습에서 자유도 문제와 본질적으로 비슷하다. 깁슨이 볼 때는 뇌가 그것들을 처리하기에는 너무 많은 옵션이 있었고, 잠재적인 정보가 너무 많았다.

움직임에 필요한 정보를 직접 얻는다 : 구체화 정보

〈그림 2.2〉는 내가 보는 대상의 이미지가 커질 때, 그것이 나에게 다가오기 때문인지 아니면 대상의 크기가 커지고 있는 것인지를 구별하는 문제(그림 2.1.A)를 다루고 있다. 처음 배구공을 볼 때 배구공의 시야각은 θ_0이다. 그리고 배구공과 수평선은 β_0의 각을 형성한다. 약간의 시간이 흘러 이 두 각도는 θ_1과 β_1이 된다. 이렇게 각도가 커졌다는 것($\theta_1 - \theta_0$)은 무엇을 의미할까? 배구공이 나를 향해 날아오고 있기 때문에 얼른 피해야 할까? 아니면 누군가 공에 바람을 넣고 있기 때문에 배구공이 커지고 있는 것일까? 깁슨은 하나의 정보만 포착하면 쉽게 구별할 수 있다고 이야기한다. 시야각(θ_0)과 수평선과 형성한 각도(β_0)사이의 비율(θ/β)을 보기만 하

면 된다. 〈그림 2.2.A〉처럼 이 비율이 일정하게 유지되면서 시야각이 커지고 있다면 배구공이 나에게 날아오고 있는 것이다. 빨리 피하면 된다! 반면 〈그림 2.2.B〉처럼 시야각이 커지고 있는데 비율이 변하고 있다면 배구공이 커지고 있음을 의미한다.

〈그림 2.1〉은 바라보고 있는 대상이 움직이는 것인지, 아니면 내가 움직여서 대상이 움직이는 것처럼 보이는 지를 구별하는 문제를 묘사하고 있다. 〈그림 2.3.A〉는 여기에 하나의 간단한 요소를 더해 이 문제를 이해하도록 도와준다. 바로 나무 이미지의 움직임이다. 〈그림 2.3.A〉의 위쪽 그림처럼 오직 공만 움직일 경우에는 공의 이미지만 눈을 가로질러 움직인다. 굵은 화살표로 표시된 것처럼 나무 꼭대기의 이미지는 변하지 않는다.

아래쪽 그림처럼 보는 사람의 눈이 아래로 움직이면 이때는 공의 이미지뿐만 아니라 나무의 이미지도 함께 움직인다. 〈그림

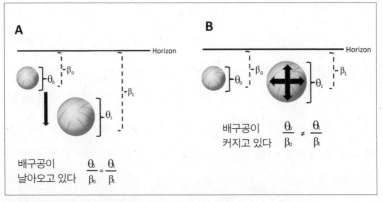

〈그림 2.2〉 배구공이 날아오고 있다는 사실을 구체화시켜 주는 불변 정보

2.3.B〉처럼 바라보는 사람이 움직일 때 환경 속의 모든 대상의 이미지는 눈을 가로질러 움직인다. 이런 현상을 깁슨은 '광학 흐름(optic flow)'이라고 불렀다. 광학 흐름은 움직임을 컨트롤하는 데 필요한 중요한 정보를 제공한다. 예를 들어, 광학 흐름의 방향은 어느 방향으로 움직이고 있는지를 알려주고 광학 흐름의 속도는 얼마나 빨리 움직이고 있는지를 알려준다.

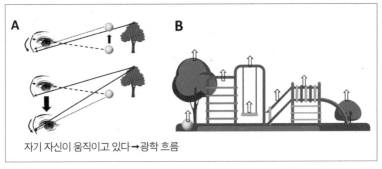

자기 자신이 움직이고 있다→광학 흐름

〈그림 2.3〉 바라보는 대상이 아니라 자신이 움직이고 있음을 구체적으로 알려주는 불변 정보.

단순하기는 해도 이것은 깁슨이 주장하는 몇 가지 핵심 포인트를 잘 설명한다. 첫째, 우리는 환경으로부터 어떤 정보를 포착하기만 해도 간단하게 지각의 문제를 해결할 수 있다. 그 문제를 풀기 위해 뇌에서 정보를 처리하거나 추가적인 계산을 할 필요가 없다. 사전에 무언가를 미리 알고 있어야 하는 것도 아니다.

〈그림 2.1.A〉는 배구공이 커지고 있는 상황을 보여준다. 배구공이 나에게 날아오고 있기 때문에 점점 커지는 것처럼 보이는지, 아

니면 배구공 자체가 정말 커지고 있기 때문인지가 분명하지 않은 상황이다. 하지만 이 문제는 θ/β 비율만 감지하면 쉽게 해결할 수 있다.

〈그림 2.1.B〉는 공이 움직이는 것인지, 공을 바라보는 내가 움직이는 것인지 분명하지 않은 상황을 보여준다. 이 문제는 단순히 공 자체의 움직임만 보는 것이 아니라 환경 안에 있는 모든 물체의 상대적 움직임(광학 흐름)을 감지하면 쉽게 해결된다.

이것들은 뇌가 만든 조작된 현실이 아니다. 지각하는 정보가 분명하지 않다고 말할 이유도 없다! 움직임의 목적을 달성하려면 환경으로부터 얻는 정보로는 충분하지 않다는 가정이야말로 일종의 환상이다. 우리의 지각은 그렇지 않다! 환경 안에 있는 물체들의 상대적 움직임을 감지하는 작업은 빼고 오로지 망막에 맺힌 이미지만을 이용해야 한다면 우리는 반드시 해결해야 하는 문제를 만들게 된다. 빛이 환경 속에서 여러 물체와 부딪혀 만들어진다는 관점으로 보면 이 문제는 쉽게 해결된다. 단지 여러 정보들을 포착하기만 하면 된다.

이 사례에서 확인할 수 있는 두 번째 중요한 포인트는 깁슨이 말한 '불변 정보(invariants)'라는 개념이다. 앞서 이야기했듯이 많은 사람들은 지각이 '간접적인' 수단이라고 믿는다. 지각을 통해 얻는 정보가 매우 변동성이 심하기 때문이다. 어느 정도 맞는 말이긴 하지만, 앞서 소개한 사례에서 보듯 모든 정보가 변하는 것은 아니다. 어떤 정보는 변하지 않는다. 공의 물리적 크기가 변하지 않으면, θ/β의 비율은 그대로 유지된다. 공이 다가오거나, 멀어지거나, 회전을 하거나, 바운드가 되거나 상관없이 변하지 않는다.

물체는 그대로 있는데 바라보는 사람이 아래로 움직이면 〈그림 2.3.B〉처럼 일정하게 유지되면서 변하지 않는 광학 흐름 패턴이 생기게 된다. 어떤 사건에서든 이렇게 변하지 않는 불변(invariant) 정보가 존재한다. 우리는 이런 불변 정보를 이용해 움직임을 컨트롤할 수 있다. 뇌의 해석 과정을 통해 계속 변하는 정보의 의미를 알아내려고 애쓸 필요가 없다. 그냥 적절한 불변 정보를 포착하기만 하면 된다. 지금까지 내가 한 말을 듣고 누군가는 이렇게 질문할 수도 있다.

"헷갈리는데요. 환경으로부터 변하지 않는 불변 정보를 포착하는 것이 핵심이라고 말씀하셨는데요. 날아오는 배구공을 볼 때도 그렇고, 타우와 타우닷의 사례에서도 그렇고, 바라보는 대상의 이미지 크기(θ)가 변하지 않습니까? 이걸 어떻게 변하지 않는 정보라고 할 수 있는거죠?"

다시 한번 분명히 정리하고 넘어가자. 불변 정보라는 용어를 사용할 때 이것은 하나의 사건 안에서 모든 것이 똑같이 유지된다는 의미는 아니다. 비슷한 유형의 여러 사건에 걸쳐 핵심적인 특성은 변하지 않는다는 뜻이다. 예를 들어, 어떤 대상이 나를 향해 다가오는 경우에 타우라는 정보는 언제나 충돌할 때까지의 시간(Time To Contact : TTC)을 구체적으로 알려준다. 다가오는 대상이 야구공이든 자동차든 모두 똑같다. 손으로 던졌든 발로 찼든 같다. 오른쪽에서 날아오든 왼쪽에서 날아오든 같다. 시속 150km로 다가오든 시속 1km로 다가오든 같다. 다른 특성들은 상황에 따라 변하더라도 타우가 TTC를 알려준다는 사실은 변하지 않는다. 그렇기 때문에 타우는 어떤 대상이 나에게 다가오는 모든 사건에서 불변 정보가 된다.

이 사례를 통해 설명할 수 있는 마지막 포인트는, 우리가 사는 세계 속에서 움직인다는 것은 고차원 정보(타우, 타우닷 등)를 감지하는 작업을 포함하고 있다는 점이다. 크기, 거리, 속도와 같은 단순한 저차원 정보를 감지하고 나서 뇌에 복잡한 표상(complex representation)을 만드는 것이 아니다. θ/β와 같은 보다 복잡한 비율 정보도 우리는 직접 지각한다. 움직임을 발달시키려면 지각을 통해 이러한 고차원 정보에 조율하는 법을 훈련해야 한다.

다양한 사례와 응용 방법을 다루기 전에 소개하고 싶은 마지막 개념이 있다. 모든 것을 하나로 엮는 '구체화(specification)'라는 개념이다. 지각이 움직임을 컨트롤하기 위한 간접적인 수단이 될 수밖에 없다는 이유로 자주 언급되는 사례가 망막에 맺힌 이미지의 변동성이다. 얼핏 보면 망막에서 벌어지는 근위 자극과 원위의 환경 사이에는 'N to 1'의 함수가 존재하는 것처럼 보인다. 망막에 맺히는 광학 패턴은 외부 세계에서 일어나는 수많은 요소들에 영향을 받아 다르게 나타나기 때문이다. 이렇듯 망막의 이미지는 정보로서 불분명하기 때문에 해석과 처리 과정을 거쳐야 한다고 여긴다. 그래야 실제로 무슨 일이 일어나고 있는 지 추론할 수 있다고 생각한다.

불변 정보가 움직임을 구체화시켜준다는 깁슨의 주장은 이런 생각을 완전히 뒤집는다. 우리의 지각 시스템이 망막에 맺힌 이미지와 같은 저차원 정보만을 포착하는 것이 아니라 고차원 불변 정보도 포착한다면 정보와 환경은 1:1로 매칭이 된다. 망막에 맺힌 이미지의 사례로 보면, 어떤 대상의 시야각은 커지지만 θ/β의 비율이 일정하게 유지되면, 이는 외부 세계에서 일어나는 오직 하나의 사건에 해당한다. 깁슨의 표현대로 고차원 불변 정보가 '구체화시켜' 주는 것이다. 다시 말해 불변 정보가 하나의 사건을 구체적으로 가리키고 있다는 의미다. 1장에서 우리는 타우와 타우닷을 이야기하며 몇 가지 구체화 정보의 사례를 살펴보았다. 그렇다면 스포츠와 관련된 구체화 정보에는 어떤 것들이 있을까?

움직이는 방향을 직접 알려주는 광학 흐름

당신이 나와 비슷한 나이라면 윈도우95에서 작동하던 스타필드 화면 보호기가 기억날 것이다. 〈그림 2.4〉처럼 스타필드 화면 보호기에서는 하얀 점들이 일정한 패턴으로 계속 움직인다. 점들이 움직이기 때문에 나는 가만히 있는데도 마치 앞으로 움직이고 있는 것 같은 기분을 느낀다. 어떻게 몇 개의 점을 가지고 실제로 움직이는 듯한 느낌을 만들어내는 것일까? 이유는 바로 정보에 있다!

〈그림 2.3〉처럼, 내가 움직이면 환경 속에 있는 물체의 이미지는 눈을 가로질러 움직인다. 이런 시각(광학) 이미지의 움직임(흐름)은 내가 움직이는 방향과 직접 관련되어 있다. 스타필드 화면 보호기에서 모든 점들은 하나의 포인트로부터 바깥으로 흘러 나간다. 이렇듯 모든 대상이 하나의 포인트로부터 흐르는 현상은 앞으로 움직일 때 일어난다. 뒤로 움직일 때는 대상의 이미지들이 하나의 포인트를 향해 안쪽으로 흐른다. 대상의 이미지들이 오른쪽으로 흐르면 왼쪽으로 움직이고 있음을 의미한다. 대상의 이미지들이 왼쪽으로 흐르면 오른쪽으로 움직이고 있음을 의미한다. 광학 흐름은 불변 정보다. 운전을 하고 있든, 하늘을 날고 있든, 달리고 있든 똑같다. 광학 흐름은 내가 어느 방향으로 움직이고 있는지를 '구체화'시켜준다. 다시 말해 구체적으로 알려준다.

〈그림 2.4〉 광학 흐름. 스타필드 화면 보호기

앞으로 움직이는 경우를 조금 더 자세히 들여다보자. 깁슨은 비행기 착륙 과제를 연구하며 이 부분에 특히 관심을 가졌다. 그는 조종사에게 앞으로 움직이는 것처럼 느끼게 만드는 정보를 제공했다. 이때 그는 광학 흐름에서 다른 중요한 구체화 속성에 주목했다. 첫째, 광학 흐름의 속도는 이동 속도를 구체적으로 알려준다. 대상이 빠른 속도로 흐르면 나 역시 빠르게 움직이고 있다는 것을 의미한다. 둘째, 흐름의 중심 위치는 내가 움직이는 방향을 구체적으로 알려준다. 깁슨은 흐름의 중심 위치를 '확장 초점(focus of expansion)'이라고 불렀다. 스포츠에서의 사례를 통해 우리는 이 개념을 보다 잘 이해할 수 있다.

풋볼 선수는 어떻게 수비수 사이로 돌파해 나갈까? 상대 수비가 줄지어 서있는 상황에서 어디로 달려야 하는지를 어떻게 알 수 있을까? 각각의 수비수와의 거리와 각도, 스피드를 일일이 알아야 하는 것일까? 3-4 수비 대형을 쓰는지 4-3 수비 대형을 쓰는지도 알아야 할까? 우리팀이 어떤 런닝 전략을 쓰고 있는지를 잘 알아야 할까? 그렇지 않다. 그건 영화 『매트릭스』처럼 너무나 복잡하다.

볼을 잡고 달리는 선수가 상대 수비수를 향해 움직이면 광학 흐름이 생긴다. 상대 선수의 이미지가 바깥쪽으로 흐르며 움직인다. 〈그림 2.5〉처럼 공간을 찾아 돌파하기 위해서는 확장 초점을 수비수 사이의 공간에 맞추고 달리는 방향을 조정해 나가면 된다. 확장 초점이 달려가는 방향을 구체적으로 알려준다. 어떤 작전으로 달리든, 어떤 팀을 상대하든 똑같다. 단순하게 정보(확장 초점)-움직임(달

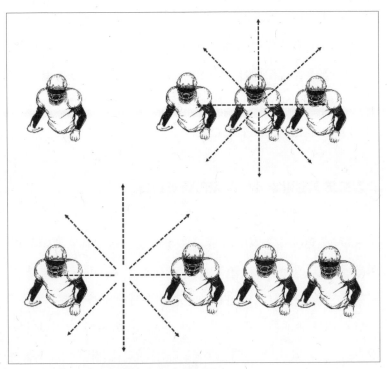

〈그림 2.5〉 광학 흐름을 이용해 돌파할 공간을 찾기

리는 방향) 관계를 만들기만 하면 수비수 사이를 뚫고 달릴 수 있다.

스타필드 화면 보호기는 또 하나의 중요한 포인트를 이야기하고 있다. 타우나 광학 흐름과 같이 어떤 사건을 구체화시켜주는 불변 정보가 있고 과학기술을 활용해 그러한 정보를 인위적으로 만들어낼 수 있다면, 사람들로 하여금 그 사건을 지각하게 만들 수 있다. 스타필드 화면 보호기가 바로 거기에 해당하는 사례라고 할 수 있다. 가상 현실(virtual reality, VR) 기술도 마찬가지다. 가상 현실

속에서 내가 보고 있는 모든 대상이 움직이도록 정보를 만들면 그 정보는 내가 움직이고 있다는 현실을 구체화시켜준다. VR 헤드셋을 통해 볼 때 마치 내가 움직이는 것처럼 느껴지는 이유다. 이렇듯이 불변 정보를 만들면 그 정보가 구체화시키는 특정한 사건이 일어나는 것처럼 만들 수 있다.

정보를 커플링해 수비수 사이를 뚫는다

〈그림 2.5〉에서 공격수는 달리는 방향을 조정하면서 수비수 사이를 뚫고 나갈 바로 그 지점에 확장 초점을 유지하면 돌파에 성공할 수 있다. 그런데 선수가 그 지점에 도달했을 때 뚫고 나갈 공간이 여전히 존재할 지를 어떻게 알 수 있을까? 여기 또 하나의 핵심 포인트가 있다. 환경에는 여러 다른 사건을 저마다 구체화시켜주는 정보가 있지만, 우리를 둘러싼 세계는 역동적(dynamic)이다. 어떤 사건도 영원히 지속되지는 않는다. 잡아야 할 공, 뚫고 달려야 할 공간, 태클해야 할 선수가 늘 그 자리에 머물러 있는 것은 아니다. 대부분의 스포츠에서 이러한 사건은 불과 몇 초만 지나도 사라지곤 한다. 그래서 우리에게는 타이밍 정보가 필요하다. 다행히 우리는 타우(다가오는 대상의 크기가 변하는 속도)라는 변수를 이용해 타이밍 정보를 쉽게 얻을 수 있다.

〈그림 2.6〉처럼 우리를 둘러싼 세계는 시야각으로 가득 차 있다. 중요한 사실은 이런 시야각이 공이나 팀 동료, 상대 선수와 같

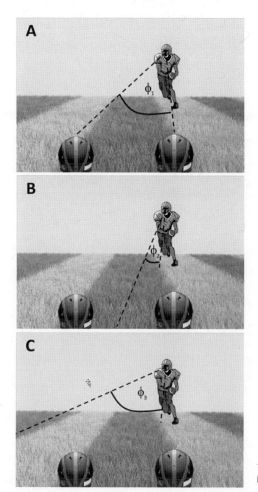

<그림 2.6> 공격수가 포착하는
다양한 시야각

이 어떤 대상을 볼 때만 만들어지는 것이 아니라는 점이다. 대상들
사이의 간격도 시야각을 만든다. 〈그림 2.6.A〉에서 두 수비수 사이
의 간격은 ϕ_1의 시야각을 만든다. 〈그림 2.6.B〉에서 수비수와의 라
인과 공격수가 달리는 라인 사이의 간격은 ϕ_2의 시야각을 만든다.

〈그림 2.6.C〉에서 공을 들고 달리는 선수와 사이드라인 사이의 간격은 Φ_3의 시야각을 만든다. 더 이야기할 수도 있지만 일단 이 정도만 정리해 보자.

시야각의 변화 속도는 타이밍과 연관된 움직임 정보를 구체적으로 알려준다. 일반적으로는 다음과 같이 이야기할 수 있다. 어떤 각도를 그 각도의 변화 속도로 나눈 값을 타우라고 정의하면 우리는 타우를 통해 다음과 같은 정보를 얻을 수 있다.

- Φ_1의 타우는 수비수 사이의 공간이 사라질 때까지의 시간을 구체적으로 알려준다.
- Φ_2의 타우는 공격수가 달리는 라인이 수비수와의 라인과 만날 때까지의 시간을 구체적으로 알려준다.
- Φ_3의 타우는 공격수가 사이드라인에 도달할 때까지의 시간을 구체적으로 알려준다.

이런 공간 정보를 사용해 움직임을 컨트롤하는 방법은 타우들을 커플링하는 것이다. 이런 방법은 데이비드 리가 가장 먼저 주장했다.[03] 예를 들어, 수비수 사이를 돌파하려는 공격수는 Φ_1의 타우와 Φ_2의 타우를 커플링시켜 달리는 속도와 방향을 조절한다. Φ_2의 타우는 Φ_1의 타우보다 작게 유지되어야 한다. 그래야 공격수는 수비수 사이의 공간이 사라지기 전에 그 공간을 뚫고 지나갈 수 있다. 상대의 수비 대형을 알 필요도 없고, 거리를 계산할 필요도 없다. 상대 선수의 움직임을 미리 예측할 필요도 없다. 타우들만 커플링시키면 수비수 사이를 뚫고 나갈 수 있다.

〈그림 2.7〉은 투수가 던지는 공을 치려고 하는 타자의 모습이다. 타자는 어떻게 공이 날아오는 바로 그 지점으로 딱 맞는 타이밍에 배트를 보내는 것일까? 강한 타구를 보내고 싶은 타자는 공이 홈플레이트 앞쪽에 왔을 때 두 팔을 완전히 뻗어 최대한 많은 힘을 실은 상태에서 공을 때리고 싶어 한다.

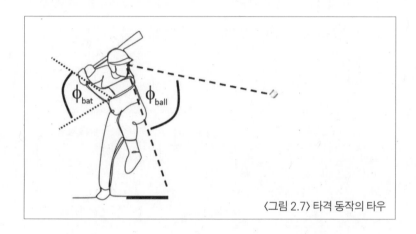

〈그림 2.7〉 타격 동작의 타우

타자의 이런 난해한 과제 역시 풋볼의 사례와 마찬가지로 타우를 커플링하는 방식으로 설명할 수 있다. 공과 (공을 때려야 하는) 홈플레이트 앞쪽 지점 사이의 간격이 하나의 타우(Φ_{ball})가 된다. 배트와 홈플레이트 앞쪽 지점 사이의 간격이 또 하나의 타우(Φ_{bat})가 된다. 타자는 두 개의 타우를 커플링시켜 스윙을 하면 어느 구종이든 타이밍을 맞출 수 있다.

날아가는 공을 잡아라 : 광학 가속도

　야구 경기에서 외야수가 플라이볼을 잡기 위해 달리고 있다. 이 선수는 자신이 올바른 방향으로 달리고 있는지를 어떻게 알 수 있을까? 지금의 속도로 달리면 공이 땅에 떨어지기 전에 잡을 수 있는지를 어떻게 알 수 있을까? 날아가는 공을 보고 얻은 정보를 뇌에서 분석하고 예측해야 하지 않을까? 다시 한번 말하지만 그럴 필요가 없다. 환경 속에는 움직임 컨트롤을 위해 직접 사용할 수 있는 정보가 있다. 그 정보들은 우리가 사용하기만을 기다리고 있다.

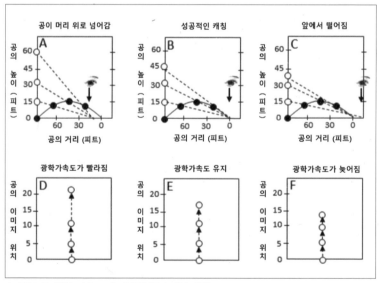

〈그림 2.8〉 광학 가속도에 기반한 플라이볼 캐칭.

채프먼(Chapman)의 연구팀은 야수가 공 이미지의 광학 가속도에 기반해 달리는 방향을 조절하면 플라이볼을 잡을 수 있다는 것을 연구를 통해 입증했다.[04] 〈그림 2.8〉은 포물선을 그리며 날아가는 플라이볼(검은색 점)이 야수의 눈에 어떻게 투사되는 지(하얀 점)를 보여준다. A와 D에서는 야수가 너무 앞으로 빠르게 달린 나머지 공이 머리 위로 넘어가버렸다. 공의 광학 가속도가 점점 빨라지고 있는 모습을 볼 수 있다. 공과 가까워질 수록 눈에 입력되는 공의 위치가 큰 폭으로 바뀌게 된다. 반대로 C와 F는 야수가 충분히 빨리 달리지 않아서 공이 먼저 땅에 떨어진 상황을 보여준다. 공의 광학 가속도가 점점 느려지는 모습을 볼 수 있다. B와 E처럼 광학 가속도가 떨어지면 달리는 속도를 높이고, 광학 가속도가 빨라지면 달리는 속도를 늦추면 날아가는 공 이미지의 광학 가속도는 일정한 수준을 유지하게 된다. 외야수는 공이 떨어지는 바로 그 지점에 딱 맞는 타이밍에 도착할 수 있게 된다.

정확한 타이밍에 상대를 쓰러뜨린다 : 시야각

풋볼 경기에서 수비수는 어떤 방식으로 상대 공격수에게 강한 태클을 들어갈 수 있는 것일까? 그것도 정확한 타이밍으로! 지금까지 잘 따라왔다면 이 질문에 대한 답도 간단하다! 〈그림 2.9〉과 같은 시야각 유지 전략을 사용하면 된다. 플레이가 시작되면 수비수와 공격수 사이의 시야각은 β_0가 된다. 수비수는 이 각도

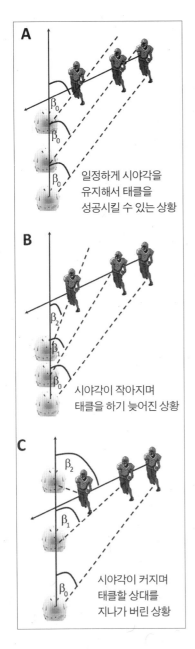

A

일정하게 시야각을
유지해서 태클을
성공시킬 수 있는 상황

B

시야각이 작아지며
태클을 하기 늦어진 상황

C

시야각이 커지며
태클할 상대를
지나가 버린 상황

를 그대로 유지하며 움직이면 된다. 시야각이 작아지면 속도를 높이고, 시야각이 커지면 속도를 늦춘다. 그러면 두 선수의 이동 경로는 A처럼 한 지점에서 만나게 된다. 공격수가 페이크 동작을 하던, 달리는 속도에 변화를 주던 관계없다. 수비수가 이 각도만 계속 유지하며 움직이면 두 선수는 한 지점에서 충돌하게 된다. 하지만 B와 C처럼 시야각이 크거나 작게 되면 수비수는 태클에 실패하게 된다.

우리를 둘러싼 세상이 미스테리하고 분명하지 않은 정보로 채워져 있다는 가정에서 벗어나면 복잡한 '매트릭스' 너머의 세계를 우리는 볼 수 있다. 우리 주변의 환경은 움직임을 만들어내는

〈그림 2.9〉 움직임을 컨트롤해서 일정하게 시야각을 유지하기

유용한 정보로 가득 차 있다. 타우, 시야각, 광학 흐름 등의 정보를 이용해 우리는 원하는 목적을 달성할 수 있다. 환경은 언제나 초대장을 보내고 있다. 우리는 그 초대를 받아 움직임 컨트롤을 도와주는 파트너로 삼으면 된다.

지각-동작 커플링을 위한 연습 디자인

코치는 실제 경기에서 선수가 사용하는 구체화 정보를 어떻게 식별해낼 수 있을까? 선수는 연습 때 사용하는 정보를 결국 경기에서도 사용한다. 그렇다면 코치는 선수가 어떤 정보를 사용하고 있는지 알아야 한다. 사용할 수 있는데 사용하지 못하고 있는 정보가 무엇인지도 알아야 한다. 나는 코치에게 주어진 이 과제를 두 가지 다른 차원에서 접근할 수 있다고 생각한다.

수학을 좋아하는 사람이라면 시야각, 광학 가속도 등을 계산해서 구체화 정보를 파악할 수 있다. 이런 방식을 선호하는 사람들을 위해 다행히 많은 연구들이 앞서 이루어졌다. 시간과 움직임에 관련된 변수를 이해하길 원하는 분들께는 데이비드 리(David Lee),[05] 제임스 토드(James Todd),[06] 제임스 커팅(James Cutting)[07]의 연구를 추천한다. 골프 그린과 같은 경기장 표면의 경사 정보, 공간 정보에 관심이 있다면 쿤드릭(Koendrink)과 반 도른(van Doorn)의 놀라운 작업을 찾아보라고 권하고 싶다.[08] 하지만 대부분의 코치들에게는 정확한 수학 공식이나 방정식이 필요한 것은 아니다.

나는 코치가 운동 기술과 관련된 정보를 개념적으로 이해하는 것이 중요하다고 생각한다. 내가 속한 종목에 중요한 움직임 정보는 무엇인지? 특정 선수에게 중요한 정보는 무엇인지? 타자가 공을 치기 위해 사용할 수 있는 시간은 어떻게 되는지? 상대 수비와 얼마나 가까이 있는지? 어느 방향으로 움직여야 하는지? 수비 대형과 관계없이 변하지 않는 정보는 무엇인지? 다양한 궤적으로 날아오는 공에서 변하지 않는 정보는 무엇인지?

코치가 이런 질문을 던진다면 통상적으로 하는 많은 연습에서 치명적인 문제를 발견하게 될 것이다. 실제 경기에서 상대 수비수는 변화무쌍하게 움직이며 우리팀의 공격을 방해한다. 그런데 수비수를 그저 바닥에 놓은 두 개의 콘으로 대체해서 연습을 하면 선수들은 상대 수비수 사이의 공간을 포착해서 움직임과 커플링시키는 연습을 하지 못하게 된다. 그런 연습 환경에는 실제 경기에서 활용할 수 있는 정보가 없기 때문이다.

환경은 언제나 데이트를 요청하고 있다. 환경은 우리와 관계를 맺고 싶어 한다. 이제 그 초대를 수락할 시간이다! 환경의 초대장을 받는다는 것은 구체화 정보를 포착하는 법을 배워야 한다는 의미와 같다. 3장과 4장에 걸쳐 나는 초대장을 받는데 도움이 되는 두 가지 중요한 방법을 소개하려고 한다. 하나는 선수가 올바른 곳을 바라보도록 하는 방법이고 또 하나는 주의를 올바른 대상에 가져가도록 하는 방법이다. 그전에 먼저 지각-동작 커플링 연습을 디자인할 때 고려해야 할 몇 가지 기본적인 내용을 짚고 넘어가자.

먼저 명시적 교습(explicit instruction)을 통해서는 정보를 찾아내고 사용하는 방법을 가르쳐 줄 수 없다는 점을 코치는 이해해야 한다. "다음에 칠 때는 날아오는 공의 시야각을 잘 봐! 그런 다음에 시야각을 시야각이 변하는 속도로 나눠!" "타우닷 값이 -0.5보다 작으면 너무 빨리 뛰는 거야. 그러다가 펀트리터너랑 부딪히면 페널티를 받게 돼!" 이런 식으로 말할 수는 없지 않은가. 이런 교습이 선수에게 통할 리가 없다. 이런 말들은 코치나 분석가가 운동 기술을 이해하기 위한 설명일 뿐이다. 선수에게 적용할 수 있는 적절한 코칭큐라고 할 수 없다. 선수는 시야각과 타우닷 같은 정보를 사용해 움직이지만, 마치 미적분 문제를 풀 때처럼 머리로 계산을 하면서 움직이는 것은 아니다. 단지 정보를 감지하고, 감지한 정보를 움직임과 커플링시킬 뿐이다.

이렇게 정보와 움직임을 커플링시키는 능력은 환경과의 직접적인 경험을 통해서만 배울 수 있다. 필요한 것은 환경과의 실제 데이트지 데이트에 관한 책을 읽는 것이 아니다!

그 다음 코치가 신경써야 할 포인트는 변동성이 충분한 연습 환경을 만들어야 한다는 점이다. 그래야 선수가 잘못된 초대를 받아들이는 실수를 피할 수 있다. 야구에서는 피칭머신을 한 자리에 고정시켜 놓고 항상 같은 거리에서 같은 속도로 날아오는 공을 치는 타격 연습을 많이 한다. 이런 연습에서 공과의 거리는 타자가 스윙 타이밍을 잡기 위해 사용하는 정보다. 공이 13.4미터의 거리에서 시속 96km로 날아오면 공은 0.5초 안에 도착한다. 그렇다면 13.4 미터의 거리는 타자에게 대략 0.5초의 시간이 주어졌다는 것을 의미한다. 하지만 공과의 거리 정보는 구체화 정보는 아니다. 피칭머신의 속도를 높이거나 위치를 바꾸는 순간 '13.4미터=0.5초'라는 공식은 더 이상 의미가 없기 때문이다. 타우와 달리 대상과의 거리와 도달 시간 사이에는 1:1의 관계가 만들어지지 않는다. 타우와는 달리 거리는 공이 도착하는 오직 하나의 타이밍만을 구체화시켜주는 정보가 아니다. 이렇게 변동성이 너무 낮은 조건에서만 연습을 하면 선수는 경기로 전이되지 않는 정보-움직임 컨트롤 법칙만을 발전시키게 된다.

마지막으로 코치는 가능한 모든 연습에서 정보를 '증폭'시켜야 한다. 쉽게 말해 정보를 과장하거나 강조하는 상황을 만들라는 의미다. 축구나 농구 훈련에서 자주 사용되는 스몰사이드게임이 좋은 예다. 경기장의 크기를 줄이거나 플레이하는 공간을 작게 만들어서 선수들 사이의 간격을 좁힌다. 이렇게 움직이는 공간을 줄이면 선수는 실제 경기보다 움직임에 많은 변화를 주어야 한다. 이런 조건에서의 연습은 자신의 움직임이 상대 선수들 사이의 간격(시야각)과 부딪히는 타이밍(타우)에 어떻게 영향을 미치는지 직접 경험하는 기회가 된다.

3장

최고의 선수들은
보는 곳이 다르다

선수는 움직이면서 어디를 보는 게 좋을까? 다소 뻔한 답이지만 자신과 상호작용을 하는 대상이면 무엇이든 보고 있어야 한다! 공, 상대 선수, 네트, 팀 동료 모두를 봐야 한다. 하지만 그렇게 간단하지는 않다. 상대 선수를 본다면 머리, 발, 얼굴 어디를 봐야 할까? 여러 대상을 함께 봐야 한다면 시선은 언제 전환하는 것이 좋을까? 예를 들어, 골프 퍼팅을 할 때 선수는 공과 홀을 모두 봐야 한다. 언제 공을 보고 언제 홀을 봐야 하는 것일까? 풋볼의 쿼터백은 공을 받기 위해 달리는 팀 동료와 이를 막기 위해 쫓아가는 상대 수비수를 둘 다 봐야 한다. 그렇다면 언제 팀 동료를 보고, 언제 상대 수비수를 봐야 하는 것일까?

시선을 어디에 두어야 하는지가 선수에게 무척 까다로운 과제라는 것을 보여주는 대표적인 예가 야구의 타격이다. 투수가 던진 공을 치려면 당연히 공을 봐야 한다. 하지만 투수가 공을 던지기 위해 피칭 동작을 시작하는 초반에는 공이 잘 보이지 않는다. 공이 투수의 몸에 가려져 있기 때문이다. 이렇게 말하는 사람도 있다. "그냥 릴리스포인트*에 눈을 고정시켜 놓고 거기에서 공이 빠져나오길 기다리면 되는 거 아닌가요?" 하지만 〈그림 3.1〉에서 볼 수 있듯이 릴리스포인트는 일반적으로 투수의 몸에서 멀리 떨어져 있다. 어떤 구체적인 대상이 아니라 공간 속의 한 지점이기 때문에 투수가 피칭 동작을 하는 초반에는 타자는 눈을 고정시킬만한 대상이 없는 셈이다.

〈그림 3.1〉 타격을 할 때 어디를 볼 것인가

메이저리그 내야수의 눈의 움직임

〈그림 3.2〉는 타자가 공을 치기 전에 내야수가 어디를 보는지 내가 최근에 수집한 데이터를 보여준다. 나는 두 명의 내야수로부터 눈의 움직임을 관찰했다. 회색 점이 무언가를 보기 위해 잠깐

---

* 투수의 손에서 공이 나오는 지점

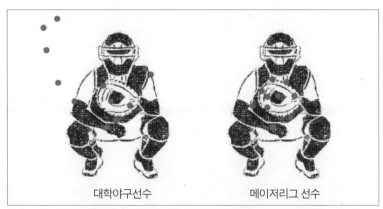

대학야구선수   메이저리그 선수

〈그림 3.2〉 기술 수준에 따라 달라지는 내야수의 시선 컨트롤

동안 눈의 움직임을 멈추고 고정한 지점이다. 왼쪽은 한 대학야구 팀 유격수의 데이터이고, 오른쪽은 메이저리그에서 5년 이상 활약한 유격수의 데이터다. 차이를 쉽게 알 수 있다.

〈그림 3.3〉은 대학원생인 존 올솝(Jon Allsop)과 내가 함께 수행한 비행 시뮬레이터 연구의 데이터를 보여주고 있다.[01] 조종사가 비행기 착륙을 시도할 때 눈을 어디에 고정시켰는지(+로 표시된 지점), 그리고 시선이 한 지점에서 다른 지점으로 어떻게 옮겨갔는지(선으로 표시)를 보여준다. 위쪽 그림은 압박감이 낮은 상황에서의 눈의 움직임을 보여준다. 연구에서 우리는 조종사에게 압박감을 주는 환경도 세팅했다. 조종석 앞에 카메라를 설치하고 녹화 영상을 '압박감을 느끼는 상황에서의 초킹(choking)' 강연에 참고 자료로 사용할 거라고 말했다. 그리고 연착륙을 성공하면 금전적인 보상을 제공하기로 약속했다. 이렇게 압박감을 추가한 결과 조종사

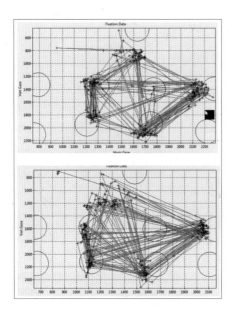

<그림 3.3> 비행 시뮬레이터 착륙 상황에서 압박감의 차이에 따라 달라지는 눈의 움직임.

들의 퍼포먼스는 나빠졌다. 아무런 압박감 없이 착륙을 시도했을 때보다 경착륙의 빈도가 늘었고, 심박수는 약 10bpm이 증가했다. 아래쪽 그림에서 확인할 수 있듯이 시선을 컨트롤하는 능력도 떨어졌다.

퍼포먼스가 좋을 때와 나쁠 때, 시선을 컨트롤하는 방식이 다르다는 사실을 많은 연구들이 밝히고 있다. 심지어는 제법 괜찮은 퍼포먼스와 아주 뛰어난 퍼포먼스 사이에도 시선을 컨트롤하는 방식은 차이가 난다. 최고의 선수들은 여러 타이밍에 다양한 것들을 보는 능력이 뛰어나다. 심지어는 같은 조건에서 같은 동작을 연속해서 실행하는 경우에도 눈의 움직임이 달라질 수 있다. 골프 선수가 같은 거리에서 연달아 퍼팅을 하거나 농구 선수가 자유투를 연습하는 경우에도 성공했을 때와 실패했을 때의 눈의 움직임은 차이가 난다.

시선 컨트롤이 움직임 컨트롤에 중요한 첫 번째 이유는 정보를 포착하는 작업과 관련이 있기 때문이다. 2장에서 나는 우리를 둘러싼 세계가 타우, 광학 흐름, 시야각 등 움직임을 안내해주는 유용한 정보로 가득 차 있다는 사실을 꽤나 길게 이야기했다. 하지만 〈그림 3.4〉처럼 그런 정보를 모든 곳에서 볼 수 있는 것은 아니다. 우리 눈이 어떤 대상을 고해상도로 선명하게 볼 수 있는 것은 눈에 있는 원추형 광수용체 덕분이다. 하지만 그것은 전체 시야에서 작은 영역만을 담당한다. 팔을 쭉 뻗었을 때 보이는 엄지 손톱 두 개 정도의 크기다. 이 부분을 제외하고 눈에 들어오는 다른 영역은 막대형 광수용체가 담당하는데, 이는 20년 전에 우리가 사용했던 모니터보다 해상도가 떨어진다! 솔직히 말하면 스포츠에서 시력

〈그림 3.4〉 실제의 세계 vs 인간이 눈으로 보는 세계

의 중요성은 일반적으로 과대평가되어 있다. 하지만 눈이 정보가 있는 곳을 향하도록 하는 작업은 매우 중요하다. 눈을 고정하고 있는 지점과 가까운 영역에서 보다 많은 정보를 포착할 수 있기 때문이다.

시선의 변화로 퍼팅 테크닉을 바꾼다

시선을 올바른 대상으로 이동시킬 때 종종 몸의 움직임이 자연스럽게 컨트롤되는 경우가 있다. 이때 몸은 그저 시선을 따라가는 것처럼 느껴진다. 자전거나 자동차를 운전할 때 커브를 도는 순간을 떠올려 보자. 2장에서 이야기했듯이 정보와 움직임을 커플링시키면 큰 어려움 없이 커브를 돌 수 있다. 핸들의 각도와 바꾸려는 방향 정보를 커플링하면 된다. 여기서 방향 정보는 광학 흐름의 확장 초점으로 인해 생기는 정보다. 간단히 말해, 핸들의 움직임을 조절하면서 확장 초점이 차선 사이의 가운데에 유지되도록 하면 우리는 안전하게 커브를 돌 수 있다.

눈의 움직임은 여기에 어떤 영향을 미칠까? 나의 박사 과정 지도교수인 마틴 레건(Martin Regan)이 이에 관한 논문을 처음 발표했다.[02] 머리와 눈을 움직이지 않고 가만히 있게 되면 스타필드 화면보호기와 같은 뚜렷한 광학 흐름 패턴을 보게 된다. 하지만 머리나 눈이 움직여 시선도 따라 움직이게 되면 〈그림 3.5〉처럼 광학 흐름의 패턴도 바뀌게 된다. 시선이 움직이면 눈에 들어오는 대상도

〈그림 3.5〉 시선의 이동은 광학 흐름을 왜곡시킨다.
(왼쪽: 사람을 보면서 그 사람이 있는 쪽으로 움직이는 경우 / 오른쪽: 시선을 이동하면서 사람이 있는 쪽으로 움직이는 경우 / 화살표는 확장 초점을 나타낸다.)

움직인다. 그리고 몸의 움직임도 눈에 들어오는 대상을 움직이게 만든다. 이렇게 두 움직임이 결합되며 복잡한 광학 흐름 패턴이 만들어진다. 확장 초점의 위치가 더 이상 내가 어느 방향으로 움직이고 있는지를 구체적으로 알려주지 못하게 된다.

　이 문제는 시선을 적절히 컨트롤하면 해결된다. 운전을 하며 커브를 돌 때 운전자는 보통 커브의 접점에 눈을 고정하는 경향이 있다고 한다. 그러면 광학 흐름 패턴이 단순해진다. 확장 초점을 이용해 핸들을 보다 쉽게 조작할 수 있다. 곡선을 따라 나를 끌어당기는 것 같은 묘한 느낌을 받게 된다. 커브의 접점에 눈을 고정하면 핸들을 조작하는 일이 스프링과 비슷해진다는 연구도 있다. 길어졌다가 다시 원래의 모습으로 돌아가고, 짧아졌다가도 다시 원래의 모습으로 돌아가는 스프링처럼 특정한 정보-움직임 관계로 끌려가며 핸들을 조작한다는 것이다. 여기서 말하는 정보-움직임 관계는 확장 초점이 도로의 가운데와 정렬되는 관계다. 이 관계로부터 다소 벗어날 수는 있다. 하지만 다시 원래의 형태로 돌아오는 스프링처럼 확장 초점이 너무 많이 벗어나게 되면 정보-움직임 관계로 다시 끌려들어가며 핸들을 조작하게 된다.

시각 트레이닝에서도 비슷한 사례를 확인할 수 있다. 퍼팅 문제를 교정하는 것은 많은 골프 코치들의 숙제다. "시계추처럼 클럽을 움직여!" "팔을 삼각형 모양으로 유지해!" 보통은 이렇게 동작에 관한 큐와 교습을 통해 움직임 패턴을 바꾸려고 노력한다. 그런 방식으로 움직임을 교정하려는 노력은 잠시 내려놓고 시선 컨트롤에 관심을 기울여 보면 어떨까? 그것이 바로 샘 바인(Sam Vine)의 연구팀이 시도한 작업이다.[03] 연구팀은 한 그룹의 선수들에게 퍼팅 스트로크를 시작하기 전에 2~3초 동안 공의 뒷면에 눈을 고정하라는 간단한 지침을 주었다. 퍼팅을 하는 모습을 촬영해 선수가 어디를 보는지 영상으로 피드백 해주었다. 이런 조건에서 퍼팅을 한 선수들은 라운드당 퍼팅 횟수가 2회 정도 줄었다. 하지만 이런 지침을 제공하지 않고 퍼팅 연습을 한 통제 그룹에는 아무런 변화가 없었다. 시선에 약간의 변화를 준 것만으로 움직임이 달라진 것이다. 움직임을 어떻게 바꾸라는 지시도 없었는데 나타난 현상이다. 올바른 타이밍에 올바른 대상을 바라보는 것은 스포츠 퍼포먼스에 결정적인 영향을 미친다.

그렇다면 이제 무엇이 올바른 대상이고, 무엇이 올바른 대상이 아닌지를 알아야 한다. 움직임을 컨트롤할 때 눈이 향해야 할 '올바른' 대상은 오직 하나일까? 아니면 움직임과 마찬가지로 이것도 개인차가 있을까? 시선 컨트롤에도 기능적 변동성이 작용할 여지가 있을까? 연습을 어떻게 디자인해야 시선 컨트롤 능력을 발전시킬 수 있을까? 하나씩 이야기를 시작해보자.

페널티킥을 막는 골키퍼의 눈

시선을 효과적으로 컨트롤하는 하나의 방법은 고해상도 시각 영역을 정보가 있는 곳으로 향하게 하는 것이다. 축구에서 골키퍼가 페널티킥을 막는 상황을 예로 들어보자. 연구에 따르면 숙련된 골키퍼는 페널티킥을 차는 키커의 신체 움직임과 공으로부터 얻은 정보를 활용해 킥을 막는다.[04] 상대 키커가 공을 차기 위해 움직이기 시작할 때 골키퍼는 키커의 얼굴을 보며 킥의 방향과 관련된 정보를 얻는다. 일반적으로 키커는 공을 보낼 방향을 바라보는 경향이 있기 때문이다. 그런 다음에 골키퍼는 재빠르게 공으로 시선을 옮긴다. 이렇게 골키퍼는 두 가지 유용한 정보를 포착한다. 첫째, 키커와 공 사이 간격의 타우를 포착해 골키퍼는 몸을 날릴 타이밍을 맞출 수 있다. 골키퍼는 이 타우를 이용해 순간적으로 왼발에 힘을 실은 후에 오른쪽으로 다이빙을 시작한다. 둘째, 키커가 공을 차면 공이 골라인까지 날아오는 시간(Time To Contact : TTC) 정보와 날아오는 방향 정보(시야각의 변화)를 포착한다.

기술이 다소 떨어지는 골키퍼들은 이와는 다른 시선 움직임을

보여준다. 그들은 단순하게 말하면 여기저기를 바라본다! 연구에 따르면 기술 수준이 낮은 골키퍼는 더 많은 곳을 보고, 한 곳을 주시하는 시간이 짧다. 또한 그들의 시선은 움직임을 컨트롤하는 데 유용한 정보가 그다지 없는 곳을 자주 향하는 경향이 있다. 축구를 비롯해 야구, 테니스, 배구, 복싱 등의 스포츠에서 그런 현상이 발견되었다. 기술이 떨어지는 선수는 구체화 정보를 제대로 포착하지 못하고 다른 정보들에 의해 쉽게 산만해지는 것으로 보인다.

흔히 '고요한 눈(quiet eye)'이라 불리는 개념을 다룬 연구에서도 비슷한 결과를 확인할 수 있다. 조안 비커스(Joan Vickers)의 연구팀은 선수가 움직임을 시작하기 전에 시선이 마지막에 고정되는 곳을 관찰했다.[05] 퍼팅을 하는 선수는 대개 마지막에 공을 바라본다.

자유투를 쏘는 선수는 마지막에 림을 바라본다. 기술이 좋은 선수가 기술이 떨어지는 선수보다 조금 더 오래 시선을 고정시키는 모습이 관찰되었다. 축구의 골키퍼 연구와 마찬가지로 좋은 기술을 가지고 있는 선수의 눈은 더 고요했다.

투수의 모자를 보는 타자 : 시각 피봇 포인트

봐야 할 곳이 너무 많아서 어느 한 곳만을 주시할 수 없는 상황도 있다. 농구에서 포인트 가드에게 주어진 과제가 바로 그런 경우다. 포인트 가드가 정확한 패스를 하려면 경기장을 폭넓게 볼 줄 알아야 한다. 코트 여기저기에 있는 팀 동료와 상대 수비에 관한 정보를 시시각각 파악해야 한다. 포인트 가드는 어느 특정 지역만 집중해서 보면 경기를 제대로 풀어나갈 수 없다.

정보가 어디에 있는지 잘 모르는 경우도 있다. 타자가 투수의 릴리스포인트를 보는 상황이 바로 여기에 해당한다. 타자는 '저기 어디쯤이 릴리스포인트일거야' 이렇게 추측하면서 어느 특정 지점을 바라보고 있어야 하는 것일까? 하지만 좋은 타자들은 그런 방식으로 시선을 컨트롤하지 않는다.

이런 경우에는 비록 유용한 정보는 없지만 주변의 적당한 곳에 시선을 잠시 머무르는 방법이 괜찮은 전략이 될 수 있다. 비록 논문으로 발표하지는 않았지만 지난 몇 년 동안 나는 프로 타자들의 눈의 움직임을 많이 관찰했다. 내가 발견한 사실 중 하나는 투수가 공을 던지기 위해 와인드업을 하는 동안 숙련된 타자들은 투수의 모자에 있는 로고에 시선을 고정하는 경우가 많았다는 점이다. '시각 피봇 포인트(visual pivot point)'를 이용하는 방법이다.

타자가 투수의 모자를 보는 이유는 두 가지다. 첫째, 주변시(peripheral vision)**를 통해 투구 동작에서 정보를 얻을 수 있기 때문이다. 둘째, 공이 투수의 손을 떠나자마자 시선을 공으로 이동시키기 편한 지점이기 때문이다. 릴리스포인트에 해당하는 지점에는 투수가 공을 놓는 그 순간 외에는 타자가 얻을 수 있는 정보가 없다. 그리고 투수가 던지는 구종에 따라 릴리스포인트는 조금씩 바뀔 수 있다. 그래서 타자는 예상되는 릴리스포인트 부근에 미리 시선을 보내고 있기 보다는 거기와 가까운 선명한 타겟(투수의 모자)을 보면서 대기하는 것이다.

포인트 가드의 놀라운 시야 : 시선 앵커링 전략

연구에 따르면 숙련된 포인트 가드는 일반적으로 '시선 앵커링 (gaze anchoring)'***을 이용한다. 시선을 플레이가 펼쳐지는 가운데에 고정하고 주변시를 이용해 여러 선수들의 위치와 움직임을 파악한다. 류(Ryu)의 연구팀은 농구 선수가 시선 앵커링을 사용한다

** 시야의 주변부에 대한 시력을 의미한다.

*** 배에서 닻을 내린다는 의미를 담고 있다.

는 사실을 매우 참신한 실험을 통해 입증했다.[06] 연구팀은 농구 경기를 영상으로 보여주며 선수의 눈의 움직임을 관찰했다. 연구팀은 시선 추적 장비를 이용해 선수가 어디를 보고 있는지를 확인했다. 그리고는 선수가 눈을 고정하고 있는 바로 그 지점에 검은색 원이 나타나도록 영상을 세팅했다. 다시 말해 선수는 자신이 보고 싶은 것을 검은색 원 때문에 제대로 볼 수 없었다. 연구팀이 관찰한 결과는 무척 흥미롭다. 숙련된 가드는 검은색 원으로 화면을 가린다고 해서 의사결정 능력(누구에게 공을 패스할 것인가)에 그다지 영향을 받지 않았다. 하지만 기술이 부족한 가드는 퍼포먼스가 뚝 떨어졌다. 이런 결과를 통해 우리는 숙련된 선수는 단순히 자신의 시선이 머무르는 지점에서만 정보를 얻는게 아니라는 사실을 추정해 볼 수 있다. 그들은 시선을 단지 한 곳에 앵커링할 뿐이다. 그리고는 주변시를 통해 여러 정보를 파악한다.

시선 앵커링은 격투기를 하는 선수에게도 확인할 수 있다. MMA 경기를 위해 링 안에 있는 선수는 눈을 상대의 왼손과 오른손 어디에 두어야 할까? 오른손을 보고 있는데 왼손으로 펀치가 날아오면? 아무래도 눈을 어느 한 곳에 고정시키는 것은 좋은 전략으로 보이지 않는다. 격투기 선수에게는 눈이 가운데에 머무르면서 주변시로 펀치에 관한 정보를 포착하는 게 훨씬 나은 전략이다. 실제로 뛰어난 격투기 선수들은 그렇게 하는 것처럼 보인다.

호세거(Hausegger)의 연구팀은 팔과 다리를 모두 사용해 공격을 하는 쿵푸와 주로 다리를 이용해 싸우는 태권도 선수의 시선 움직임을 관찰해서 비교했다.[07] 상대 선수를 바라볼 때 태권도 선수들은 쿵푸 선수들보다 35% 더 낮은 지점에 시선을 고정했다. 상대의 공격을 효과적으로 막기 위해 시선 앵커링 전략을 사용하고 있음을 알 수 있다.

시력은 과대평가되고 있다

이 대목에서 나는 우리가 조금 더 솔직하게 이야기를 해봤으면 하는 주제를 꺼내고 싶다. 바로 스포츠에서 시력의 역할이다. 시력은 이미지를 자세히 볼 수 있는 능력을 말한다. 시각 시스템의 해상도라고 할 수도 있다. 시력은 일반적으로 널리 알려진 스넬렌 차트(Snellen eye chart)를 이용해 측정한다. 시력을 평가하는 지표에서 앞에 있는 숫자는 어떤 글자를 읽을 수 있는 거리를 나타낸다. 뒤에 있는 숫자는 '보통의 사람들'이 그 글자를 읽을 수 있는 거리를 나타낸다. 시력이 20/20이면 보통 수준의 시력을 가지고 있음을 뜻한다. 보통의 사람들이 20피트 거리에서 읽을 수 있는 글자를 자신도 읽을 수 있다는 의미다. 분모가 20보다 작으면 정상 시력보다 나은 시력을 가지고 있다는 뜻이다. 예를 들어, 시력이 20/10인 사람은 보통의 사람들이 10피트 거리에서 읽을 수 있는 글자를 20피트 거리에서도 읽을 수 있다는 의미다.

좋은 선수가 되려면 평균 이상의 좋은 시력이 필요하다는 말을 종종 듣는다. 시력이 좋지 않은 선수는 시력 향상 프로그램이나 렌즈를 이용해 시력을 높여야 한다고 주장한다. 이런 주장에 어떤 문제가 있는지 지금부터 이야기하려고 한다.

먼저 이런 질문을 던져볼 수 있다. 시력이 그렇게 중요한데 왜 선수들은 그토록 주변시를 많이 이용하는 것처럼 보일까? 시각 피봇 포인트와 시선 앵커링 전략을 사용할 때 선수들은 주로 해상도가 매우 낮은 주변시로 정보를 얻는다. 떨어지는 시력으로 정보를 찾는다는 의미다. 직접 체험을 통해 확인할 수 있다. 팔을 앞으로 뻗은 다음 엄지손가락을 보자. 그런 다음 눈은 엄지손가락에 그대로 고정시키고 왼쪽이나 오른쪽 15cm 지점에 무엇이 있는지 보자. 아마 시력이 20/20에서 20/40 수준으로 떨어질 것이다. 30cm 떨어진 지점을 주변시를 통해 보려고 하면 시력은 90%까지 떨어질 지도 모른다. 이런 간단한 체험을 통해 우리는 주변시의 시력이 얼마나 형편없는 지를 확인할 수 있다.

야구, 농구, 격투기를 비롯해 많은 종목의 선수들은 이렇게 기능이 떨어지는 주변시를 이용하면서도 필요한 정보를 잘 포착한다. 스포츠에서 움직임을 컨트롤하기 위해 사용하는 대부분의 정보는 높은 해상도가 필요하지 않기 때문이다. 아주 작은 부분까지 보는 능력은 움직임을 컨트롤하는데 그다지 중요하지 않다. 축구의 골키퍼가 슈팅을 막기 위해 공에 적혀 있는 로고까지 볼 필요는 없다. 골키퍼에게 필요한 것은 그런 미세한 디테일(fine details)이 아니다. 공 전체의 이미지가 커지는 것과 같이 거친 디테일(coarse details)에 기반한 타우같은 정보가 필요하다.

방금 전에 우리는 눈을 엄지손가락에 그대로 고정시키고 왼쪽이나 오른쪽 15cm 지점에 무엇이 있는지 보려고 할 때 시력이 급격히 떨어지는 것을 직접 체험했다. 중심시로부터 멀리 떨어진 곳을 주변시로 보려고 할수록 시력은 더 떨어진다. 그렇다면 과제를 한 번 바꿔보자. 주변시로 미세한 디테일을 보는 것이 아니라 대상이 얼마나 빠르게 커지는지 거친 디테일을 본다면 어떨까? 실제 연구 결과 중심시에서 주변시 쪽으로 물체를 32도까지 이동시켜도 퍼포먼스에는 큰 차이가 없었다.[08] 이는 페널티킥을 차기 위해 공을 놓는 지점으로부터 축구공 28개 정도의 거리에 해당한다!

스포츠에서 시력의 중요성을 지나치게 강조할 필요가 없다고 생각하는 첫 번째 이유는 선수가 움직임을 컨트롤하기 위해 사용하는 대부분의 정보 소스를 고해상도로, 디테일하게 볼 필요가 없기 때문이다. 데이비드 만(David Mann) 연구팀이 수행한 크리켓 연구에서도 유사한 증거를 확인할 수 있다.[09] 연구에 참여한 선수들은 시야를 흐리게 하는 렌즈를 착용하고 타격을 했다. 놀랍게도 선수들은 시력이 20/200으로 떨어질 때까지도 타격 퍼포먼스가 그다지 떨어지지 않았다. 20/200은 거의 실명에 가깝다고 여겨지는 시력이다!

시력의 역할을 과장할 필요가 없다고 생각하는 두 번째 이유는 시각 트레이닝을 통한 시력 향상이 퍼포먼스에 좋은 영향을 미친다는 증거가 딱히 없기 때문이다. 코치들은 다음과 같이 단순한 논리적 오류에 빠지곤 한다.

좋은 선수는 X를 가지고 있다.

실력이 떨어지는 선수는 X가 없거나 부족하다.

실력이 떨어지는 선수를 훈련시켜 X를 가지게 만들면 좋은 선수가 된다.

시력도 마찬가지라고 많은 코치들은 생각한다. 그렇다면 X에 무엇이든 넣어도 되는지 한번 따져보자. X를 '돈'으로 바꿔보자. 이 논리대로라면 실력이 떨어지는 선수에게 '투자 공부'를 시키면 프로 선수가 되어야 한다. 누가 봐도 말이 안되는 이야기다. 이번에는 X에 '매력적인 배우자'를 넣어 보자. 데이트 기술을 훈련시키면 경기에서의 퍼포먼스가 좋아지나? 당연히 불가능하다. 최고의 선수가 어떤 능력을 가지고 있다고 해서 그것이 언제나 훈련의 초점이 되어서는 안된다. 과제 분석을 통해 그 능력이 그 종목에 요구되는 기술과 관련이 있는지를 판단해야 한다. 시력은 그러한 기준에 부합하지 않는 것처럼 보인다. 내 말에 믿음이 가지 않는다면 지금 소개하는 회사에 투자하면 된다. 2016년에 미국의 공정거래위원회(FTC)는 시력 향상을 목적으로 만든 어플인 Ultimeyes의 개발자에게 15만 달러의 벌금을 부과했다.[10] 이 어플은 '사용자가 스포츠와 같은 활동에서 종합적으로 시각 능력이 향상될 수 있다'고 광고를 했다. 하지만 FTC는 신뢰할 만한 과학적인 증거가 없기 때문에 이것이 소비자를 기만하는 광고라고 판결했다. 우리는 시력에 집착할 필요가 있다. 스포츠에서 요구되는 시각 능력을 훈련할 수 있는 효과적인 방법들을 사용하면 된다.

머리를 움직이지 말라는 코치의 말

"공을 끝까지 봐! 머리를 움직이면 안돼!"

많은 종목의 코치들이 선수들에게 하는 주문이다. 올바른 조언이라고 할 수 있을지 한 번 따져보자. 가능한 일인지도 의문이다. 지금까지는 눈으로 어느 한 곳을 바라보는 문제와 시선을 이동시키는 문제에 대해 이야기를 했다. 이제는 대상이 움직이는 경우를 들여다보려고 한다. 우리의 눈은 공의 움직임을 어떻게 추적하는 것일까? 앞서 확인했듯이 주변시는 우리가 생각하는 것 이상으로 많은 일을 하지만 대상이 시야에서 완전히 벗어나면 할 수 있는 일이 별로 없다.

이 주제를 다룬 초기의 연구는 예상하지 못한 결과와 마주해야 했다. 타격을 할 때 눈으로 공을 계속 바라보는 일이 불가능하다는 사실을 연구는 말하고 있었다! 1954년에 허바드(Hubbard)와 셍(Seng)은 메이저리그 타자들이 언제 눈과 머리를 움직이는지 35mm 필름을 통해 분석했다.[11] 놀랍게도 모든 움직임은 배트가 공을 컨택하기 약 0.2초 전에 멈추는 듯 보였다. 공이 홈플레이트에서 대략 4.5미터 정도 떨어져 있을 때 눈의 움직임이 멈추는 것처럼 보였다. 이러한 결과는 30여년 후에 베이힐(Bahill)과 라티즈(LaRtiz)가 수행한 연구에서도 확인되었다.[12] 연구팀은 시속 56km 정도의 속도로 로프를 따라 움직이는 공을 세팅했다. 그리고 타자가 공을 볼 때 눈이 어떻게 움직이는지 관찰했다. 초보 타자들은 홈플레이트에서 3미터 정도 떨어진 지점부터 공을 시야에서 잃어버렸다. 거리의 차이는 있었지만 메이저리그 선수들도 비슷한 결과가 나왔다. 리그를 대표하는 강타자인 브라이스 하퍼 역시 홈플레이트에서 1.65미터 거리까지만 눈으로 공을 쫓아갔다.

이런 결과들을 보면 '공을 끝까지 보는' 일은 선수에게 불가능한 과제처럼 보인다. 하지만 시각 연구자들에게 이러한 결과는 공의 이동 속도를 고려할 때 그리 놀라운 사실은 아니다. 이게 끝이 아니다. 2013년에 만(Mann)의 연구팀은 크리켓 타자들의 눈의 움직임을 관찰했다.[13] 연구팀은 이전 연구가 지닌 몇 가지 한계들을 제거했다. 타자들은 단순히 공을 보기만 하는 게 아니라 피칭 머신에서 날아오는 공을 직접 쳐야 했다. 또한 실제 경기에서 상대해야 할 공과 비슷한 속도인 시속 120km의 공을 보내주었다. 크리켓에서 피칭의 최고 속도는 시속 128km 정도다. 또한 이 연구에는 호주 출신의 세계적인 선수로 여러 기록을 가지고 있는 저스틴 랭거(Justin Langer)가 참여했다.[14] 랭거보다 기술이 떨어지는 선수가 보여준 눈의 움직임은 앞선 연구와 크게 다르지 않았다. 선수들은 공이 가까워지면(공이 투수의 손을 떠난 후 약 0.45초 후부터) 눈이 공을 쫓아가지 못하는 모습을 보였다. 하지만 랭거에게는 매우 다른 패턴이 나타났다. 그는 배트로 공을 컨택하는 순간까지 눈에서 공을 놓치지 않았다. 심지어 공이 투수의 손을 떠나 약 0.32초 되는 지점에서는 시선이 공보다 앞서기 시작했다. 공이 오기를 기다리고 있었던 것이다! 마치 앞으로 먼저 달려가 거북이를 기다리는 토끼와 같았다.

랑거와 나머지 선수들은 어떤 차이가 있었던 것일까? 간단한 한 문장으로 답할 수 있다. 바로 머리의 움직임이다. 단순히 눈만 돌려 공을 따라가는 대신 랑거는 머리도 함께 돌리며 눈과 머리의 움직임을 커플링시켰다. 눈과 머리의 커플링을 통해 랑거는 보다 쉽게 공을 쫓아갈 수 있었다. "머리를 고정해!" "머리를 움직이면 안돼!' 코치들이 선수에게 자주 요구해왔던 이 주문은 잘못되었다. 타격과 같은 기술을 수행할 때 머리를 움직이지 않고 있어서는 안 된다. 눈의 움직임과 머리의 움직임의 코디네이션으로 타자의 시선은 만들어진다. 머리를 적절히 움직여야 타자는 시선을 제대로 컨트롤할 수 있다. 머리가 아니라 시선을 안정시키는 것이 좋은 퍼포먼스의 핵심이다. 물총새나 매가 머리를 움직이지 않으면서 먹잇감에 집중하고 있는 신비로운 장면을 본 적이 있을 것이다.[15]

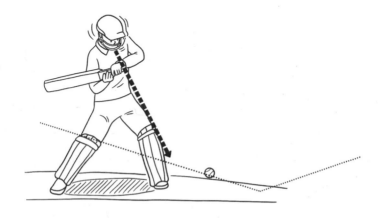

영상을 보면 새는 흔들리는 나뭇가지 위에 앉아 있다. 나뭇가지의 흔들림 때문에 새는 자세를 조금씩 조정하며 머리를 가만히 유지시킨다. 이런 모습을 보며 우리는 종종 잘못된 메시지를 받아들인다. 새가 사냥을 잘 하는 이유가 머리를 움직이지 않기 때문이라고 착각한다. 사실 새가 고정하고 있는 것은 머리가 아니라 시선이다. 새는 머리가 아니라 눈이 가리키는 방향을 고정하고 있다. 새는 먹잇감을 바라보는 것 외에는 다른 어떤 행동도 하지 않는다. 몸의 움직임을 이용해 시선을 안정시킨다.

새가 시선을 컨트롤하기 위해 몸을 다른 방식으로 움직이는 경우도 있다. 비둘기는 고개를 위아래로 흔들면서 걷는다. 왜 그런 움직임으로 걷는 것일까? 혹시 인간이 볼 수 없는 헤드폰을 끼고 음악을 듣고 있을까?

비둘기는 머리를 움직이면서 시선을 안정시키고 있다. 걷거나 뛰거나 점프를 할 때 이를 보완하기 위한 움직임을 아무 것도 하지 않으면 시선은 변하게 된다. 떨림 보정이나 짐벌 기능이 없는 카메라를 들고 달리는 경우와 비슷하다. 비둘기가 걸으면서 시선을 컨트롤하기 위한 움직임을 아무 것도 하지 않으면 사람들이 떨어뜨린 과자를 집어먹을 수가 없다. 한 걸음을 내딛을 때마다 그 충격으로 인해 시선이 바뀌기 때문이다. 발이 땅에 닿을 때마다 과자가 눈에서 사라지게 된다. 시선을 유지하기 위해 비둘기는 앞으로 스텝을 밟으며 머리를 아주 잠깐 동안 고정한다. 그리고는 머리를 빠르게 앞으로 보내 나머지 몸이 이동한 만큼의 거리를 따라잡는다. 랑거가 머리의 움직임으로 공에 대한 시선을 놓치지 않듯 비둘기 역시 머리의 움직임을 의도적으로 이용해 과자를 시선에서 놓치지 않는다.[16]

물론 몸의 움직임이 과해서 머리가 움직이는 문제는 해결할 필요가 있다. 예를 들어 타자가 스텝 동작이 지나치게 커서 머리가 움직이는 경우다. 하지만 머리를 움직이는 것이 모두 나쁜 것은 아니다. 머리를 움직이지 말라고 선수에게 주문하기 전에 코치는 머리의 움직임이 어떤 대상을 쫓기 위한 목적이나 기능이 있는지를 따져봐야 한다. 비둘기에게 머리를 흔들지 말고 걸으라고 가르쳐서는 안되는 것처럼!

창의적인 축구 선수가 보여주는 시선 스캐닝

지금까지 우리는 시선 컨트롤이 움직임 컨트롤에 어떤 도움을 주는지를 살펴보았다. 움직이는 공을 눈으로 잘 따라가고, 시각 피봇 포인트를 이용해 시선을 잘 컨트롤할 수 있으면 날아오는 공을 치거나 좋은 패스를 보내는데 큰 도움이 된다. 여기까지는 지각이 움직임으로 이어지는 이야기다. 우리가 기억해야 할 사실은 지각과 움직임은 서로 영향을 미친다는 점이다. 우리는 지각을 통해 움직일 뿐만 아니라 움직임을 통해 지각하기도 한다. 슛을 쏘거나 페널티킥을 막기 위해서만 움직이는 것이 아니다. 더 많은 정보를 수집하기 위해서도 우리는 움직인다. 여러 종목의 선수들이 보여주는 시각 스캐닝(visual scanning)이 좋은 예라고 할 수 있다.

가이르 요더(Geir Jordet)의 연구팀은 축구 선수를 대상으로 훌륭한 시각 스캐닝 연구를 진행했다.[17] 축구 선수는 패스를 받을 때 다양한 동작을 선택할 수 있다. 다시 패스를 할 수도 있고(패스에도 여러 종류가 있을 수 있다), 빈 공간으로 드리블을 할 수도 있다. 바로 슈팅을 때릴 수도 있다. 그렇다면 선수는 매 순간 자신에게 어떤 움직임의 가능성, 행동의 기회가 있는지를 알고 선택하는 것일까? 분명한 점은 최고 레벨의 경기에서 자신에게 어떤 움직임의 가능성이 있는지를 알고 필요한 동작을 선택하는 과정은 '먼저' 이루어져야 한다는 것이다. 다시 말해 선수는 공을 받기 전에 이미 다음 동작을 선택하는 과정을 시작하고 있어야 한다.

코치들이 선수에게 자주 가르치는 말 속에도 이런 개념이 반영되어 있다. "주변을 잘 체크해." "어깨 너머를 확인해." 숙련된 축구 선수는 몸과 머리, 그리고 눈을 움직이며 주변의 경기 상황을 자주 탐색한다. 그러면서 다른 선수의 위치나 움직임, 사용할 수 있는 공간을 지각한다. 이를 통해 움직임의 가능성(어포던스)을 지각한다. 움직임의 선택 과정에 대해서는 10장에서 보다 자세히 이야기할 예정이다.

2018년에 맥거키안(McGuckian)의 연구팀은 호주 프리미어리그 선수들이 경기 중에 머리를 어느 정도 크기로, 얼마나 자주 움직이는지를 분석했다.[18] 공을 받기 전에 머리를 돌리며 주변을 체크하는 횟수가 적고, 머리를 돌리는 범위도 작은 선수들은 가까운 곳에 있는 팀 동료에게 예측하기 쉬운 단순한 패스를 하는 경향이 있었다. 반면, 머리를 더 크게, 더 자주 돌리는 선수들은 간단한 패스 대신 다른 옵션을 선택하는 경우가 많았다. 순간적으로 몸을 돌려 공을 몰고 나가거나, 방향을 바꿔 패스하는 모습을 더 많이 보여주었다. 시선을 보다 잘 컨트롤해서 더 많은 정보를 수집한 선수들이 더 많은 움직임의 가능성(어포던스)을 지각하고 보다 창의적인 플레이를 보여주었다. 이처럼 머리를 적절히 움직이는 것은 퍼포먼스를 높이는데 큰 도움이 된다! 그렇다면 이제는 코치에게 가장 중요한 질문으로 넘어가 보자. 어떤 연습을 해야 선수는 시선을 컨트롤하는 능력을 발달시킬 수 있을까?

시선 컨트롤 능력을 키우기 위한 다섯 가지 접근법

시선 컨트롤 능력을 키우는 방법을 알아보기 전에 먼저 도움이 되지 않는 방법부터 이야기를 해보자. 시각 훈련을 관찰한 여러 연구에 따르면 코치가 선수에게 어디를 보라고 명시적으로 말해주는 방식은 그다지 도움이 되질 않는다. 야구의 타자에게 투수의 모자에 시선을 집중하라고 알려주거나, 축구의 골키퍼에게 슈팅을 하는 선수의 얼굴을 먼저 본 다음에 공으로 시선을 옮기라고 말해주거나, 크리켓의 타자에게 고개를 더 돌려서 공의 앞쪽에 시선을 유지하라고 말로 가르치는 방식은 그다지 효과가 없다. 심지어 경기의 하이라이트 영상을 보면서 핵심 정보가 담겨 있는 타겟을 선수에게 알려주는 방식도 도움이 되지 않는다.

이런 명시적 교습 방식에는 두 가지 문제가 있다. 첫째, 우리 몸의 어떤 움직임도 마찬가지지만 인간은 눈이나 머리를 어떻게 움직이라는 명시적인 교습을 잘 받아들이지 못한다. 스포츠에서의 시선 컨트롤은 창발하는 현상이고 자기조직화된 움직임이다. 특정 시점에 선수가 보여주는 시선 컨트롤은 환경과 제약과의 상호작용을 통해 일어난다. 여기를 보다가 저기를 보고, 공에서 시선을 잠깐 멀리했다가 다시 보는 행동 모두를 뇌에 있는 보스가 일일이 컨트롤할 수 없다.

두 번째는 조율(attunement)의 문제다. 눈과 목 근육에서 전달되는 피드백을 통해 우리는 어느 시점에 어디를 보고 있는지를 알 수 있다. 하지만 신체 내부로부터 전달되는 감각 정보를 그다지 잘 포착하지는 못한다. 우리의 시선은 주변에 눈길을 끄는 대상에 따라 당겨지고 멀어진다. 갑자기 어떤 일이 눈 앞에서 일어나면 반사적으로 반응하며 시선 역시 자기도 모르는 사이에 당겨지거나 멀어진다. 내 말이 믿기지 않는다면 시선 추적기를 착용하고 잠시 동안 지내보라고 권하고 싶다. 다른 사람들과 상호작용을 할 때 시선이 자신도 모르게 당겨지고 멀어지는 현상을 보며 몹시 당황하게 될 것이다.

선수에게 어디를 봐야 하는지 말해주는 게 별로 도움이 되지 않는다면 과연 코치는 무엇을 해야 할까? 시선 컨트롤 향상 연습을 디자인하기 위한 다섯 가지 접근법을 소개한다. 비용이 제법 들어가는 방법과 적은 예산으로 할 수 있는 방법을 모두 포함하고 있다.

(1) 영상, 소니피케이션, 제약 등을 이용해 보강 피드백을 제공한다

선수가 플레이를 하며 어디를 보았는지 보강 피드백을 제공하면 시선을 조율하고 컨트롤하는 능력을 발전시킬 수 있다. 피드백을 받으며 연습하는 선수는 시선 처리에 보다 민감해지게 된다. 그리고 자신이 받은 피드백을 움직임을 컨트롤하기 위한 정보로 활용하게 된다. 보강 피드백을 제공하는 확실한 방법은 시선 추적 장비인 '아이트래커'를 착용하고 연습을 하는 것이다. 가장 비용이 많이 드는 방법이기도 하다. 아이트래커가 추적한 결과를 선수에게 피드백 해주면 된다. 골프,[18] 축구,[19] 농구[20]에서 보강 피드백을 결합했을 때 향상되는 연구 결과를 확인할 수 있다.

보강 피드백의 효과를 증명하는 또 다른 흥미로운 사례는 소니피케이션(sonification)이다. 소니피케이션은 소리로 피드백을 해주는 기법이다. 이를테면 아이트래커에서 추적한 결과를 소리로 변

환해 선수가 움직이고 있을 때 들려준다. 눈을 위로 움직이면 소리가 커지고 오른쪽으로 움직이면 소리가 작아지게 세팅한다. 영상을 보면서 샷의 방향을 판단하는 과제에서 배드민턴 선수들은 소니피케이션 정보를 피드백 받았을 때 더 정확하고 빠른 결정을 내리는 모습을 보여주었다.[21]

아이트래커와 같은 고가의 장비 없이도 피드백을 제공해줄 수 있다. 우선, 경기 영상을 촬영해 함께 보면서 피드백을 주는 방법이 있다. 눈이 어디를 향하는지 아이트래커만큼 자세히 알 수는 없어도 머리의 움직임을 통해 선수가 어디를 보고 있는지 피드백을 해주는 것은 가능하다. 경기 후에 코치가 선수에게 질문을 하며 영상을 리뷰할 수 있다. 그런데 여기서 중요한 포인트가 있다. "여기서는 저쪽을 봤어야지." 이렇게 영상 피드백을 통해 선수를 '고치려고' 해서는 안된다. 그보다는 "여기서는 어느 공간이 넓어?" "이 플레이를 보면 저쪽에 공간이 넓지?" 이렇게 질문을 하며 안내해주어야 한다. 영상 피드백을 효과적으로 활용하면 선수에게 새로운 어포던스를 짚어줄 수 있다. 선수는 다음 경기에서 새로운 움직임의 가능성을 포착할 수 있다.

(2) 과제 제약을 추가해 선수의 시선을 유도한다.

시선 컨트롤을 연습하는 또 하나의 방법은 연습에 과제를 추가하는 것이다. 비용도 그다지 들지 않으면서 연습을 재미있게 만들수 있는 방법이다. 나는 야구장 여기저기에 테이프를 붙이거나 콘을 놓고 하는 타격 연습을 좋아한다. 투수의 모자에 테이프를 붙이고 타자에게 질문을 던진다. "테이프가 위아래로 움직였어? 아니면 좌우로 움직였어?" 내야의 한 지점에 콘을 세우고 타격을 한 선수에게 이렇게 묻는다. "방금 친 공이 콘의 오른쪽, 왼쪽 어디로 날아갔어?"

메이저리그의 강타자 배리 본즈는 숫자가 적힌 테니스공을 치는 연습을 좋아했다고 알려져 있다. 공이 날아오는 동안 공에 적힌 숫자를 읽는 연습을 했다. 타격을 할 때 야수가 어디 있었는지를 묻는 연습 방법도 있다. "유격수와 2루수 중에 누가 더 2루 베이스 가까이에 있었어?" 숫자가 1부터 6까지 적힌 나무판을 홈플레이트 바로 앞에 놓고 공이 어느 번호 위를 지나갔는지를 묻는 연습 방법도 있다.

이렇게 과제를 추가해 연습을 하면 타자는 타격이라는 본래의 과제 외에 추가적으로 시선 컨트롤에도 신경을 써야 한다. 선수에게 어디를 봐야 한다고 명시적으로 말해줄 필요가 없다. 과제 제약을 추가해서 특정 지점에 시선을 가져가도록 이끌어주면 된다.

(3) 시각 차단 안경을 이용한다

스포츠에서 시선 컨트롤을 효과적으로 해야 하는 이유는 선수가 경기 중에 주위를 여유있게 둘러볼 시간이 많이 없기 때문이다. 경기에서는 불과 몇 초 사이에 많은 일이 일어나곤 한다. 심지어는 매초마다 상황이 바뀔 때도 있다. 아주 빠르고 효율적으로 정보를 파악하지 않으면 필요한 정보를 놓치게 된다. 그렇기 때문에 연습에 시간 제약을 추가하면 선수의 시선 컨트롤 능력을 키울 수 있다. 시각 차단(visual occlusion) 연습이 대표적인 예다.[22] 어떤 동작을 연습하는 동안 특정 타이밍에 시각을 차단하면 선수는 더 빠르고 효율적으로 정보를 수집할 수 있는 방법을 찾게 된다. 원격으로 조종되는 시각 차단 안경을 사용할 수도 있다. 시각 차단 안경이 없다면 선수에게 비슷한 지침을 주면 된다. 특정 타이밍에 눈을 감으라고 하거나, 반대로 눈을 감고 있다가 특정 타이밍에 눈을 뜨라고 주문하는 것만으로도 비슷한 효과를 얻을 수 있다.

예를 들어, 특정 타이밍에 시각을 차단하는 타격 연습은 타자의 시야가 열린 상태에서 시작한다. 특정 타이밍이 되면 시각 차단 렌즈를 원격으로 닫아 시야를 차단한다. (또는 눈을 감으라고 주문한다.) 이런 과제 제약이 주어진 상황에서 공을 제대로 때리려면 타자는 투수의 투구 동작이나 공의 초기 궤적 등 타격의 초반부에 얻을 수 있는 정보에 보다 집중해야 한다. 타격 기술이 떨어지는 타자는 여기저기를 산만하게 바라보는 경향이 있다. 이런 시각 차단 연습은 선수의 시선이 사방으로 흩어지지 않게 도와준다.

시각 차단 안경을 이용한 타격 연습

반대의 순서로 연습을 할 수도 있다. 선수는 시각이 차단된 상태나, 눈을 감은 상태로 동작을 시작한다. 특정 타이밍에 차단된 렌즈를 열어주거나 눈을 뜨게 한다. 이런 연습은 눈과 머리의 움직임을 커플링하면서 움직이는 대상을 추적하는 연습에 효과적이다. 시각 차단 연습을 체계적으로 진행하면 퍼포먼스 향상으로 이어진다는 연구 결과가 무척 많다. 관련 연구들을 리뷰한 내용을 나의 팟캐스트에서 확인할 수 있다.[23]

(4) 경기장과 장비를 바꾼다 : 스케일링

경기에서 시선 컨트롤이 어려운 이유는 봐야 할 대상이 매우 작고 빠르게 움직이는 경우가 많기 때문이다. 특히 어린 선수나 기술이 아직 부족한 선수는 '올바른' 곳을 보는데 어려움을 겪는다. 이런 선수들에게는 움직이는 공의 속도를 조금 늦추거나 타겟이 보다 작은 영역에서 움직이도록 변화를 주면 시선 컨트롤 훈련을 보다 효과적으로 할 수 있다.

오피치(Oppicci)가 초보 축구 선수들을 대상으로 진행한 연구가 좋은 예다.[24] 한 그룹은 정규 축구공으로 연습을 했고, 다른 그룹은 상대적으로 덜 튀는 특성이 있는 작고 무거운 풋살공을 사용해 연습을 했다. 그리고는 시간에 쫓기는 조건을 만들어 정규 축구공으로 패스 테스트를 진행했다. 테스트 결과, 풋살공으로 연습을 한 그룹의 패스 실력이 더 크게 향상되었다. 풋살공 연습 그룹의 퍼포먼스가 좋아진 배경에는 시선 컨트롤 방식의 의미심장한 변화가 있었다. 풋살공으로 연습을 한 선수들은 공에 눈을 고정하는 시간은 줄어들었고, 선수들과 공 사이로 시선을 왔다갔다 하는 시간은 늘어났다. 탄력이 떨어지고 무거운 풋살공을 사용하면 공의 움직임을 쫓아야 하는 부담은 줄어들게 된다. 그렇기 때문에 선수들은 공 대신 경기장 안의 다른 곳으로 보다 자유롭게 시선을 이동시킬 수 있었다.

(5) 방향을 이리저리 바꾸며 연습한다

이 방법은 특히 시각 스캐닝 능력을 발달시키는데 효과적이다.

선수가 공간 속에서 정보를 탐색하는 훈련을 시키려면 정보가 있는 지점을 다양하게 만들 필요가 있다! 〈그림 3.6〉은 축구에서 흔히 하는 론도 드릴이다. 론도 드릴을 하는 방식에 따라 선수가 정보를 포착하는 능력은 향상될 수도 있고 정체될 수도 있다. 이 드릴을 잘 모르는 분들을 위해 간단히 설명하면, 원 위에 서있는 선수들은 원 안에서 패스를 막으려는 선수를 피해 패스를 성공시켜야 한다. 원 안에는 한 명이 들어갈 수도 있고, 여러 명이 들어갈 수도 있다. 이런 흔한 형태의 론도 드릴을 할 때 선수는 시각 스캐닝을 할 필요가 없다. 패스를 받을 선수와 패스를 막으려고 하는 선수가 어디에 있는지 알고 있기 때문이다. 다양한 위치에 골대를 두고 스몰사이드게임을 하는 것이 축구에 필요한 기술을 발달시키기 위해 더 나은 방법이다. 선수는 여러 위치에 있는 골대를 향해 공을 이동시키거나 패스를 막아야 한다.

〈그림 3.6〉 축구의 론도 드릴

4장

움직임에 신경을 쓰면
움직임이 좋아질까

지루하거나 주의가 산만했던 순간을 떠올려 보자. 어쩌면 이 책의 처음 몇 페이지를 읽으면서 그랬을 지도 모른다.(그러지 않았기를 바라지만!) 우리 모두가 가끔씩 경험하는 일이다. 책을 읽고는 있지만 실제로는 읽지 않고 있는 상태다. 모든 단어를 눈으로는 지나가고 있지만 단어의 의미는 제대로 파악하지 못하는 경우다. 바로 이어서 시험을 본다면 0점을 받게 될 것이다. 운전할 때도 비슷한 경험을 할 때가 있다. 딴 생각을 하면서 운전을 하다가 어느 순간 갑자기 깨닫게 된다. 지난 5분 동안 도로에서 벌어진 일이 전혀 기억나지 않는다는 사실을! 이러한 사례를 통해 우리는 알 수 있다. 무언가를 보는 것과 주의를 기울이는 것은 같지 않다!

인간에게는 외부 세계에 존재하는 정보도 있고 몸으로부터 제공되는 정보도 있다. 인간은 모든 정보를 똑같이 지각하지 못한다. 인간에게는 주의력이라는 강력한 도구가 있다. (종종 잘못 사용되기도 한다!) 주의력은 증폭기와 필터의 조합처럼 작동한다. 어떤 정보는 신호를 증폭시키고 어떤 정보는 신호를 떨어뜨리거나 완전히 놓치기도 한다. 인간의 주의력이 이와 같이 작동하지 않는다면 우리의 삶이 어떻게 될지 상상해 보자. 파티에 온 사람들의 목소리가 모두 같은 크기로 들린다면? 생각만해도 정신이 아찔해진다. 선택적으로 주의를 보내는 능력이 떨어지면 정신분열증과 같은 정신 장애의 징후가 되기도 한다.

몸의 움직임에 신경을 쓰면 벌어지는 일

주의를 보내는 일은 단순히 산만해지는 것을 막는 일 이상의 의미가 있다. 지난 20여 년 동안 나는 엘리트 운동 선수의 주의를 다른 곳으로 돌려서 퍼포먼스를 망가뜨리는 방법을 찾는 데 즐거움을 느꼈다. (다소 변태적이라는 점을 인정한다!) 나는 타격을 하면서 다른 대상에 주의를 기울이게 하는 테스트로 이 주제에 대한 첫 번째 연구를 시작했다.[01] 나는 관중석으로부터 소리가 나오게 해서 그 소리에 주의를 집중하게 만들었다. 타격을 한 후에 관중석에서 나온 소리가 고음인지 저음인지 말하게 했다. 몸에 집중하게 만들기도 했다. 타격을 하는 동안 어떤 소리를 들려주고 그 소리를 들었을 때 손이 움직이는 방향이 아래쪽이었는지 위쪽이었는지를 말하게 했다.

테스트 결과는 〈그림 4.1〉과 같다. 각각의 조건에 따른 스윙 타이밍의 오차를 보여준다. 하얀색 그래프는 취미로 야구를 하는 사람들이고, 검은색 그래프는 대학야구 선수들이다. 왼쪽에서 두 번째 그래프를 통해 우리는 가장 눈에 띄는 결과를 확인할 수 있다. 손에 주의를 기울이게 만들었더니 타격 기술이 좋은 대학야구 선

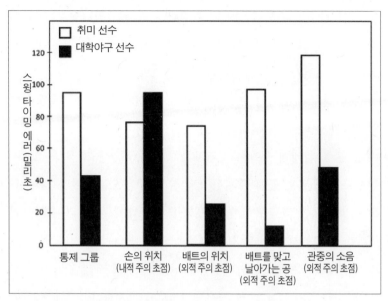

<그림 4.1> 주의 초점에 따라 달라진 타격의 결과.

수들이 주말에 동네 야구를 하는 어린이 수준의 타자가 되었다.

주의력에는 어두운 면과 밝은 면이 모두 있다. 오른쪽에서 두 번째 그래프를 보면, 대학 선수들에게 배트에 맞은 공을 집중해서 보라는 과제를 주었을 때(경기장 안에 콘을 놓고 타구가 콘의 왼쪽으로 날아 갔는지 오른쪽으로 날아갔는지를 판단하게 했다) 아무런 추가 과제 없이 평 소대로 타격을 한 통제 그룹보다 타격 결과가 더 좋았다. 타격 기 술이 떨어지는 취미로 야구를 하는 사람들은 배트의 위치에 주의 를 보내도록 했을 때는 타격 결과가 더 좋았지만, 관중석으로 주의 를 보내도록 만들면 타격 결과가 나빠졌다. 나는 주의를 전환시키는 것이 선수의 퍼포먼스에 매우 강력한 효과가 있다는 사실을 이 테스트를 통해 금방 알아차렸다. (이 대목에 사악한 웃음을 짓는 이모티콘을 삽입하고 싶다!)

다음 연구에서 나는 다양한 정보에 주의를 집중할 때 어떤 일이 일어나는지 더 깊이 파고들었고 몇 가지 흥미로운 사실을 발견했다. 나는 타자에게 추가적인 과제를 제공해서 선수가 특정 로케이션으로 날아오는 공에 주의를 집중하게 만들었다.[02] 예를 들어 왼손 타자에게는 좌익수 방향으로 타구를 보내야 하는 과제를 주었다. 이 과제는 공이 바깥쪽 코스로 들어올 때 달성하기가 훨씬 쉽다. 관찰 결과, 타자들은 바깥쪽 코스로 들어오는 공을 몸쪽으로 들어오는 공보다 더 크게 지각했다. 공의 크기를 더 크게 지각한 타자는 좌익수 방향으로 더 많은 공을 때려냈다. 이 현상은 이렇게도 표현할 수 있다. 타자가 주의를 집중하고 있는 로케이션으로 공

이 들어올 때 타자에게는 공이 더 크게 보인다. 과제를 달성할 수 있는 공처럼 보이기 때문에 스윙을 더 많이 하게 되고, 좋은 결과도 더 많이 얻게 된다. 이렇듯 주의력은 선수가 의도한 것을 달성하기 위해 사용할 수 있는 정보를 증폭시킨다.

다음으로 나는 주의력이 일어나는 일을 기억하는데 미치는 영향을 관찰했다.[03] 나는 대학야구 선수들에게 위에서 이야기한 두 가지 조건에서 타격을 하도록 요청했다. 하나는 배트를 맞고 날아가는 공에 주의를 기울이라는 과제였고, 또 하나는 손에 주의를 쏟으라는 과제였다. 선수들은 미처 인식하지 못했지만 공을 던지는 투수는 뚜렷한 패턴을 가지고 있었다. 패스트볼은 모두 몸쪽으로 던졌고 커브는 모두 바깥쪽으로 던졌다. 선수들은 과제가 추가된 조건에서 잠시 동안 타격을 하고, 다시 아무런 추가 과제가 없는 조건에서 타격을 했다. 그리고 투수의 투구 패턴도 반대로 바꾸었다.

테스트 결과, 배트를 맞고 날아가는 공에 주의를 보내는 과제를 수행한 선수들은 통제 그룹보다 더 나은 퍼포먼스를 보여주었다. 또한 투수의 패턴을 학습했음이 분명해 보이는 모습을 보여주었다. 투수의 패턴을 바꾸자 선수들의 타격 퍼포먼스는 급격히 나빠졌다. 반대로 손의 움직임에 집중할 때는 전반적으로 퍼포먼스가 나빠졌다. 투수의 패턴을 파악했다는 증거도 보이지 않았다. 이렇듯 주의를 보내면 같은 경험이라도 더 학습이 잘 일어날 수 있다.

마지막으로, 최근에 진행한 연구에서 나는 주의가 움직임 패턴에 어떤 영향을 미치는지 살펴보았다.[04] 지면반력을 측정하는 플레이트를 이용하면 타자가 뒷발로 체중을 이동해 힘을 싣는 시점과 앞으로 체중을 이동하여 힘을 공으로 전달하는 시점을 측정할 수 있다. 나는 숙련된 타자들에게서 이 두 가지 움직임 사이에 시너지(synergy)가 생기는 현상을 발견했다. 뒷발로의 체중 이동이 늦어지면 앞으로의 체중 이동이 빨라지고, 뒷발로의 체중 이동이 빠르면 앞으로의 체중 이동을 늦추는 방식으로 기능적 커플링(functional coupling)이 일어났다. 이런 방식으로 타자는 딱 맞는 타이밍에 공을 때려냈다.

그렇다면 타자의 주의를 다른 곳으로 돌리면 어떤 일이 벌어질까? 배트에 맞고 날아가는 공에 주의를 기울일 때 이런 기능적 커플링은 더 강력해졌다. 손의 움직임에 주의를 보내면 시너지가 잘 일어나지 않는 모습이 보였다. 이렇듯 주의를 올바른 곳으로 보내면 신체의 긍정적인 자기조직화를 이끌어낼 수 있다.

다시 한 번 강조하지만, 나는 단순히 선수가 어디를 봐야 한다고 말하는 것이 아니다. 어디를 보는 지는 시선을 컨트롤하는 것과는 다소 다른 문제다. 물론 대부분의 경우에 시선과 주의는 함께 움직인다. 우리는 보통 주의를 기울이는 대상을 쳐다보지만, 항상 그런 것은 아니다. 크게 주의를 두지 않으면서 어딘가를 볼 때도 있다. 예를 들어 농구에서 '노룩(no-look)' 패스를 할 때가 그렇다. 중요한 포인트는 주의력도 다중감각적(multisensory)이라는 점이다. 앞서 소개한 나의 연구에서 타격을 하며 손의 움직임에 집중하게 했을 때 타자들은 스윙을 하며 손을 보지는 않았다. 단지 주의만을 전환했다. 날아오는 공에 관한 시각 정보에서 손의 움직임에 관한 고유수용성감각 정보로 주의를 전환했을 뿐이다.

주의의 중요성이 잘 전달되었기를 바란다. 주의력은 인간에게 주어진 놀라운 자원이다. 또한 현명하게 사용해야 하는 자원이다. 주의력은 퍼포먼스를 제대로 발휘하게 만들 수도 있고, 망가뜨릴 수도 있다. 주의력을 '엉뚱한 곳'에 쏟으면 순식간에 최고의 퍼포먼스가 평범한 수준으로 떨어질 수 있다. '올바른 대상'으로 주의를 옮기기만 해도 여러 긍정적인 효과가 일어난다. 선택 능력이 좋아진다. 경험으로부터 보다 잘 배우게 된다. 움직임을 더 효과적으로 자기조직화할 수 있다.

그렇다면 주의력의 세계로 보다 깊이 들어가 보자. 주의를 다룬 관련 연구들을 꺼내 보자. 올바른 대상에 주의를 기울일 때와 잘못된 대상에 주의를 기울일 때는 어떤 차이가 생길까? 주의가 다른 곳으로 향하는 원인은 무엇일까? 우리가 원하는 곳으로 주의가 가도록 하려면 어떤 연습을 해야 할까?

단어 하나에 따라 바뀌는 퍼포먼스

스포츠 과학에 대해 우리는 다소 어정쩡한 태도를 보이는 경향이 있다. 스포츠 과학에서 어떤 절대적인 법칙같은 것은 거의 존재하지 않는다. 그래서인지 우리는 어떤 개념이나 접근법을 따르는 것을 주저하곤 한다. "선수마다 다르다. 상황에 따라 다르다"는 말을 늘 덧붙이곤 한다. 하나의 이론을 설명하는 모든 연구에는 모순되는 발견도 종종 섞여 있다. 모순이 없는 일관성 있는 연구는 그다지 많지 않다. 그다지 기술 수준이 높지 않은 선수들이 제한된 조건에서 수행한 동작만을 관찰한 경우도 많다. 하지만 내적 주의 초점과 외적 주의 초점을 비교한 연구들은 그렇지 않다! 연구들 전반적으로 일관성 있는 결과를 보여준다.

내적 주의 초점(internal attention focus)은 기술을 실행하는 동안 몸의 움직임이나 자세에 주의를 보내는 것을 말한다. "스윙을 하는 동안 손의 움직임에 집중해!" 내가 앞선 연구에서 타자들에게 주문한 말이 바로 내적 주의 초점에 해당한다. "뒷발로 밀어", "무릎

을 구부려", "손목을 꺾어." 많은 코치들이 내적 주의 초점을 요구하는 지침을 많이 사용해 코칭을 한다. 오랜 시간 동안 동작을 교정해서 좋은 메카닉을 만들어야 한다는 전통적인 관점으로 선수들을 코칭해 왔기 때문이다. 반 데어 그라프(Van der Graaff)의 연구팀은 6명의 네덜란드 야구 코치가 4주 동안 연습을 하며 한 말들을 녹음해 분석했다.[05] 코치들은 717개의 교습을 선수들에게 제공했는데 그 중 70%가 내적 주의 초점을 요구하는 말(내적큐)이었다.

내적큐가 그다지 효과적인 코칭 방법이 아니라는 사실을 보여주는 연구 결과가 상대적으로 많다. 1998년 UNLV의 가브리안 울프 박사는 내적큐와 외적큐에 따라 보드 위에서 균형을 잡는 동작의 결과가 어떻게 달라지는 지를 관찰했다.[06] 외적큐는 몸에 집중하는 대신 외부 환경의 어딘가에 주의를 쏟도록 하는 코칭큐를 의미한다. 앞선 연구에서 내가 배트의 움직임이나 배트를 맞고 날아가는 공에 주의를 보내도록 한 것이 외적큐의 좋은 예다. 참가자들은 "발에 집중하라"는 내적큐와 "밸런스 보드 위에 있는 마커에 집중하라"는 외적큐에 따라 보드 위에서 균형을 잡는 동작을 실행했다. 외적큐에 따라 움직일 때 참가자들은 균형을 더 잘 잡는 모습을 보여주었다. 내적큐에 따라 움직일 때는 아무런 지침도 주지 않았을 때와 별다른 차이가 없었다.

나는 처음 이 연구를 접했을 때만 해도 이렇게 미세한 표현의 차이가 퍼포먼스에 그렇게 큰 차이를 낳는다는 사실을 믿지 못했다. 울프 박사의 연구에서 보드 위의 마커는 발에서 불과 몇 cm

밖에 떨어져 있지 않았다. 코칭큐가 다르기는 했지만 공간적으로는 거의 같은 위치에 주의를 기울였다고 볼 수 있다. '발'에 주의를 두는 것과 '마커'에 주의를 두는 것이 그렇게 차이가 난다는 사실을 나는 믿기 어려웠다. 나는 한 컨퍼런스에서 울프 박사를 만나 대화를 나눌 기회가 있었다. 그녀의 연구에서 내가 놓친 것이 있는지를 알고 싶었다. 나의 질문에 울프 박사는 이렇게 답했다. "직접 해보세요."

그래서! 나는 직접 파헤쳐 보기로 했다. 타자를 대상으로 진행한 연구에서 나는 두 가지 조건을 세팅했다. 한 번은 스윙을 할 때 손에 주의를 두라는 내적큐를 주었고, 또 한 번은 배트에 주의를 보내라는 외적큐를 주었다. 타자는 손으로 배트를 잡고 스윙을 한다. 그렇다면 손이나 배트 어디에 주의를 집중하든 상관없지 않을까? 솔직히 나는 그다지 차이가 날 것으로 기대하지 않았다. 하지만 〈그림 4.1〉처럼 제법 큰 차이가 있었다. 연구에 참여한 대학야구 선수들은 '손'에서 '배트'로 단어 하나를 바꿨을 뿐인데 훨씬 더 공을 잘 때려냈다. 그 이후로도 나는 여러 차례 같은 결과를 확인했다. 말도 안된다고 생각할 지도 모르지만, "배를 투수 쪽으로 돌려"라는 내적큐를 "벨트 버클을 투수 쪽으로 돌려"라는 외적큐로 바꾸면 퍼포먼스가 더 좋아진다. "뒷발로 밀어내"라는 내적큐를 "땅을 밀어내"라는 외적큐로 바꾸면 퍼포먼스가 달라진다. 이번 4장에서는 이것만 기억하면 된다. 코치가 사용하는 말은 선수의 움직임에 엄청난 영향을 미친다. 코치는 말을 현명하게 선택해야 한다!

1998년에 주의 초점을 다룬 올프 박사의 첫 번째 연구가 소개된 이후, 1,824명의 참가자를 대상으로 한 73건의 연구에서 외적큐가 더 나은 퍼포먼스를 보여준다는 사실을 확인할 수 있었다. 1,274명의 참가자를 대상으로 한 40건의 연구를 메타분석한 결과도 마찬가지다.[07]

외적큐를 사용했을 때의 또다른 이점은 바로 기술의 유지와 전이 효과다. 외적큐로 연습한 사람들은 24시간이 지난 후에도 연습한 기술을 비교적 잘 유지하는 모습을 보여주었다. 또한 연습하지 않은 과제를 수행할 때도 더 나은 퍼포먼스를 보여주었다(전이). 이러한 연구 결과는 거의 모든 스포츠와 운동 기술에 공통적으로 나타나는 현상이다. 그래서 나는 내적큐와 외적큐의 차이를 비교하는 연구는 이제 그만 하라는 이야기를 자주 한다. 계속 실험하며 검증할 필요가 없다. 어떤 결과가 나올지 이미 알고 있기 때문이다. 언제나 외적큐가 내적큐를 이긴다!

외적큐가 더 나은 퍼포먼스와 학습으로 이어지는 이유

외적 주의 초점이 내적 주의 초점보다 퍼포먼스와 학습에 더 효과적이라는 것을 설명하는 세 가지 관점이 있다. 첫 번째로 울프 박사의 연구팀은 "동작 제한 가설(constrained action hypothesis)"을 주장한다. 동작 제한 가설은 가장 널리 알려진 기술습득 이론인 피츠(Fitts)와 포즈너(Posner)의 3단계 모델을 따른다.[08] 몸에 주의를 두

게 하는 내적큐가 자율적인 신체 움직임을 방해하여 퍼포먼스를 떨어뜨린다는 주장이다. 그동안 몸으로 익혀 저장된 프로세스에 따라 기술이 무의식적으로 드러나지 못하게 만든다고 이야기한다. "손에 집중하라"는 말을 들으면 선수는 움직임을 의식적으로 컨트롤하기 시작한다. 손이 어디에 있어야 하는지를 생각하기 시작하면서, 마치 처음 그 기술을 배우기 시작했을 때처럼 하나하나 동작을 실행하려고 하게 된다. 내적큐는 기술습득의 초기 단계로 돌아가게 만든다. 외적큐를 사용해 선수의 주의를 몸 밖으로 보내면 일어나지 않는 현상이다.

두 번째 관점은 생태학적 접근법과 맥락이 일치하는 내용이다. 생태학적 관점에서 좋은 기술은 자기조직화 과정 속에서 창발한다. 자동수행 단계(탑다운top-down 방식으로 뇌가 신체를 컨트롤하지 않으며, 작업 기억이 더 이상 움직임에 관여하지 않는 단계)라는 개념을 생태학적 관점은 받아들이지 않는다. 애초에 뇌가 움직임을 컨트롤하는 데 관여하고 있지 않기 때문이다! 생태학적 관점에서 내적큐가 퍼포먼스와 학습 효과를 떨어뜨리는 이유는, 내적큐가 자기조직화를 방해하는 제약으로 작용하기 때문이다. 코치가 손이나 무릎, 발에 집중하라고 말하면 선수는 손, 무릎, 발의 움직임을 컨트롤하려고 애쓰게 된다. 내적큐가 몸이 스스로 움직임을 코디네이션하지 못하게 막는 요소로 작용하면서 최적의 움직임을 이끌어내지 못하게 된다. 근전도(EMG) 검사를 통해 근육 활동을 관찰한 연구들이 이를 증명하고 있다.[09] 암컬(arm curl) 운동을 할 때 이두근에 집

중하라고 말하면 이두근은 더 활성화된다. (주의력은 신호를 증폭시킨다는 점을 기억하자.) 하지만 이렇게 이두근에 집중해 트레이닝을 하면 퍼포먼스는 오히려 더 나빠진다. 지금까지의 이야기들을 고려하면 그다지 놀랄 일은 아니다.

외적 주의 초점이 내적 주의 초점보다 퍼포먼스와 학습에 더 효과적이라고 여기는 마지막 관점은 앞서 설명한 두 가지 관점과 연결되는 내용이다. 헨릭 헤레브뢰든(Henrik Herrebrøden)은 최신 논문에서 외적 주의 초점 상태에서 움직일 때 선수는 내적 주의 초점 상태보다 더 많은 정보를 얻는다고 말하고 있다.[10] 선수는 정보를 이용해 움직임을 컨트롤한다. 〈그림 4.1〉의 테스트 결과가 좋은 예다. "배트를 맞고 날아가는 공에 집중하라"는 외적큐는 선수가 움직임의 결과와 관련한 디테일에 주의를 기울이도록 만든다. 이

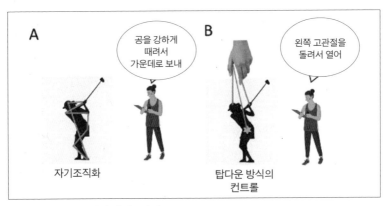

〈그림 4.2〉 주의 초점과 자기조직화

것을 보통 '결과 지식 피드백(knowledge of results feedback)'이라고 부른다. 자신이 친 공이 날아가는 모습을 잘 관찰하면 타자는 날아가는 공의 속도, 방향, 회전 등에 관한 정보를 더 많이 파악할 수 있다. 그 정보를 피드백 삼아 다음 타석에서 타격 동작을 조정할 수 있다. "손의 움직임에 집중하라"는 내적큐를 주면 이와는 다른 일이 벌어진다. 이런 내적큐가 주어지면 선수는 스윙을 조절하고 배트를 컨트롤하는 데 사용할 수 있는 직접 정보를 접하지 못하게 된다. 언제나 그런 것은 아니지만 많은 경우에 선수가 포착해야 할 정보(타우, 광학 흐름, 시야각 등)는 선수의 몸이 아니라 외부 환경에 있다. 그렇기 때문에 신체의 외부로 주의를 보내게 되면 퍼포먼스가 좋아질 가능성이 높아지는 것이다.

제약 주도 접근법(constraints-led approach)을 적용한 연구에서도 같은 결과를 확인할 수 있다. 2018년에 발표한 연구에서 나는 타자들에게 타구의 발사각을 높이라는 과제를 주었다. 그리고 다양한 코칭큐에 따른 차이를 관찰했다.[11] 내적 주의 초점 그룹은 다음과 같은 내적큐에 따라 연습을 했다. "공 아래로 손을 가져가", "팔을 살짝 위로 향하게 움직여", "뒷발을 차면서 힘차게 나가." 외적 주의 초점 그룹은 다음과 같은 외적큐에 따라 연습을 했다. "배트를 날아오는 공과 같은 궤적으로 만들어", "내야수를 넘겨", "공의 아래를 때려." 몸에 신경을 쓰게 하는 말은 일체 전달하지 않았다. 마지막 그룹은 제약 주도 접근법을 사용했다. 경기장 안에 스크린을 설치하고 공을 때려 스크린을 넘기라는 주문만 했다. 연습이 끝나고 테스트를 한 결과 스크린을 제약으로 사용한 그룹의 발사각이 가장 높아졌다. 타구 속도도 빨라지고, 홈런 타구도 가장 많이 늘었다. 외적큐로 연습한 그룹의 발사각이 두 번째로 높아졌다. 두 그룹 모두 내적큐로 연습한 그룹보다 눈에 띄게 발사각이 높아졌다.

경기장에 설치한 스크린은 제약이면서 동시에 외적 주의 초점의 대상으로 작용한다. 스크린 자체가 새로운 움직임 솔루션을 탐험하도록 선수를 자극한다. 실제로 나는 선수가 얼마나 내적 주의 초점 상태에 있었는지를 확인하기 위해 타격을 하고 나서 어떤 손동작을 했는지를 물어보곤 했다. 내적큐로 연습한 그룹은 72%가 자신의 손 동작을 정확히 설명했다. 외적큐로 연습한 그룹은 52%였고, 스크린을 설치한 제약 주도 접근법 그룹은 49%였다. 연습에 추가된 제약은 새로운 움직임 솔루션을 탐험하도록 자극할 뿐 아니라 퍼포먼스 향상에 도움이 되는 외적 주의 초점 상태로도 이끌 수 있다.

최적의 코칭큐 사용을 위한 네 가지 원칙

지금까지 소개한 여러 연구 결과를 생각하면 내적큐는 절대로 사용하지 말아야 할 코칭 도구처럼 보인다. 내적큐를 외적큐로 바꾸는데 어려움을 호소하는 코치들도 많다. '팔'이라고 말하지 않으면서 팔의 움직임을 변화시킬 방법을 찾기가 만만치 않다는 하소연을 종종 듣곤 한다. 이렇게까지 조심스럽게 코칭큐를 선택해야 하고, 내적큐를 외적큐로 바꾸기 위해 애를 써야 하는지 의문이 드는 게 사실이다. 그렇지 않다는 이야기를 지금부터 하려고 한다. 직접 연구를 한 경험과, 실제로 연습에 적용해본 경험을 통해 나는 코칭큐를 가장 효과적으로 사용할 수 있는 네 가지 원칙을 정리했다.

(1) 선수가 동작을 실행하기 직전에 전달하는 마지막 큐나 지침은 외적큐가 이상적이다.

주의 초점에 관한 연구를 보면, 대개 어떤 동작이나 기술을 실행하기 '직전에' 선수에게 전해지는 코칭큐나 지침이 어떤 결과로 이어졌는지를 평가한다. 동작을 실행하는 동안 '선수의 머릿속에서 일어나는 일'을 간접적으로 알 수 있기 때문이다. 일반적으로 나는 동작을 실행하기 전에 전달하는 마지막 말은 외적큐를 이용해 외적 주의 초점을 불러일으키는 것이 좋다고 생각한다. 외적 주의 초점 상태에서 선수는 정보를 보다 잘 파악할 수 있고, 신체의 자기조직화 과정을 자연스럽게. 이끌어낼 수 있기 때문이다. 외적큐의 긍정적인 효과를 입증하는 연구 결과가 압도적으로 많은 이유이기도 하다. 타석에 들어서기 전에, 페널티킥을 차려고 공 앞에 서기 전에, 그리고 자유투 라인에 들어서기 전에 선수의 머리에 입력되는 마지막 메시지는 외적 주의 초점을 떠올리게 만드는 말이어야 한다.

외적 주의 초점을 위해 반드시 신체 외부에 물리적으로 존재하는 어딘가에 주의를 보내야 하는 것은 아니다. 상상력을 발휘해 가상의 대상을 불러올 수도 있는데 그 중 하나가 비유를 사용하는 방법이다. 비유는 움직임 패턴을 구체적으로 말하지 않고 은유적으로 묘사한다.

" 무지개 모양으로 스트로크를 해!"(테니스)

" 채찍을 휘두르듯 때려!"(배구)

" 벌레를 잡듯 내려찍어!"(야구)

" 상자에 과자를 올려놓듯이 던져봐!"(농구)

내가 여러 종목의 코치로부터 들은 적이 있는 비유를 활용한 코칭큐들이다. 당연히 무지개나 채찍, 벌레, 과자는 실제로 존재하는

대상이 아니다. 비유를 사용한 코칭큐는 몸에 대해 직접 말하지 않으면서도 선수로 하여금 몸의 움직임(고유수용성감각 정보)에 집중하도록 만든다. 내적큐가 불러일으키는 문제를 유발하지 않고 원하는 폼이나 움직임 패턴을 얻을 수 있다. 가상의 상자에 과자를 올려놓듯이 슛을 쏘려면 선수는 손의 움직임에 관한 정보를 포착해야 한다. 손으로 직접 주의를 보내지 않아도 선수는 이런 비유를 활용해 손에 관한 정보를 얻을 수 있다.

(2) 그럼에도 불구하고 내적큐가 필요한 때와 장소가 있다.

그렇다고 내적큐를 절대로 사용해서는 안된다고 말하고 싶지는 않다. 단순히 좋은 퍼포먼스를 위해서만 연습을 하는 건 아니기 때문이다. 코치는 움직임 솔루션을 탐험하고, 익히고, 발전시키는 모든 과정의 연습을 디자인한다. 선수가 동작을 수행하기 전에 제공하는 코칭큐는 코칭이라는 전체 프로세스의 극히 일부분일 뿐이다. 때로는 내적큐가 필요한 순간이 있다.

아마도 내적큐를 효과적으로 사용해야 하는 대표적인 경우는 차이학습법(differential learning)을 적용한 연습이라고 생각한다.[12] 차이학습법은 움직임이나 자세 등에 무작위로 변화를 주면서 기술을 수행하도록 하는 연습 방식이다. 차이학습법은 같은 움직임을 두 번 반복하지 않는다. 오히려 선수의 안정적인 움직임을 교란하고 보다 많은 움직임 솔루션을 경험하게 만들기 위해 랜덤한 노이즈(random noise)를 발생시킨다. 이를 통해 움직임의 스트렝스 수준을 높이고 적응 능력을 극대화한다.

내가 파악하기로는 차이학습법과 기존의 처방 중심 코칭을 비교한 12건의 연구가 있다.[13] 투포환 던지기, 스피드 스케이팅, 축구, 야구, 역도, 배구, 골프 등 다양한 스포츠 종목을 대상으로 진행한 연구들이다. 이 중 10개의 연구에서 차이학습법이 더 효과가 좋다는 사실을 말하고 있다. 그렇다면 차이학습법을 적용한 연습에는 일반적으로 어떤 코칭큐를 사용하는지 궁금해진다. 최근에 배구를 대상으로 한 연구에서는 다음과 같은 코칭큐를 사용해 연습을 진행했다. "한쪽 다리로 서서 서브를 준비하고, 서브를 넣으면서 다리를 바꾼다!", "머리를 돌리면서 서브를 받는다!", "팔꿈치를 쭉 뻗은 상태로!" 사용한 말들이 모두 내적큐다!! 선수가 새로운 움직임 공간을 탐험해야 할 때가 있다. 퍼포먼스 결과는 크게 신경쓰지 않고 다양한 움직임 솔루션을 시도해야 할 때도 있다. 이런 연습을 할 때는 내적큐가 도움이 된다. 현실적으로 내적큐가 아닌 다른 말로 차이학습법의 다양한 자세와 움직임을 연습시킬 방법을 나도 잘 모르겠다.

하지만 '마지막 말은 외적큐여야 한다'는 원칙은 차이학습법을 적용해 연습을 할 때도 여전히 지켜져야 한다는 점을 강조하고 싶다. 2021년 연구에서 오타데(Oftadeh)의 연구팀은 축구에서 차이학습법을 적용한 슈팅 연습을 관찰했다.[14] 선수들은 자세와 몸의 움직임을 무작위로 바꿔가며 슈팅 연습을 했다. 한 그룹은 내적큐("발의 가운데로 슈팅을 해." "왼쪽 다리를 구부리면서 슈팅을 해.")에 이어 외적큐("골대의 왼쪽 상단 모서리를 향해 슈팅을 해")를 제공했다. 다른 그룹은 두 개의 내적큐가 결합된 코칭큐를 제공했다. ("발이 공에 닿을 때의 감각에 집중하면서 발 가운데로 슈팅을 해") 연습이 끝나고 테스트를 한 결과, 마지막에 외적큐를 들으며 연습한 선수들의 슈팅 점수가 훨씬 더 높게 나왔다.

이런 연구를 통해 우리는 내적큐의 사용법을 다음과 같이 정리할 수 있다. 몸의 자세와 움직임에 관해 알려주는 내적큐는 올바른 타이밍에 사용해야 도움이 된다. 일단 동작을 실행하기 직전에 건내는 마지막 말로 내적큐를 제공해서는 안된다! 그리고 내적큐는 올바른 목적을 위해 사용되어야 한다. 내적큐는 좋은 퍼포먼스를 내기 위한 수단으로는 적절하지 않다. 다양한 움직임을 탐험하기 위한 목적으로 사용해야 한다.

최근 스포츠의 세계는 동작을 측정하고 분석하는 테크놀로지가 엄청난 속도로 발전하고 있다. 위에서 다룬 원칙들은 동작분석 테크놀로지를 이용할 때도 마찬가지로 적용될 수 있다. 생체역학을 분석한 결과를 선수와 함께 리뷰할 때 몸을 지칭하는 단어를 애써 사용하지 않으려고 애쓸 필요는 없다. "팔이 벌어져서 나온다"거나 "팔이 통째로 움직이는 것 같다"는 표현은 내가 투수들과 대화를 하며 실제 사용하는 말이다. 코치로서 내적큐를 절대로 사용해서는 안된다고 생각할 필요는 없다. 대개의 선수들은 자신이 어떻게 움직이는지 보다 디테일하게 이해하면 다소 낯선 연습을 시켜도 적극적으로 몰입한다. 물론 분석한 내용을 알려줄 때는 몸을 가리키는 말들을 사용해 설명을 해주지만 더 좋은 움직임 솔루션을 찾는 연습을 할 때는 내적큐를 사용하지 않는다. 가급적 외적큐("커넥션볼이 앞으로 나가도록 던져")를 사용하려고 한다.

커넥션볼을 이용한 연습

마지막으로 내적큐는 '감각(feel)'을 키우기 위한 연습에 도움이 될 수 있다. 인간은 시각을 주로 사용하기 때문에 신체 내부에서 보내는 신호를 감지하는 능력은 다소 떨어진다. 고관절이 닫혔는지, 어깨가 열려 있는지를 알려주는 고유수용성감각 정보가 계속 신호를 보내고 있지만, 우리 대부분은 그러한 정보를 감지하고 사용해 본 경험이 많지 않다. 효과적인 트레이닝을 위해서는 고관절이 힌지(hinge)가 되어 있는지, 골반이 닫혀 있는지, 어깨가 열려 있는지를 느끼면서 고유수용성감각 정보와 조율하는 훈련이 포함되어야 한다. 바로 이럴 때 내적큐를 사용하면 좋다. 내적큐를 이용해 감각을 느끼기를 바라는 신체 부위에 의도적으로 주의를 보낼 수 있다. '감각'에 대해 보다 구체적으로 알고 싶은 분들은 '신체감각 인지(somaesthetic awareness)'를 다룬 토너(Toner)와 모란(Moran)의 훌륭한 논문을 추천한다.[15]

(3) 자주 사용하는 내적큐를 외적큐로 바꾸고, 새로운 외적큐를 개발하려고 노력하면 더 나은 코치가 될 수 있다. 하지만 머리가 깨질 정도로 외적큐에 집착하지는 말자!

내가 코치들과 함께 하는 일 중에 가장 좋아하는 활동은 외적큐를 만들면서 코칭언어를 늘려나가는 연습이다. 관행적으로 많이 사용하는 내적큐를 어떻게 외적큐로 바꿔 표현할 수 있을지 고민한다. 자세나 움직임을 잘 반영한 비유 표현이 있는지도 생각해 본다. 예를 들어, 야구에서는 타격 준비 자세에서 "뒤쪽 팔꿈치를 올려!"라는 내적큐를 많이 사용한다. "배트가 하늘에 닿게 올려" "잭해머를 사용할 때처럼 배트를 쭉 올려" 이렇게 외적큐와 비유를 활용한 코칭큐를 통해서도 같은 움직임을 만들 수 있다.

외적큐는 거리와 방향을 지칭하는 단어를 추가해 보다 넓은 차원으로 활용할 수 있다. 외적 주의 초점의 대상이 선수와 가까이 있는지, 멀리 있는지에 따라서도 퍼포먼스는 달라진다.

"벨트 버클을 돌려!"·(가까운 외적 주의 초점)

"배트의 헤드를 던져!" (조금 먼 외적 주의 초점)

"투수를 향해 빠르게 치고 나가" (보다 먼 외적 주의 초점)

연구에 따르면 기술이 떨어지는 선수일 수록 가까운 외적큐가 효과적이다. 숙련된 선수일 수록 주의가 먼 곳을 향하게 하는 외적큐가 더 도움이 된다.[16]

외적큐는 움직임의 방향을 가리키는 용도로 사용할 수도 있다. "배트를 투수를 향해 던져!" 이런 외적큐는 무언가로 '향하는' 움직임을 유도한다. "땅을 힘차게 밀어!" 이런 외적큐는 무언가'로부터' 멀어지게 만든다.

당연히 외적큐만을 사용해야 한다고 생각하지는 않지만, 나는 두 가지 이유로 내적큐를 외적큐로 바꾸는 연습을 좋아한다. 첫째, 외적큐에 관심을 가지면 코치는 코칭 도구 상자에 보다 많은 도구를 채워 넣을 수 있다. 자주 사용하는 내적큐가 잘 통하지 않으면 새로운 외적큐를 하나 만들어 선수에게 적용해 보자. 그만큼 코칭 도구 상자에는 선수와 연결할 수 있는 도구가 쌓이게 된다. 둘째, 다양한 움직임 패턴을 다양한 방식으로 전달하려는 노력은 움직임에 대한 이해 수준을 높여준다. 다양한 방식으로 동작을 설명하려고 노력하는 코치는 동작의 주요 특성이 무엇인지 보다 깊게 고민한다. 선수의 움직임을 보다 세밀하게 관찰한다.

물론! 다시 한 번 말하지만! 내적큐를 외적큐로 바꾸는 일에 너무 집착할 필요는 없다. 몸을 가리키며 설명하는 것이 더 쉽다면 그렇게 하면 된다! 생태학적 접근법은 하나의 이상적인 동작을 강요하면서 선수의 움직임을 과도하게 제한하는 코칭 방식과는 거리가 멀다. 코치가 솔루션을 처방하기보다는 선수 스스로 움직임 솔루션을 탐구하고, 창의력을 발휘해 문제를 해결하는 모습을 지향한다. 이런 관점은 코치가 코칭큐를 사용하는데도 마찬가지로 적용되어야 한다.

(4) 코칭큐를 만드는 일에 선수를 참여시키면 선수가 최고의 코칭큐를 찾아준다.

모두에게 효과적인 코칭큐는 없다. 같은 코칭큐라도 효과는 선수마다 다르게 나타난다. 나는 다음과 같은 프로세스로 맞춤형 코칭큐를 만드는 작업을 선호한다. 연습에 제약을 적용해 선수로 하여금 특정한 자세나 움직임을 실행하게 만든다. 그런 다음 감각이나 느낌이 어땠는지를 물어본다. 선수가 한 말을 사용해 코칭큐를 만든다. "팔이 스트레칭되는 것 같다"고 선수가 자신의 감각을 표현했다면 다음 연습할 때 "스트레칭되는 감각을 느껴봐!"라는 코칭큐를 사용한다. 선수는 자신만의 경험에서 나온 독특한 비유로 감각을 표현하기도 한다. "10살 때 하와이에서 경험한 파도처럼 느껴졌어요" 선수가 이렇게 말했다면 그 선수에게는 "하와이의 파도를 느껴봐!"라는 코칭큐를 사용하면 좋다. 움직임 솔루션을 탐험하는 공간 속으로 이끌 수 있는 말이라면 무엇이든 사용해도 된다!

때로는 실제 일어나는 움직임과 완전히 다른 표현이 도움이 될 때도 있다. 일부 타자들은 "배트를 찍어 친다"는 감각으로 스윙을 하면서 좋은 결과를 얻기도 한다. 실제 배트는 그렇게 움직이지 않지만 선수에게 그건 중요하지 않다! 선수가 원하는 것은 움직임을 갈고 닦는 것이지 생체역학 전문가가 되는 것이 아니기 때문이다.

또한 자세와 움직임을 구체적으로 반영하지 않아도 효과적인 코칭큐가 될 수 있다. 최고의 코칭큐 중에 일부는 대체로 통합적인 (holistic) 특징을 가지고 있는 것으로 드러나고 있다. 2016년에 발표된 연구에서 뮬렌(Mullen)의 연구팀은 내적큐나 외적큐가 아닌 움직임의 전반적인 '감각'을 표현하는 통합적인 코칭큐의 효과를 분석했다.[17] 연구팀은 두 그룹으로 나눠 시뮬레이션 운전 과제를 수행하게 했다. 한 그룹의 참가자에게는 구체적인 동작을 알려주는 것이 아니라 "부드럽게", "미끄러지듯이", "가볍게" 이렇게 감각을 통합적으로 표현하는 코칭큐를 제공하고 핸들을 조작하게 했다. 다른 그룹에는 "양손을 9시와 3시 지점에 잡으세요", "바깥쪽 손으로 돌리세요", "핸들을 아주 조금만 움직이세요" 이렇게 신체의 구체적인 움직임이나 외부의 구체적인 대상에 집중하도록 하는 코칭큐를 주고 핸들을 조작하도록 했다. 경기를 통해 운전 실력을 확인한 결과 통합적인 코칭큐를 사용한 그룹의 도착 시간이 훨씬 빨랐고 코스를 이탈하는 경우도 적었다.

체조의 점프 동작이 코칭큐에 따라 어떻게 달라지는 지를 관찰한 베커(Becker)의 연구에서도 비슷한 결과를 확인할 수 있다.[18]

"주황색 콘에 최대한 가깝게 점프해!"(외적큐)

"최대한 빨리 무릎을 펴!"(내적큐)

"몸이 폭발하는 느낌으로 뛰어!"(통합적인 코칭큐)

통합적인 코칭큐와 외적큐를 사용했을 때 선수들의 점프 거리는 똑같이 늘어났다. 두 코칭큐 모두 내적큐보다 눈에 띄게 나은 결과가 나타났다. 통합적인 코칭큐 역시 코칭 도구 상자에 채워야 할 유용한 수단이다.

왜 우리의 주의력은 흐트러지는가

부진한 경기를 하거나, 저조한 퍼포먼스가 오랜 기간 지속되고 있을 때 선수들은 이런 말들을 자주 한다. "집중력을 잃었다", "머릿속이 복잡했다", "타이밍을 맞출 수 없었다." 이런 말들은 자신의 주의력이 흐트러졌다는 사실을 드러낸다. 원하는 곳에 아무리 머무르려고 해도 우리의 주의는 종종 원하지 않는 곳으로 달아나 버린다! 이렇게 주의가 이동하는 현상에 대해 나는 오랫동안 관심을 가지고 연구를 해왔다. 내가 직접 수행한 연구를 몇 가지 소개하려고 한다.

어떤 선수들은 왜 압박감이 큰 상황에서 초크*에 빠질까? 압박감 속에서도 자신의 기술을 온전히 드러내는 방법에 대해서는 13장에서 자세히 다룰 예정이기 때문에 여기서는 짧게 짚고 넘어가려고 한다. 선수가 압박감이 큰 상황에서 무너지는 이유를 설명하는 많은 이론이 있다. 그 중에 가장 널리 알려져 있고 근거에 기반한 설명은 압박감으로 인해 주의가 몸으로 향하기 때문이라는 주장이다.[19] 다른 말로 표현하면, 압박감이 선수를 외적 주의 초점 상태에서 내적 주의 초점 상태로 바꾸었기 때문이라는 주장이다. 외적 주의 초점 상태에서 더 나은 퍼포먼스가 나온다는 사실은 앞에서 이미 이야기했다. 그렇다면 왜 압박감을 느끼는 상황이 되면 선수는 내적 주의 초점 상태로 주의가 이동하는 것일까?

마스터스 우승을 결정짓는 퍼팅을 한다고 생각해 보자. NBA 우승이 달린 자유투를 쏜다고 상상해도 좋다. 이렇게 긴박감이 최고조에 달하면 우리의 뇌는 모든 것을 제대로 해내야 한다는 생각에 모든 움직임의 과정을 통제하고 싶어한다. 그렇게 되면 오히려 몸이 움직임을 컨트롤하는 자연스러운 프로세스를 방해하는 결과를

---

* 과도한 긴장으로 정상적으로 움직이지 못하고 퍼포먼스가 현저히 떨어지는 현상을 의미한다. 숨을 제대로 쉬지 못하거나, 무엇을 해야할 지 떠오르지 않거나, 평소에 쉽게 하던 동작을 제대로 하지 못하는 모습을 보인다.

초래하게 된다.

루웬 캐널 브룰랜드(Rouwen Canal Bruland) 박사와 나는 골프 퍼팅에 압박감과 주의 초점을 연결한 실험을 진행했다.[20] 우리는 선수가 퍼팅을 하는 동안 홀 근처에 설치된 스피커를 통해 소리를 들려주었다. 퍼팅이 끝나고 "홀"이라는 말이 들리면 선수는 퍼팅을 할 때 소리가 왼쪽 스피커에서 나왔는지 오른쪽 스피커에서 나왔는지 답해야 했다(홀 과제). 퍼팅이 끝나고 "클럽"이라는 말을 들으면 스피커에서 나온 소리가 백스트로크를 시작할 때 나왔는지 끝날 때 나왔는지 답해야 했다(클럽 과제). 우리가 이 실험을 진행한 의도는 〈그림 4.1〉의 타격 사례처럼 주의 초점을 여기저기로 옮겨서 퍼포먼스의 차이를 관찰하는 것이 아니었다. 단지 주의가 어디를 향하고 있었는지를 파악하는데 있었다. 주의가 어딘가에 집중되어 있을 때 선수는 정보를 더 잘 파악한다.

테스트 결과, 압박감이 낮은 사전 테스트에서 홀 과제의 정확도(퍼팅의 정확도가 아니라 어느 쪽 스피커에서 소리가 나왔는지를 맞춘 정확도)는 평균 80% 내외로 50% 수준인 클럽 과제의 정확도보다 훨씬 높았다. 어느 정도 기술을 갖춘 선수들은 보다 멀리 외적 주의 초점을 가져가기 때문에 이런 결과가 나왔다고 볼 수 있다. 그들은 백스트로크를 하는 동안 몸의 움직임에 그다지 주의를 기울이지 않기 때문에 클럽 과제는 어려움을 겪을 수밖에 없었다.

사전 테스트가 끝나고 우리는 압박감을 느끼는 상황을 연출해 다시 테스트를 진행했다. 최고의 점수를 기록한 선수에게 상금을 지급하기로 했으며, 실수를 하면 돈을 잃는 내기 조건을 추가했다. 연구에 참여한 모든 선수들에게 퍼팅 결과를 이메일로 보낸다는 위협(!)을 가하는 등 테스트에 압박감을 세팅했다. 그 결과 대략 절반의 선수는 퍼팅을 놓치는 숫자가 급격하게 늘어났다(초크!). 나머지 절반은 퍼팅 퍼포먼스에 큰 변화가 없었다. 좋은 클러치 능력을 보여준 셈이다.

홀 과제와 클럽 과제를 수행한 결과를 통해 우리는 선수의 주의가 어떻게 움직였는지도 관찰할 수 있었다. 압박감이 큰 상황에서 살짝 초크에 빠진 선수들은 클럽 과제를 훨씬 잘 수행했다. 평균 70% 정도의 정확도를 보여주었다. 하지만 홀 과제는 50%도 맞추

지 못했다. 압박감으로 인해 주의가 안으로 이동하며 몸의 움직임에 주의를 쏟게 된 것이다.

선수는 또한 슬럼프에 빠져 있을 때 주의가 엉뚱한 곳으로 향하곤 한다. 선수들은 도무지 알 수 없는 이유로 오랜 시간 부진을 겪는 경우가 있다. 메이저리그의 2022년 시즌 리그 타율은 0.243이다. 순전히 확률로만 보면, 리그 평균 타자가 세 경기를 하는 동안한 번도 안타를 치지 못할 확률은 약 5% 정도다. 20명 중 1명 꼴이라고 할 수 있다. 한 시즌에 162경기를 치르니까 이러한 슬럼프는 적어도 두 번 이상 겪는다고 예상할 수 있다. 순전히 확률과 운에 따라 선수의 성적에는 업다운이 일어날 수 있다. 어떻게 그 시기를 대처하느냐에 따라 슬럼프 기간은 더 길어질 수도 있다!

2013년에 존 올숩(Jon Allsop) 박사와 나는 선수의 퍼포먼스가 흐름(streak)을 타고 있을 때 주의 초점이 어떻게 달라지는 지를 관찰했다.[21] 우리는 경험이 많은 타자들을 초대해 가상현실(VR)을 이용해 타격을 진행했다. 각각의 타자 별로 피칭 속도, 변화구의 사용 빈도를 조절해 모든 타자의 타율이 0.500이 되도록 만들었다. 그런 다음에 잠시 동안 타자들이 어떤 타격을 하는지 관찰했다. 당연한 결과지만, 어떤 타자는 같은 수준의 퍼포먼스를 유지했다(일반적인 흐름). 어떤 타자는 퍼포먼스가 더 좋아졌고(뜨거운 흐름), 어떤 타자는 떨어졌다(차가운 흐름). 각각의 흐름 속에 있을 때 선수가 어디에 주의를 보냈는지를 확인하기 위해 우리는 앞선 골프 연구에서 적용한 방식을 똑같이 사용했다. 스윙을 하는 동안 스피커를

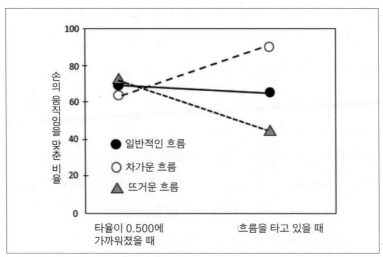

〈그림 4.3〉 퍼포먼스의 흐름에 따른 주의의 이동

통해 소리를 들려주었고, 선수는 소리를 들었던 타이밍에 손이 위로 움직이고 있었는지, 아래로 움직이고 있었는지를 답해야 했다(손 과제).

결과는 〈그림 4.3〉과 같다. 좋은 타격을 하고 있을 즈음에는 선수들 모두 자신의 손의 움직임을 제대로 맞추지 못했다(65%의 정확도). 좋은 타자는 외적 주의 초점 상태에 있기 때문에 이는 예상할 수 있는 결과다. 하지만 흐름이 바뀌기 시작하면 이야기는 달라졌다. 차가운 흐름을 타기 시작한 선수들은 손 과제를 더 정확히 맞추었다(80%). 반면 뜨거운 흐름을 탄 선수들은 손의 움직임을 정확히 답하는 비율이 떨어졌다(50%).

이 연구는 선수가 어떤 흐름을 타고 있을 때 주의가 이동한다는 사실을 보여준다. 타구가 야수 정면으로 가는 불운이 반복되며 세 경기 연속 안타를 못치는 상황이 타자에게는 일어날 수 있다. 그 러면 타자는 주의를 몸으로 돌려 무언가를 '고치려는' 시도를 하기 쉽다. 지금까지 이야기했듯이 절대로 해서는 안 되는 일이다! 코 치는 선수가 이런 짧은 슬럼프에 빠졌을 때 자신만의 프로세스를 믿고 유지할 수 있도록 도움을 주어야 한다. 나는 어려움을 겪고 있는 선수가 있으면 외적 주의 초점을 보다 멀리 가져가는 연습을 시킨다. 하나의 예를 들면, 타자의 앞에 테이프를 가로로 길게 붙 인 스크린을 세워 놓는다. 타격을 하고 나서 타구가 테이프 위로 날아갔는지 아래로 날아갔는지를 물어본다. 아니면 투수가 공을 던지기를 기다리는 동안 야수들이 어느 위치에 있었는지를 물어 본다. 그렇게 선수의 주의가 계속 바깥으로 향하도록 연습을 디자 인한다.

어떤 선수가 엄청난 활약을 이어갈 때 우리는 보통 '손이 뜨겁 다'고 표현한다. '뜨거운 손'이 정말 존재하는지에 대해서는 찬반 의견이 있다. 이 논쟁에 대해 나의 생각을 간단히 적어보았다. 관 심있는 분은 읽어보시기 바란다.[22]

'뜨거운 손' 논쟁

'선수의 손이 뜨겁다.' 오랜 시간 논쟁의 대상이 되어 온 주제 다. 결정적인 순간이 되면 평소보다 뛰어난 활약을 보여주는 것 처럼(!) 보이는 선수들이 있다. 사실이라는 주장과 착각이라는 주장이 팽팽히 맞서고 있다. 많은 팬들은" 그는 이런 상황에서는 절대로 슛을 놓치지 않아!" 이렇게 말하며 '뜨거운 손'이 실재한다고 믿는다. 하지만 대부분의 통계학자들은 그런 생각에 동의하지 않는다. 과연 누구의 생각이 옳을까?

결론적으로 이야기하면 팬들의 생각이 옳다. 이 논쟁을 파헤치기 위해 연구자들은 아주 간단한 테스트를 고안했다. 선수가 어떤 과제를 연속해서 성공시킨 후 다음 시도에서의 성공률을 체크했다. 그리고 그것을 전체 시도에서의 성공률과 비교했다. 농구를 예로 들면, 세 번의 슛을 연달아 성공시킨 후의 슛 성공률을 전체 시즌의 슛 성공률과 비교하는 식이다. '뜨거운 손'이 실제로 존재하는 현상이라면 세 번 연속 슛을 성공한 후의 슛 성공률은 평소보다 훨씬 높아야 한다.

통계를 낸 방식에 따라 약간의 차이는 있지만, 결과적으로 '뜨거운 손'의 증거는 찾을 수 없었다. 선수가 '뜨거운 흐름' 속에 있을 때 다음 슛의 성공률은 평소와 크게 다르지 않았다. 이것은 마치 동전 던지기와 같다. 바로 직전에 아무리 앞면이 많이 나오더라도 다음에 다시 앞면이 나올 확률이 높아지는 것은 아니다. 이런 결과를 놓고 보면 '뜨거운 손'은 허상이다.

그렇게 '뜨거운 손'을 둘러싼 논쟁은 끝난 것 같지만 이게 전부가 아니다! 우리가 인용한 테스트에는 하나의 결함이 있다. 농구 선수가 3점슛을 세 번 연속 성공시키면 어떤 일이 벌어질까? 두 가지 현상이 일어날 가능성이 높다. 첫째, 선수는 자신감에 가득 차서 더 먼 거리에서도 슛을 쏘기 시작한다. 3점슛 라인에서 1~2미터 더 떨어진 위치에서도 슛을 시도한다. 둘째, 상대의 수비가 바뀔 가능성이 높다. 3점슛을 연달아 성공시킨 선수를 수비가 가만히 놔둘 리가 없다. 보다 강력한 수비가 그 선수에게 붙게 된다. 경기에서 선수의 위치를 추적한 데이터를 보면 이 두 가지 현상이 실제로 일어난다는 사실을 확인할 수 있다. 따라서 다른 조건이 같다면 이 두 가지 이유로 인해 다음 3점슛의 성공률은 떨어질 가능성이 높다. 그렇기 때문에 선수가 '뜨거운 흐름' 속에 있다고 할 지라도 다음 슛 성공률은 차이가 없다는 사실은 오히려 '뜨거운 손'이 실재한다는 증거가 된다. 선수는 더 어려운 조건(더 먼 거리에서의 슈팅, 보다 강해진 수비)에서도 슛을 성공시키려면 기술의 수준을 높여야 한다. 최고의 선수들은 계속 그렇게 자신의 수준을 높여왔다.

주의가 흐트러지는 또 하나의 요인은 통증과 부상이다. 부상에서 회복하는 과정에서 선수가 주의를 자주 몸으로 돌리는 것은 매우 흔한 일이다. 이런 현상은 두 가지 이유로 나타날 수 있다. 첫째, 통증은 그 자체가 인간의 주의를 자동적으로 끌어당기는 강력한 정보다. 둘째, 재활을 하고 있는 선수는 다친 신체 부위를 계속 모니터링하고 싶어한다. 나는 2015년에 발표한 연구에서 이것을 직접 확인했다.[23] 나는 무릎 전방십자인대(ACL) 수술을 받고 재활을 마친 야구의 타자들을 불러 모았다. 연구에 참여할 당시 선수들은 모두 통증이 전혀 없었고 경기에 출전할 수 있다는 진단도 받은 상태였다. 나는 앞서 소개한 연구에서 사용한 방법으로 타격을 할 때 선수의 주의가 어디에 집중되는지를 확인했다. 스윙을 하고 나서 "무릎"이라는 단어를 들으면 선수는 스윙을 할 때 자신의 무릎이 어느 정도 구부러졌는지를 답해야 했다. "팔꿈치"라는 단어를 들으면 팔꿈치가 어느 정도 구부러졌는지를 답해야 했다. "공"이라는 단어를 들으면 타구가 경기장에 세워놓은 콘의 왼쪽으로 날아갔는지 오른쪽으로 날아갔는지 답해야 했다.

테스트 결과는 〈그림 4.4〉에서 확인할 수 있다. ACL 수술을 했던 선수들은 팔꿈치의 각도에 대해서는 전문가 그룹과 비슷하게 답을 했다(정확도 65%). 하지만 초보자 그룹(80%)보다는 정확도가 떨어졌다. 좋은 타자는 대체로 자신의 팔꿈치가 어떻게 움직이는지 신경을 쓰지 않는 편이기 때문에 팔꿈치 각도를 정확하게 답하지 못했다. 하지만 무릎은 이야기가 달랐다. ACL 수술을 했던 선수들은 무릎의 각도를 전문가 그룹(63%)은 물론 초보자 그룹(80%)보다도 정확하게 맞추었다. 이런 분석 결과는 선수들의 주의가 수술을 받았던 무릎 쪽으로 자주 이동한다는 사실을 보여준다.

주의와 관련한 지금까지의 이야기들을 정리해 보자. 선수가 주의를 보내야 할 곳과 보내서는 안 되는 곳이 분명히 있다. '주의를 어디로 보내야 하는가'에 대한 답은 구체적으로 무엇을 목표로 하

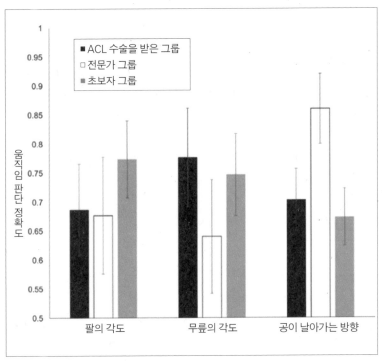

<그림 4.4> 부상이 주의에 미치는 영향

는지에 따라 달라진다. 지금 당장의 좋은 퍼포먼스가 목적인가? 아니면 새로운 움직임 솔루션을 탐험하고 감각을 키우는 것이 목적인가? 코치는 적절한 큐와 제약을 활용해 선수의 주의가 올바른 곳으로 향할 수 있도록 도와주어야 한다. 그렇지 않으면 선수의 주의는 여러 요인으로 인해 불필요한 곳으로 흐트러지게 된다.

5장

날아가는 프리즈비를
잡는 강아지

한가로운 휴일 아침에 친구와 함께 프리즈비(Frisbee)를 날리며 즐거운 시간을 보내고 있다. 친구가 나를 향해 프리즈비를 힘차게 던진다. 하늘 높이 날아오른 프리즈비를 잡기 위해 나는 달리기 시작한다.(그림 5-1) 앞서 반복해서 이야기했듯이 환경 속에는 프리즈비가 날아오는 방향과 속도, 그리고 손에 닿기까지의 시간을 구체화시켜주는(구체적으로 알려주는) 시각 정보가 있다. 손 동작과 관련한 고유수용성감각 정보도 있다. 뜬금없이 프리즈비 이야기로 시작했지만 내가 던지고 싶은 핵심 질문은 이거다. '인간은 어떻게 이런 정보를 사용해 몸을 움직이는 것일까?'

프리즈비를 잡기 위해 달리는 움직임을 보다 세밀하게 들여다보자. 나는 미래를 컨트롤하려 하고 있다. 지금으로부터 몇 초 후에 프리즈비를 손으로 잡는 미래를 만들려고 달리는 중이다. 이때 두 가지 질문이 떠오른다. 첫째, 미래에 어떤 사건이 일어나도록 하기 위해 나는 미래를 알아야 할까? 프리즈비가 어느 타이밍에 손으로 잡을 수 있는 지점으로 내려올 지(2.5초 안에), 정확히 어느 위치로 내려올 지(사이드 라인에서 30미터 떨어진 지점) 알고 있어야 할

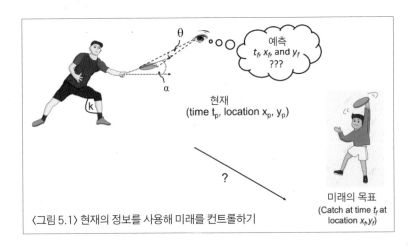

<그림 5.1> 현재의 정보를 사용해 미래를 컨트롤하기

까? 둘째, 현재에 환경으로부터 얻는 정보는 미래의 목적을 달성하기에 충분할까? 아니면 어떤 방식으로든 정보를 가공하거나 보충해야 할까?

'미래에 어떤 사건이 일어나도록 하기 위해 미래를 알아야 할까?'라는 첫 번째 질문에 대해 대다수의 사람들은 그렇다고 답할 것이다. 미래에 벌어질 사건에 대해 자세히 알지 못하는데 어떻게 미래의 일을 만들 수 있겠는가? 프리즈비가 정확히 어느 타이밍에, 어느 지점에 떨어지는 지를 알아야 잡을 수 있지 않겠는가? 질문 자체가 어리석다고 생각할 지도 모른다.

그런데! 이런 어리석어 보이는 질문에 우리가 어떤 답을 하느냐에 따라 움직임 컨트롤을 이해하기 위한 우리의 여정은 완전히 갈라진다. 미래를 알아야 움직임을 컨트롤할 수 있다고 믿으면 뇌의 역할을 '예측 수단'으로 분명하게 정의하는 셈이다. 이런 움직임 컨트롤 모델은 뇌를 통한 예측 컨트롤(predictive control) 모델이다.

첫 번째 질문에 대한 답은 두 번째 질문에 대한 답도 결정한다. 미래를 예측해야 움직임을 컨트롤할 수 있다고 가정하면 현재에 환경으로부터 얻는 정보는 프리즈비를 잡는다는 목적을 달성하기에 충분하지 않다.

프리즈비를 잡기 위한 가장 이상적인 조건을 생각해 보자. 프리즈비가 일정한 속도로 나의 머리를 향해 똑바로 날아온다. 1장의 〈그림 1.1〉을 통해 설명한 것과 같이 광학 변수인 타우(tau)는 미래를 알려 준다. 타우의 값은 물체와 접촉할 때까지 걸리는 시간(Time To Contact : TTC)과 같다. 그래서 타우는 프리즈비가 정확히 언제 나의 손에 닿을 지를 알려 준다. 그렇다면 타우를 이용해 TTC를 예측하면 정확하지 않을까? 그렇지 않다! 〈그림 5.2〉는 타우를 기반으로 TTC를 예측할 때 어떤 일이 일어나는지를 보여준다.[01] 그래프로 표시된 것처럼 엄청난 오류가 발생한다. 실제 TTC는 6초지만 사람들은 4초 이내에 닿을 거라고 예측하는 일들이 종종 벌어진다. 그나마 이것은 '최적의' 예측 조건이다. 이런 조건에서 벗어나면 상황은 더욱 나빠진다. 바로 그게 내가 박사 학위 논문을 쓰기 위해 한 일이었다. 나는 타우라는 개념을 깨뜨리고 싶었다. 나는 '미래를 예측해야 한다'는 가정을 품고 연구를 시작했다. 나는 타우가 여러 조건에서 신뢰할 만한 정보 소스가 될 수 없다는 사실을 확인했다. 대상이 아주 작을 경우에는 대상의 이미지 크기가 변하는 속도를 감지하기 어렵다.[02] 주변을 돌거나 스스로 회

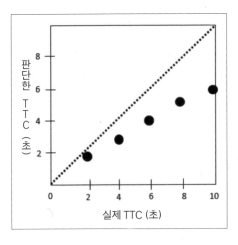

<그림 5.2> 타우를 이용한 TTC
예측

전하는 물체는 회전으로 인해 실제 크기보다 크게 보인다. 그로 인해 타우의 값도 변한다.[03] 옆으로 지나가는 물체도 마찬가지다. 이런 조건에서는 타우만으로 미래를 예측하기에 충분하지 않아 보였다. 다른 무언가를 추가해야 한다고 생각했다.

솔직히 말하면 그 논문을 쓰던 당시에 나는 타우가 움직임을 컨트롤하는데 어떻게 사용되는지 이해하지 못했다. 『충돌까지의 추정 시간』 이것이 내가 쓴 논문의 제목이다. 지금도 나는 '추정'이라는 단어만 떠올리면 창피해서 어디론가 숨고 싶다. 나는 움직임을 컨트롤하려면 미래에 벌어질 일을 예측하고, 판단하고, 추정해야 한다고 가정하면서 잘못된 길로 들어섰다. 나는 인간의 지각 시스템에 '예측'이라는 감당할 수 없는 역할을 부여해서 타우라는 개념을 깨뜨릴 수 있었다. 부끄럽기는 해도 나는 그 때 했던 연구에 자부심을 느낀다. 지금의 나를 있게 해주었기 때문이다. 하지만 그 논문은 더 이상 가치는 없다. 나는 완전히 잘못된 질문을 던졌었다.

환경 속에 있는 정보가 미래를 예측하기에 충분하지 않다고 말하는 몇 가지 이유를 더 살펴보자. 프리즈비가 친구의 손을 떠나는 순간 나는 바로 예측을 시작한다. 저 프리즈비는 2.7초 후에, 사이드라인으로부터 3m 떨어진 지점에, 내가 잡을 수 있는 높이에 도달할 거야! 깔끔하다! 나는 예측한 대로 가서 기다리기만 하면 된다. 그런데 중간에 조건이 바뀌는 경우도 비일비재하다. 바람이 갑자기 세차게 불면? 풋볼이나 럭비에서도 비슷한 상황이 벌어진다. 태클을 하려고 달리고 있는데 상대 선수가 갑자기 속도를 높이며 방향을 바꾼다면? 어느 시점에서 한 미래에 대한 예측이 더 이상 유효하지 않게 된다. 예측을 하는 시점과 미래에 사건이 벌어질 시점 사이에 조건이 바뀌기 때문이다.

환경 속의 정보만으로는 미래를 예측하기에 충분하지 않다고 말하는 또 다른 이유는 갑작스럽게 방해 요소가 끼어들어 정보가 입력되지 않을 가능성이다. 프리즈비를 잡기 위해 달려가는 도중에 바닥에 돌이 떨어진 것을 본다. 잠시 1~2초 동안 고개를 숙여 돌을 피해서 달린다. 날아가는 궤적에서 눈을 잠시 떼었기 때문에 나는 프리즈비를 잡을 수 없는 것처럼 보인다. 이런 상황은 여러 스포츠 경기에서 자주 벌어지는 일이다. 외야 깊숙한 지역으로 날아가는 플라이볼을 잡으러 달려가는 외야수는 이따금씩 고개를 돌려 펜스의 위치를 확인한다.

마지막으로 언급하고 싶은 문제는 시간이다. 만약 우리가 움직임을 컨트롤하기 위해 오직 환경 속에 있는 정보만 사용하고 다른 아무 것도 이용하지 않는다고 가정해 보자. 그런데 그 정보를 아주 찰나의 시간 동안만 접할 수 있다면? 야구의 타격이 바로 그런 경우다. 요즘은 무려 시속 165km로 던지는 투수도 등장하고 있다. 타자가 그런 공을 보고 타우와 같은 정보를 사용할 수 있는 시점부터 공이 홈플레이트를 통과하는 시점까지는 0.37초 밖에 걸리지 않는다. 스윙을 시작해 배트가 컨택 지점까지 도달하는 시간이 대략 0.2초니까 사실상 0.17초가 남는 셈이다. 빛이 공으로부터 반사되어 타자의 눈에 닿는데도 시간이 소요되며, 눈에 입력된 정보가 시각을 담당하는 뇌의 특정 부위로 전달되는 시간도 필요하다. 뇌에서 다시 근육에 명령을 내리는 과정에도 시간은 흘러간다. 이렇게 지각이 움직임으로 전환되는 과정에도 0.15초의 시간이 필요하다.[04] 그렇다면 타자에게 남는 시간은 고작 0.02초에 불과하다. 언뜻 보기에도 충분하지 않은 시간이다.

결론적으로 이야기하면, 오직 환경으로부터의 정보만을 가지고 미래를 예측해서는 움직임을 완전히 컨트롤할 수 없다. 어떤 방법으로든 정보를 처리하거나 보충해야 한다는 것이 예측 컨트롤 모델의 주장이다.

미래를 만들려면 미래를 예측해야 한다 : 예측 컨트롤 모델

우리의 뇌에 내적 모델(internal model)이 존재한다는 입장에서 이 문제를 풀어보자. 우리는 살아가면서 외부 세계를 표상(representation) 하는 내적 모델을 만들어 나간다. 환경으로부터 얻은 정보를 자신이 구축해 온 외부 세계의 표상 안에서 사용한다. 이런 표상 안에서 우리는 다른 정보 소스를 추가하고, 예측을 위해 정보를 가공하기도 한다. 모터 컨트롤에 관한 초기의 연구와 최근의 연구 모두에서 이런 개념을 찾아볼 수 있다.[05, 06]

상황 확률
"경기가 거의 끝나가니까
분명히 길게 던질거야."

사전 움직임 단서
"앞 무릎 각도(k)가 구부러진 것을
보면 낮게 던지려고 하네."

구체화(온라인) 정보
& 비구체화 정보
스피드, 발사각

3D 내적 모델
$V_y \approx d\theta/dt*sin(\alpha)$, $V_x \approx d\theta/dt*cos(\alpha)$
시간 = $2*V_y*g$
위치 = $2*V_x*V_y/g$

달리기 운동 프로그램
속도   방향

오프라인 정보와
사전 지식으로
보충

프로세스와 예측

연결과 행동

〈그림 5.3〉 예측 컨트롤 모델로 보는 프리즈비를 잡는 동작

〈그림 5.3〉은 내적 모델에 기반한 예측 컨트롤이 어떻게 일어나는 지를 잘 보여준다. 여기에는 세 가지 핵심적인 요소가 있다. 첫 번째로, 내적 모델은 프리즈비가 날아오는 동안에 사용할 수 있는 정보(이를 보통 실시간으로 지각되는 정보라는 의미로 '온라인online' 정보라고 부른다)만으로는 충분치 않다고 가정한다. 그래서 동작 변수와 직접적으로 관련된 구체화 정보뿐만 아니라, 비구체화 정보(non-specifying information)나 사전 단서(cues) 등도 사용한다. 〈그림 5.3〉에 표시된 발사각 a를 예로 들 수 있다. 상대가 높은 각도로 던지면 프리즈비는 보통 더 높이, 더 멀리 날아가게 된다. 하지만 언제나 그런 것은 아니다. 어떤 스피드로 던지느냐에 따라 달라지기 때문이다. 그렇다면 발사각은 프리즈비가 떨어지는 위치와 관련되어 있는 간접 정보일 뿐이다. 그래도 어쨌든 미래에 어떤 일이 일어날지 정보를 주기 때문에 단서나 힌트가 된다.

내적 모델의 두 번째 중요한 특징은 환경으로부터 얻은 온라인 정보를 다른 것들로 보완한다는 점이다. 이를테면 상대 선수의 성향과 같은 사전 지식을 단서로 활용할 수 있다. "저 선수는 패스를 항상 낮고 강하게 해." 이렇게 상대 선수가 특정 동작에서 확연히 눈에 띄는 움직임 패턴을 보여주는 경우가 있다. 상대의 움직임 패턴뿐만 아니라 상황 패턴도 존재한다. 얼티밋 프리즈비(Ultimate Frisbee) 게임*의

---

* 프리즈비 던지기와 축구, 농구, 풋볼 등이 결합된 스포츠로, 7명씩 나뉘어져 경기를 한다.

막바지가 되면 빠른 시간 안에 점수를 얻기 위해 상대 진영의 엔드존으로 롱패스를 하는 경우가 많다. 이것을 상황 확률(situational probabilities)이라고 부른다. 어떤 플레이가 일어날 확률은 경기의 상황에 따라 달라진다. 예를 들어 투수가 패스트볼을 던질 확률은 볼카운트에 따라 달라진다. 모든 스포츠는 선수의 성향 정보와 상황 확률을 가지고 있다. 많은 팀들이 그 데이터를 분석하기 위해 엄청난 돈을 투자하고 있다.

예측 컨트롤 모델을 구성하는 또 하나의 조각은 사전 단서다. 상대 선수의 동작에서 어떤 단서를 잡아 움직임을 예측하는 것이다. 〈그림 5.3〉에서 무릎의 각도(k)가 크면 프리즈비가 낮게 날아올 가능성이 높다는 점을 암시하는 단서가 된다. 물론 이런 사전 단서들은 어디까지나 힌트일 뿐이다. 무릎을 많이 구부리고 던져도 프리즈비를 하늘 높이 날려버릴 수도 있다.

내적 모델 자체에 대해 이야기를 하면서 예측 컨트롤 모델에 대한 설명을 마무리하려고 한다. 내적 모델은 모든 정보를 받아 그것을 처리한다. 그리고는 이렇게 예측한다. '프리즈비는 t_f의 시간에 x_f, y_f의 위치에 도착한다.' 내적 모델은 이런 예측 정보를 사용해 이미 저장하고 있는 운동 프로그램을 가동해 움직임과 연결한다. 'd의 방향으로 f의 힘으로 달려!' 어쩐지 문제를 모두 해결한 것 같다. 그런데 1장에서 이야기한 선수와 환경의 관계 또한 무너져 버린 느낌이다. 관계가 매우 비대칭적으로 바뀌면서 불균형이 생겨버렸다. 내적 모델을 받아들이면 머릿속에 있는 예측 수단의 성능에 따라 프리즈비를 잡을 수 있는지가 결정된다. 그렇다면 내적 모델이 외부 세계를 담고 있는 표상(representation)은 실제 세계와 얼마나 일치할까? 상대 선수의 행동 패턴, 사전 단서, 상황 확률과 같은 정보를 얼마나 많이 습득하고 저장해 왔을까? 내적 모델에서는 환경에 비해 선수가 모든 파워를 가지고 있다. 다시 혼란스러운 매트릭스 속에 빠져버린 기분이다.

또 하나의 난해한 문제가 있다. 예측의 효과는 얼마나 오래 지속되는 것일까? 프리즈비가 날아오다가 조건이 바뀌면 예측을 다시 업데이트해야 한다. 그렇다면 얼마나 자주 업데이트를 해야 할까? 시도 때도 없이 업데이트를 해야 한다면 예측이 무슨 가치가 있을까? 슈퍼볼에서 어느 팀이 이길지 예측할 수 있는 획기적인 프로그램이 있다고 해보자. 그런데 이 프로그램이 제대로 작동하려면 1분마다 경기의 점수를 입력해야 한다. 이런 프로그램에 기꺼이 돈을 지불하겠는가? 그런 사람은 없을 것이다. 사실상 아무것도 예측하지 못하며, 두 눈으로 직접 보면서 알게 되는 정보 이상을 제공하지 못하기 때문이다.

내적 모델에서 풀리지 않는 또 하나의 문제는 모델이 내놓는 예측이 어떻게 움직임과 연결되는가 하는 것이다. 프리즈비가 t_f의 시점에 x_f, y_f의 위치에 도착할 거라는 예측이 나왔다고 해서 무엇을 할 수 있을까? 이런 예측을 어떻게 활용해야 프리즈비를 잡을 수 있는 것인? 남은 시간을 반대로 계산해서 다리에 힘을 주면 되는 것인가? 어떤 물건을 잡기 위해 팔을 뻗는 아주 단순한 움직임

말고, 예측이 어떻게 사용되는지를 설명하는 어떤 모델도 나는 알고 있지 않다.

다음으로는, 주변의 세계를 지각하면서 움직이는 능력이 내적 모델과 사전 지식에 달려있다면 이 모든 것은 도대체 어디에서 시작된 것인가 하는 문제다. 깁슨은 "세상에 관한 앎(지식)이 이미 존재한다고 가정하면 세상에 관한 앎(지식)을 설명할 수 없다"는 멋진 말을 남겼다.[07] 상대 선수의 성향과 경기 상황에 대한 지식을 사용해 상대의 움직임을 예측해야 한다면 처음에는 그 정보를 어디서 얻는다는 말인가? 예측 컨트롤 모델은 닭이 먼저냐 달걀이 먼저냐 논쟁처럼 다분히 돌고도는 논리를 가지고 있다.

중요한 사실은 이런 모든 질문이 필요하지 않다는 점이다. '미래에 어떤 사건이 일어나도록 만들려면 미래를 알아야 할까?' 나는 이 장을 시작하며 하나의 질문을 던졌고 틀린 답을 하며 이야기를 시작했다. 이제 다르게 답을 하며 이야기를 풀어나가보자. 미래에 어떤 사건을 만들기 위해 미래를 알 필요는 없다! 현재에 환경 속에 있는 정보는 움직임을 컨트롤하기에 충분하다. 정보를 사용해 미래를 예측하려고 할 필요가 없다.

지각에 대한 오해로 생긴 문제들

움직임 컨트롤에 대한 새로운 접근 방식을 이해하기 위해서는 먼저 '지각(perception)'에 대한 관점을 완전히 바꿔야 한다. '지각'

이라는 단어에 대해 사람들은 선입견을 가지고 있다. 지각이 무엇을 의미하는지 제대로 알지 못한 채 우리는 지각이라는 말을 사용해 왔다. 위키피디아에서 '지각'을 정의한 내용은 다음과 같다.

" 지각은 '수집(gathering), 받음(receiving)'을 의미하는 라틴어 *perceptio*에서 유래한 말로, 드러난 정보나 환경을 표현하고** 알기 위해서 감각 정보를 조직화, 식별, 해석하는 것이다."

위키피디아에서는 지각 시스템의 역할이 표현과 이해이며 이를 위해서는 조직화, 식별, 해석과 같은 처리 과정이 필요하다고 가정하고 있다. 이런 정의에 따르면 인간의 지각 시스템은 일종의 컴퓨터다. 그런데 이런 정의에는 이해가 안되는 측면이 있다. 지각이라는 단어의 어원인 라틴어 *perceptio*는 '모으다' 내지는 '받는다'는 의미를 가지고 있다. 여기에는 계산이나 처리와 같은 의미는 포함되어 있지 않다. 표현하고 안다는 의미도 없다. 그저 받아들인다는 의미만 있을 뿐이다. 라틴어 어원에 담긴 지각의 의미는 정보를 처리하고 계산하는 컴퓨터가 아니라 주파수를 수신하는 라디오 수신기나 위성과 같다.

우리를 둘러싼 세계에 대해 먼저 '알아야' 어떤 행동을 할 수 있

** 원문에는 represent로 표현하고 있다.

다고 가정하면 우리는 완전히 잘못된 길로 들어서게 된다. 좋은 움직임을 위해서는 환경에 관한 여러가지 것들에 대해 사전에 알아야 하고, 여러 판단과 추정, 해석을 해야 한다는 가정이다. 이렇게 가정하는 순간, 날아가는 프리즈비를 잡으려면 무언가를 식별해야 한다. 언제 어디에 떨어질 지 판단해야 한다. 얼마나 멀리 떨어져 있는지 알아야 한다. 날아오는 속도를 추정해야 한다. 여기서 주목할 점은 우리가 감각(sensation, 정보의 수집 및 수용)과 지각(perception, 수집한 정보의 해석)을 분리했다는 점이다. 감각과 지각을 분리해서 보는 관점은 세계의 거의 모든 대학에서 확인할 수 있다. 이 분야에 대해 배우기 시작할 때 대부분의 학생들은 '감각과 지각'이라는 제목의 수업을 듣게 된다. 수업 제목에서 이미 감각과 지각이 나뉘어져 있다. 나는 지금까지 우리가 지각에 대해 가져왔던 생각이 완전히 틀렸다는 사실을 말하려고 한다.

환경 속에서 어떤 움직임을 원한다면 우리는 단지 환경으로부터 정보를 포착해 사용하면 된다. 환경으로부터 무언가를 '알려고' 할 필요가 없다. 나의 박사 학위 논문을 쓰는 과정에서의 실수를 고백했듯이 이 점은 나로서도 이해하기 어려운 부분이었다. 타우를 예로 들어 보자. 〈그림 1.1〉처럼 타우라는 지각 변수의 값은 물리적 시간 변수의 값(2.1초!)을 제공한다. 깁슨의 표현을 빌리면 타우는 환경 속에서의 특정한 사건을 '구체화시킨다'. 타우는 2.1초 안에 충돌이 일어난다는 사실을 구체적으로 알려준다. 하지만 움직일 때 우리는 타우의 값을 아는 것은 아니다. 우리가 타우를 지각하는 것은 충돌까지의 시간(Time To Contact : TTC)를 추정하고, 판단하고, 알기 위해서가 아니다.("프리즈비는 2.1초 후에 내 손에 닿을거야.") 우리가 타우를 지각하는 이유는 움직임을 안내하는데 타우가 직접 사용되기 때문이다. 지각과 움직임 사이에 정보를 처리하는 단계는 필요하지 않다. 지각의 본래 의미를 담고 있는 라틴어 어원으로 돌아가면 된다. 우리는 환경으로부터 정보를 지각하고(수집하고, 포착하고) 그 정보를 사용해 직접 움직임을 컨트롤할 수 있다. 여기에는 감각과 지각의 구분이 없다. 오직 지각만 있을 뿐이다.

프리즈비를 잡아내는 강아지 : 전향 컨트롤 모델

보다 자세한 이야기로 들어가기 전에 먼저 하나의 포인트를 짚고 넘어가자. 프리즈비를 잡기 위해 〈그림 5.3〉에 표시된 모든 작업들을 정말 해야 할까? 계산하고, 예측하고, 사전 단서와 상황 확률을 이용하는 작업들이다. 이 모든 작업을 하려면 엄청난 성능의 슈퍼 컴퓨터가 있어야 할 것 같다. 그런데 인간의 뇌가 그 역할을 할 수 있다고 많은 사람들은 믿는다. 그렇다면 강아지가 인간보다 프리즈비를 훨씬 잘 잡는다는 사실은 어떻게 설명할 수 있을까?

스포츠의 세계에서 놀라운 퍼포먼스를 보여주는 선수들을 보며 우리는 인간만이 그런 움직임을 할 수 있다고 생각하기 쉽다. 사실은 그렇지 않다. 어떤 물건을 가로채거나 움직이는 물체를 피하는 동작, 공간 사이를 빠르게 침투해 들어가는 움직임, 함께 있는 동료와 움직임을 코디네이션(협응)하는 모습은 동물의 세계에서도 흔히 볼 수 있다. 인간의 뇌와 같은 슈퍼 컴퓨터가 없는데 어떻게 그런 움직임이 가능할까? 매우 간단하고 보편적인 움직임 컨트롤 방법을 사용하면 얼마든지 그런 움직임을 만들 수 있기 때문이다.

〈그림 5.4〉는 인간과 동물이 모두 사용하는 바로 그 간단한 방법을 설명하고 있다. '선형 광학 궤적(Linear Optical Trajectory)'이라고 부르는 전략이다.[08] t_0의 시점에 프리즈비가 상대의 손에서 떠나면 받는 사람의 눈에는 광학 투영(optical projection)이 생긴다. 잠시 후 프리즈비가 t_1의 시점만큼 이동을 하면 다른 지점에 또 다른 광학 투영이 만들어진다(하얀색 원). t_3의 시점에는 또 다른 지점에 광학 투영이 만들어진다. 프리즈비의 움직임은 '광학 궤적(optical trajectory)' 내지는 '광학 경로(optical path)'를 만든다. 광학 궤적은

구체화 정보다. 어떤 사건에 대해 구체적으로 알려준다는 의미다. 〈그림 5.4.A〉와 같이 광학 궤적이 일직선이거나 선형(linear)인 경우(각각의 타이밍 구간 동안 광학 궤적이 수직과 수평 방향으로 같은 크기로 움직였을 경우) 프리즈비는 결국 눈이 향하는 지점으로 정확히 떨어진다. 프리즈비를 잡는데 성공했다는 것을 의미한다.

〈그림 5.4.B〉처럼 광학 궤적이 휘어진 경우에는 다른 사건이 벌어진다. 그림처럼 한 방향으로 광학 궤적이 휘어지는 그래프는 프리즈비가 받는 사람의 머리 위로 넘어갔음을 알려주는 구체화 정보가 된다. 그림과 반대 방향으로 휘어졌다면 프리즈비가 받는 사람의 앞에 떨어진 사건을 구체화시킨다. 프리즈비를 잡는데 실패했다는 것을 의미한다. 얼마나 휘어졌는지에 따라 프리즈비가 얼마나 멀리 떨어졌는지를 알 수 있다. 광학 궤적은 움직임 컨트롤에 유용한 구체화 정보다. 이렇게 각기 다른 사건에 대한 정보를 1:1로 알려주기 때문이다.

우리는 이런 광학 궤적 정보를 어떻게 사용하는 것일까? 아주 단순하다. 프리즈비를 향해 달리기 시작한다. 광학 궤적이 선형이면 그냥 같은 방향으로 계속 달린다. 광학 궤적이 아래로 꺾이면 오른쪽으로 살짝 방향을 틀어 달린다. 광학 궤적이 위로 휘어지면 왼쪽으로 방향을 틀어 달린다. 이런 방식으로 단순하게 정보-움직임 관계를 만들면 된다. 지각-동작 커플링이라고 할 수도 있다. 광학 궤적을 선형으로 유지하며 달리기만 하면 프리즈비를 잡을 가능성은 매우 높아진다.

여기서 주목할 부분은 정보를 사용하는 방식이다. 정보의 '사용'에 나는 방점을 찍고 싶다. 단순하게 정보를 움직임(달리는 방향)과 연결시키면 된다. 포착한 정보를 움직임과 커플링시키면 끝이다. 정보를 사용해 무언가를 알아내려고 하지 않는다. 프리즈비가 언제, 어디에 떨어질지 예측하려고 하지도 않는다. 상대 선수의 성향이나 상황 확률을 고려할 필요도 없다. 움직임을 컨트롤하면서 정보-움직임 관계만 계속 잘 유지하면 프리즈비를 잡을 수 있다. 이게 전부다.

너무나 간단한 움직임 컨트롤 방법이기 때문에 강아지도 사용할 수 있는 것이다. 실제 강아지들이 그렇게 움직인다는 사실을 확인한 연구가 있다. 2004년에 데니스 섀퍼(Dennis Shaffer)의 연구팀은 강아지의 머리에 카메라를 장착하고 프리즈비를 어떻게 잡는지 관찰했다.[09] 가끔은 연구자들도 답답한 실험실에서 벗어나 공원에서 강아지들과 놀며 연구를 해도 좋지 않겠는가! 강아지들 역

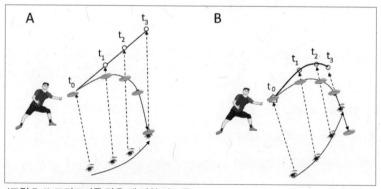

〈그림 5.4〉 프리즈비를 잡을 때 전향 컨트롤

시 선형 광학 궤적을 유지하려는 모습을 관찰할 수 있었다. 강아지들은 선형 광학 궤적에 맞추어 달리는 방향을 바꾸었다. 광학 궤적이 꺾이기 시작하면 달리는 방향에 변화를 주었다. 자신이 예측한 지점으로 먼저 달려가서 프리즈비가 오기를 기다린 것이 아니라 달리면서 프리즈비를 낚아챘다.

〈그림 5.4〉에 묘사된 프리즈비를 잡는 방법은 전향 컨트롤(prospective control) 모델이다. 전향 컨트롤 모델 역시 미래에(몇 초 후에) 어떤 사건(손으로 프리즈비를 잡기)이 일어나게 하려고 노력한다. 그런데 미래의 사건을 예측하거나, 미래를 직접적으로 컨트롤하려는 노력은 아니다. 대신 '현 시점의 미래(current future)'를 컨트롤한다. 특정 사건에 관한 구체화 정보를 포착해 그것을 움직임과 연결한다. 이런 커플링 작업은 현재 하고 있는 일과 미래에 벌어질 일 사이의 관계를 구체적으로 알려준다. 프리즈비가 선형 광학 궤적 위에 있다면(현재) 프리즈비를 잡게 된다(미래). 이때 '현 시점의 미래'는 '프리즈비 잡기 성공'이다. 그러므로 계속 광학 궤적을 유지하며 달리면 된다. 광학 궤적이 선형이 아니면(현재) 프리즈비를 놓치게 된다(미래). 이때 '현 시점의 미래'는 프리즈비를 잡는다는 목표에서 벗어나기 때문에 달리는 방향이나 속도를 바꿔야 한다.

미래에 어떤 사건이 일어나도록 만들기 위해 미래를 알 필요가 없다. 현재도(!) 알 필요가 없다. 다시 말하지만 선수와 환경의 관계가 전부다. 정보와 움직임 사이에 적절한 관계만 만들면 원하는 목적을 달성할 수 있다. 여기서 정보는 일어나길 원하는 사건에 관해 구체적으로 알려주는 정보여야 한다. 예측 컨트롤 모델과 비교했을 때 전향 컨트롤 모델에는 분명한 장점이 몇 가지 있다.

첫 번째 장점은 간소함이다! 〈그림 5.3〉의 예측 컨트롤 모델과 〈그림 5.4〉의 전향 컨트롤 모델을 단순하게 비교하면 전향 컨트롤 모델이 더 간단해 보인다. 예측 컨트롤 모델에서 무슨 일이 일어나는지 설명하려면 여러 개의 상자, 화살표, 값, 방정식이 필요하다. 반면 전향 컨트롤 모델은 정보-움직임 컨트롤 법칙을 나타내는 아래 한 줄로 설명할 수 있다.

달리는 방향=f(광학 궤적)

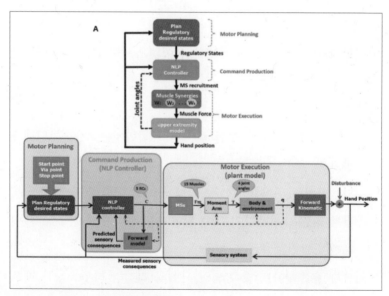

〈그림 5.5〉 예측 컨트롤 모델의 예[11]

누군가는 내가 예측 컨트롤 모델을 너무 과장해서 설명한 것은 아닌지 의문을 가질 지도 모르겠다. 단언하건데 그렇지 않다. 〈그림 5.5〉는 가장 최근에 제시된 예측 컨트롤 모델이다. 어떤가? 보기만 해도 복잡하지 않은가? 또 다른 누군가는 그렇게 단순한 전향 컨트롤 모델 하나만으로 움직임을 컨트롤할 수 있다는 사실에 의문을 제기할 수 있다. 충분히 가능하다는 점을 강조하고 싶다! 애리조나 주립대학의 동료 교수인 마이크 맥베쓰(Mike Mcbeath)와 톰 슈거(Tom Sugar)는 〈그림 5.4〉에 묘사된 단순한 움직임 컨트롤 법칙을 사용해 캐칭 로봇을 프로그래밍하는데 성공했다.[10]

우리는 라틴어 어원이 본래 담고 있는 뜻이 아니라 왜곡된 의미로 지각이라는 개념을 소비해 왔다. 그러면서 움직임을 설명하는데 애를 먹고 있다.

전향 컨트롤 모델은 지각 정보가 어떻게 움직임과 연결되는지 아주 간단하게 설명한다.

- 프리즈비의 광학 궤적이 휘어지면 휘어지는 크기에 비례해 방향을 틀어 움직인다.
- 타우닷이 -0.8이고 펀트 리터너가 아직 공을 잡지 않았다면, 펀트 리턴을 방해하기 위해 달려가는 선수는 타우닷 값에 비례해서 달리는 속도를 늦춘다.
- 공과 홈플레이트 앞쪽 지점 사이의 간격의 타우(Φ_{ball})가 배트와 홈플레이트 앞쪽 지점 사이의 간격의 타우(Φ_{bat})보다 크면,

타자는 타우의 차이에 비례해 근육의 수축을 늘려 팔을 뻗는 속도를 높인다. 전향 컨트롤 모델은 정보-움직임 관계로 표현한다. 그래서 대부분의 예측 컨트롤 모델과는 다르게 움직임에 관해서도 이야기할 수밖에 없다.

또한 전향 컨트롤 모델은 제약 조건이 변할 때의 움직임을 더 설득력있게 설명한다. 순간적으로 바람이 강하게 불면 프리즈비의 비행 경로는 바뀐다. 이런 상황에서도 전향 컨트롤 모델은 움직임을 다시 계산하고, 예측하고, 프로그래밍할 필요가 없다. 바람으로 인해 광학 궤적이 바뀌면 거기에 맞추어 정보-움직임 관계를 유지하기만 하면 된다. 이미 하고 있던 일이다. 신발이 갑자기 벗겨져서 잠시 멈춰야 할 상황이 생기더라도 움직임을 다시 계산하고, 예측하고, 프로그래밍할 필요가 없다. 바뀐 광학 궤적에 맞추어 달리면서 이전까지 하던 대로 정보-움직임 관계를 유지하면 된다. 전향 컨트롤 모델은 프리즈비가 하늘을 날기 시작했을 때부터 환경으로부터 포착한 정보를 사용해 움직인다. 그러기에 예상치 못한 일이 벌어져 정보가 바뀌더라도 다른 특별한 작업을 할 필요가 없다.

마지막으로, 전향 컨트롤 모델은 앞서 이야기한 방해 요소와 시간 문제를 쉽게 다룰 수 있다. 〈그림 5.6〉에서 프리즈비를 잡는데 사용할 수 있는 유일한 정보는 광학 궤적이다. 달리는 경로에 있는 벤치를 피하기 위해 프리즈비에서 잠시 눈을 떼야 하는 상황을 그

려 보자. 잠시 동안 광학 궤적 정보가 입력되지 않는 상황이다. 이
럴 때는 프리즈비가 어디에 떨어질지 예측을 해야 하지 않을까? 그
래야 올바른 방향으로 계속 달릴 수 있지 않을까? 그럴 필요가 없
다! 전향 컨트롤 모델은 지금 일어나는 일을 컨트롤하는 것이 아니
라 '현 시점의 미래(current future)'를 컨트롤한다는 점을 기억하자.

달리는 속도와 방향은 선형의 광학 궤적에 기반해 정해진다. 같
은 속도와 방향으로 계속 달리고 프리즈비도 같은 포물선 위에서
계속 이동한다면 프리즈비를 잡기 위해 더 이상의 정보는 필요하
지 않다. 현재의 조건에 따르면 '현 시점의 미래'는 '프리즈비 잡기
성공'이다. 벤치 때문에 광학 궤적 정보가 잠시 사라진다고 해도
그 전에 정보-움직임 관계를 잘 만들었다면 t_2의 시점이든 t_3의 시
점이든 쉽게 그 상황을 컨트롤할 수 있다.

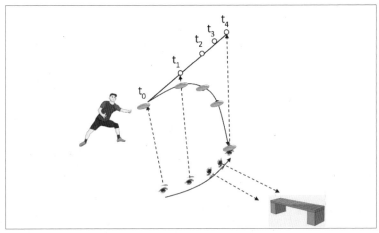

〈그림 5.6〉 전향 컨트롤 모델에서 방해 요소로 인해 정보가 잠시 사라진 상황

시간 역시 전향 컨트롤 모델에서는 그다지 문제가 되지 않는다. 야구의 타격을 예로 들면 이것을 이해하기 쉽다. 타격은 정말 눈 깜짝할 사이에 벌어지는 일이다. 날아오는 공으로부터 정보를 포착할 수 있는 시간이 매우 짧다.

한 연구에서는 날아오는 공의 궤적을 전부 볼 수 있는 조건과 처음 0.15초만 볼 수 있는 조건에서 타자의 컨택이 어떤 차이가 나는지를 관찰했다.[12] 결과적으로 두 조건에서 컨택 포인트***의 변동성에는 그다지 큰 차이가 없는 것으로 나타났다. 투수가 던진 공이 언제 홈플레이트를 지나갈 지, 어느 로케이션으로 들어올 지를 예측하지 않고 어떻게 이런 일이 가능할까?

처음 0.15초 동안 타자는 공과 홈플레이트 앞쪽 지점 사이의 간격의 타우(Φ_{ball})를 포착한다. 그 타우를 배트와 홈플레이트 앞쪽 지점 사이의 간격의 타우(Φ_{bat})와 커플링시킨다. 그런 방식으로 타자는 공을 배트로 때려내는 '현 시점의 미래'를 만든다. 이 관계만 유지하면 된다. 설령 중간에 정보를 놓치더라도(공이 안보이더라도) '현 시점의 미래'는 변하지 않는다. 투수가 던진 공은 타자의 앞을 순식간에 지나간다. 너무 짧은 시간 동안 공이 지나가기 때문에 중간에 공의 궤적에서 정보를 얻어 동작을 바꾸기가 쉽지 않다. 하지만 정보-움직임 관계에 초점을 맞춘 전향 컨트롤 모델은 동작의 모

*** 공과 배트가 만나는 지점

든 단계에서 언제나 정보를 받아들일 것을 요구하지 않는다.

투수의 공을 상대하는 야구의 타자처럼, 너무나 빠르게 움직여서 잠깐 동안만 눈으로 볼 수 있는 대상에 반응해야 하는 경우가 있다. 이런 상황에서 움직임을 전향적으로 컨트롤할 수 있는 또 다른 방법은 공이 손에서 떠나기 전의 정보를 사용해 공의 궤적을 기대해 보는 것이다. 〈그림 5.3〉에 있는 상황 확률과 사전 단서를 사용하는 방법이다. 잠깐! 기대는 예측과 같은 뜻이 아닌가? 반드시 그렇지는 않다.

예측하지 않지만 정확한 타이밍에 상대를 쓰러뜨린다

기대(anticipation) 역시 지각처럼 그 뜻이 왜곡되어 사용되고 있는 단어다. 많은 경우에 기대는 인지 처리, 예측, 예상과 같은 의미로 사용된다. 스포츠의 세계에서는 보통 상대 선수가 무엇을 할 지 예측하는 과정과 연결시켜 기대라는 단어를 사용한다. "이번에는 투수가 패스트볼을 던질거야." "왼쪽으로 달릴거야." "서브가 라인 선상으로 들어올 거야."

〈그림 5.3〉처럼 이 과정에는 많은 멘탈 프로세스가 수반된다. 경기의 상황, 상대의 성향 등을 고려해야 한다. 하지만 기대는 원래 그런 의미가 아니었다. 라틴어 어원인 *anticipatus*는 멘탈 프로세스라기 보다 '움직임 코디네이션'을 뜻한다. "길을 앞서서 따라간다(follow a path before)"는 의미를 담고 있다.

상대 공격수를 태클하기 위해 수비수가 달려가는 풋볼의 사례를 다시 소환해 보자. 두 선수의 결합된 움직임이 하나의 시스템이다. 〈그림 5.7〉은 공격수가 속도를 내는 상황에서 수비수가 태클을 하기 위해 사용할 수 있는 세 가지 전략을 보여준다. 첫 번째(그림 5.7.A)는 상대 선수를 향해 일직선으로 달리는 전략이다. 방위각(β)은 0에 가까워진다. 가장 어리석은 전략이라고 할 수 있다. 이 전략의 문제점은 지각-운동 시스템에서 일어나는 지연(delay) 현상이다. 수비수가 눈으로 방위각(β)을 파악하고, 이를 뇌의 운동 컨트롤 영역으로 보낸다. 그런 다음 방향을 바꾸라는 운동 명령을 내린다. 이 과정에는 시간이 걸린다. 늘 과거에 일어난 일을 기반으로 움직임을 실행하게 된다. 늘 공격수의 움직임을 따라 움직일 수밖에 없다.

많은 경우에 예측을 하는 것도 답이 될 수 있다. 〈그림 5.7.B〉는 예측을 통한 태클 전략을 보여준다. 수비수는 상대 공격수가 어디로 달릴 지를 예측한다. 그리고는 예측한 지점으로 바로 달려가는 운동 프로그램을 실행한다. 하지만 이 전략은 상대 공격수가 속도를 갑자기 높이면서 뛰게 되면 성공하기 어렵다. 수비수가 예측한 지점에 도착할 때 상대 공격수는 이미 지나가버리게 된다. 플레이가 전개되면서 수비수의 움직임은 공격수의 움직임과 커플링이 완전히 끊어져 버린다. 둘의 움직임은 사전에 정해진 프로그램이기 때문이다.

〈그림 5.7.C〉는 전향 컨트롤 모델로 태클을 시도하는 상황을 설

명한다. 수비수는 달리면서 방위각(β)을 일정하게 유지한다. 공격수가 속도를 내면 방위각(β)은 작아진다. 그러면 수비수는 방향을 틀어 방위각(β)을 다시 크게 만든다. 두 선수의 움직임이 커플링되어 하나의 시스템으로 작동한다. 수비수가 지금 하는 행동(달리는 방향을 계속 조절하며 방위각(β)을 일정하게 유지하기)은 공격수가 몇 초 후에 할 행동에 기반해 일어난다. 수비수는 상대 공격수가 지금 '있는' 곳으로 달리는 것이 아니라 방향을 틀어 공격수가 잠시 후에 '있을' 지점을 향해 달린다. 이런 상황에서 수비수가 하는 행동은 예측이 아니라 기대다. 앞서 소개했듯이 기대의 라틴어 어원은 '길을 앞서서 따라 간다(follow a path before)'는 의미를 가지고 있다. 전향 컨트롤 모델을 이용해 수비수가 태클을 하는 모습과 같다. 수비수는 상대 공격수가 이동하는 경로(path)를 따라가고(follow) 있다. 공격수가 어느 지점에 도달하기 전에(before)!

전향 컨트롤 모델에서 기대는 아무 조건 없이 일어난다. 완전 공짜다! 정보-움직임 관계를 유지하면 자연스럽게 따라오는 결과다. 스텝(Stepp)과 터비(Turvey)는 이런 현상을 '강력한 기대(strong anticipation)'이라고 부른다.[13] 어떤 속성이 시스템이 가지고 있는 정당한 속성에 기반해 시스템 자체로부터 나타나고, 여러 광범위한 상황에 걸쳐 유지될 때 그 속성은 '강력하다'고 할 수 있다. 전향 컨트롤 법칙이 바로 그런 속성을 가지고 있다. 〈그림 5.7.C〉의 방위각 컨트롤 법칙은 공격수가 현란한 속임 동작을 하든, 가속을 하든, 감속을 하든 관계없이 통하는 법칙이다. 플레이가 펼쳐지는

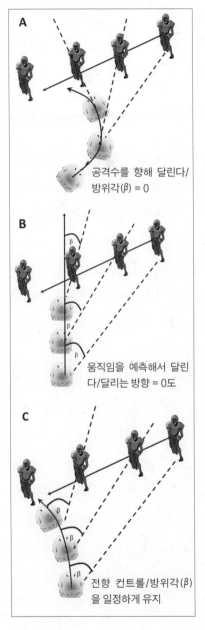

A

공격수를 향해 달린다/
방위각(β) = 0

B

β

β

β

움직임을 예측해서 달린
다/달리는 방향 = 0도

C

β

'β

'β

전향 컨트롤/방위각(β)
을 일정하게 유지

과정에서 온라인(실시간) 정보를 사용하기 때문에 일어날 수 있는 어떤 조건이나 제약의 변화에도 대응할 수 있다.[14]

물론 〈그림 5.7.B〉의 예측 컨트롤 전략을 사용해도 같은 결과를 얻을 수는 있다. 각각의 타이밍 구간마다 현재의 시각 정보를 바탕으로 예측을 업데이트하면 〈그림 5.7.C〉처럼 달리는 방향을 바꾸며 곡선 경로를 만들 수 있다. 이것은 계산이나 표상을 통해 생기기 때문에 '약한 기대'라고 할 수 있다. 수많은 불필요하고 복잡한 프로세스를 거쳐야 하기 때문에 '약한 기대'다. 그렇게 수고스럽게 매 순간마다 정보를 처리하고, 가중치를 부여하면서 예

〈그림 5.7〉 풋볼의 태클 전략

측을 할 필요가 없다.

상대 선수가 달리는 속도에 변화를 주는 상황에서 예측 컨트롤 전략이 통하려면 환경으로부터 최신 정보를 지속적으로 가져와야 한다. 지속적으로 현재의 정보를 움직임과 커플링시키면 된다. 잠 깐! 그건 바로 전향 컨트롤 전략이 아닌가? 예측은 미래에 일어날 일을 최선을 다해 추측하는 작업이다. 우리는 결정에 필요한 모든 정보를 가지고 있지 않을 때 예측이라는 수단을 사용한다. 예를 들어 우리는 모든 시민이 누구에게 투표할 지를 모르기 때문에 선거의 승자를 '예측'하려고 한다. 하지만 투표가 모두 집계된 후에는 선거 결과를 '예측'하려고 하지 않는다. 투표 결과를 말할 뿐이다. 모든 정보가 있기 때문이다. 환경과 적절한 전향 컨트롤 관계를 만드는 것은 곧 선거에서 모든 표에 대한 정보를 가지고 있는 것과 같다!

전향 컨트롤 모델은 많은 스포츠에서 주요 관심사 중 하나인 반응 시간과 관련해서도 매우 중요한 시사점을 제공한다. 반응 시간은 첫 움직임의 속도다. 자극에 얼마나 빨리 반응하는가를 보여준다. 전향 컨트롤 전략을 사용하면 반응 시간이라는 개념은 중요성이 상당히 퇴색된다. 무조건 반응 시간이 빨라야 퍼포먼스가 좋아진다고 믿지 않게 된다. 단순하게 빠르게 반응하는 것보다는 올바른 정보에 반응하는 것이 훨씬 더 중요하다. 심지어는 느리게 반응하는 것이 더 나을 때도 있다!

6장

동작이 아니라
연습 환경을 바꾼다

우리 대부분은 어릴 때 동네 놀이터에서 즐겁게 뛰어놀던 추억이 있다. 놀이터에는 미끄럼틀과 그네, 시소 등 재미난 놀이 기구가 많다. 그것들은 저마다 만들어진 용도가 있다. 다들 미끄럼틀이나 시소에서 어떻게 뛰어 놀았는지 궁금하다. 미끄럼틀에서는 미끄럼만 타고, 시소에서는 오로지 시소만 하며 놀았던 분은 없을 것 같다. (물론 너무나 순진한 아이여서 그렇게 놀았던 분도 있을 것이다.) 대부분의

장난꾸러기 아이들은 하늘로 높이 날기 위해 시소 위에 서서 점프를 하고, 미끄럼틀을 거꾸로 타고 올라가고, 철봉에도 거꾸로 매달리며 모험을 즐긴다. 혹시라도 위험천만하게 놀았던 어린 시절에 대해 조금이라도 죄책감을 느낀다면 그럴 필요가 없다고 말해주고 싶다. 내가 그 시절 그런 행동을 한 것은 나의 잘못이 아니다. 나는 그저 환경이 보낸 초대장을 받고 재밌게 놀았을 뿐이다.

어린 시절 미끄럼틀이 보낸 초대장

우리를 둘러싼 모든 것은 움직임으로 초대한다. 앉고, 걷고, 올라가고, 내려가고, 때리고, 잡는 모든 움직임은 환경의 초대로부터 시작한다. 깁슨은 환경이 보내는 이런 초대를 '어포던스(affordance)'라고 불렀다. 어포던스는 환경이 우리에게 제공하는 움직임의 가능성, 행동의 기회다. 평평한 표면은 앉을 수 있는 기회를 제공한다. 열린 공간은 지나갈 수 있는 기회를 제공한다. 내가 여기서 선택한 단어를 주목해서 봐주면 좋겠다. 나는 '의자'가 앉을 수 있는 기회를 제공한다고 말하지 않았다. '보행로'가 걸어서 지나갈 수 있는 기회를 제공한다고 말하지 않았다. 환경 속에 있는 어떤 대상으로부터 포착하는 어포던스는 그 대상의 본래 기능에만 국한되지 않는다. 〈그림 6.1〉의 두 사진을 보면 어포던스가 무엇인지 쉽게 이해할 수 있다. 위의 사진을 보면 왼쪽에 보행로가 있다. 이 공간을 디자인한 사람은 바로 그 보행로로 자동차가 있는 건너편으로 걸어가기를 바랄 것이다. 하지만! 환경은 이렇게 속삭인다. "잔디를 가로질러 가면 자동차까지 더 빨리 갈 수 있어!"

아래의 사진을 보면 문에 손잡이가 달려있다. 마치 "나를 당겨주세요!"라고 외치는 것 같다. 하지만 이 문은 밀어서 여는 구조로 만들어졌다. 사람들이 손잡이를 잡아당기지 않고 밀게 만들려면 '밀어주세요!'라는 안내 문구를 표시해 두어야 한다. 미끄럼틀을 거꾸로 올라가고, 시소에 서서 하늘 높이 점프를 하는 아이들은 아무 잘못이 없다. 아이들은 그저 놀이기구의 초대에 응했을 뿐이다.

〈그림 6.1〉 어포던스와 명시적 지시

어포던스라는 개념은 코칭과 어떤 관련이 있을까? 우리는 지금 코칭을 바라보는 마인드셋과 관련해 큰 전환의 시기에 와있다. 오랜 세월 코칭은 선수를 직접 가르쳐 변화시키는 일이라고 여겨져 왔다. 일반적으로 코치들이 사용한 방법은 크게 두 가지다. 첫 번째는 〈그림 6.1〉의 사진처럼 '이쪽으로 걸으세요.' '밀어주세요' 와 같은 사인을 여기저기 붙여놓는 방식이다. 원하는 움직임을 코치가 말로 알려주는 명시적 교습 방식이다. "무릎을 조금 더 구부려!" "팔꿈치를 올려!" "손목을 더 꺾어야지!" 코치들은 대부분 선수가 어떻게 움직여야 하는지 말로 알려주려 노력해 왔다. 놀이터를 잘 디자인하면 놀이터의 환경이 선수가 특정한 방식으로 움직이도록 초대할 수 있다는 사실을 미처 생각하지 못했다.

두 번째로, 코치는 선수의 '능력(ability)'을 직접 변화시키고자 많은 시간을 쏟는다. 같은 골프 스윙을 계속 반복하거나, 배팅티에 공을 놓고 타격 연습을 반복해야 좋은 테크닉을 만들 수 있다고 생각한다. 콘과 사다리 사이를 반복해서 뛰어야 선수의 민첩성이 향상된다고 생각한다. 강한 몸을 만들기 위해 엄청난 양의 스쿼트를 시키기도 한다. 스크린을 보고 움직이는 점을 눈으로 따라가는 시각 트레이닝을 통해 선수의 주의력을 향상시키고 반응 시간을 빠르게 만들려고 힘을 쏟는다. 이런 모든 노력에는 하나의 가정이 내포되어 있다. 이런 훈련을 하면 선수가 실제 경기에서 자신이 발달시킨 '능력'을 필요한 상황에 필요한 방식으로 드러낼 거라는 가정이다.

지금부터 나는 더 좋은 방법을 소개하려고 한다. 선수를 직접 가르쳐 변화시키는 방식이 아니라 선수가 사용할 수 있는 어포던스를 통해 변화를 도모하는 방식이다. '교습'이라기 보다는 일종의 '초대'다. 경기장 여기저기 붙어 있는 '밀어주세요' 사인은 뜯어내고, 선수가 행동의 기회를 직접 포착하도록 연습을 디자인하는 방식이다. 우리는 선수의 능력과 테크닉이 마치 은행 적금처럼 선수 안에만 쌓고 저장하는 거라는 비대칭적 관점에서 벗어나야 한다. 실제 경기장에서 선수가 받게 될 초대장을 연습에서도 받을 수 있는 방법을 생각해야 한다. 또한 수많은 초대장 중에 어떤 초대장을 선수에게 보내야 할 지도 고민해야 한다. 그렇다면 어포던스-기반 코치가 되려면 무엇을 해야 하는지 하나씩 이야기해보자.

어포던스의 3가지 핵심 포인트

야구를 처음 배우려는 사람이 있다. 앞에 야구 배트가 여러 개 걸려 있다. 어떤 배트가 나한테 맞는 배트일까? 어느 배트를 사용해야 가장 좋은 퍼포먼스를 낼 수 있을까? 무게는? 두께는? 길이는? 테니스를 배우기 시작할 때도 마찬가지다. 테니스 용품점에 가서 여러 종류의 라켓을 바라본다. 라켓마다 스트링(줄)의 장력이 다르다. 어떤 라켓을 써야 가장 스트로크를 잘 할 수 있을까?

'우리는 어포던스를 어떻게 지각하는가?' 이것이 지금 이야기하려는 내용과 관련한 핵심 질문이다. 조금씩 다른 배트와 라켓은 어떤 행동의 기회를 제공할까? 무거운 배트는 빠른 스윙의 기회를 제공할까? 스트링이 단단하게 조여진 라켓은 공을 더 정확하게 칠 수 있는 기회를 제공할까? 우리가 지각하는 것은 단지 배트와 라켓이 지닌 물리적 속성뿐인가 아니면 그 배트와 라켓이 우리에게 제공하는 행동의 기회인가? 우리는 배트와 라켓을 보고 어떤 정보를 사용하는 것일까?

이 질문에 대한 답을 찾으려 했던 사람이 이미 반 세기 전에 있었다. 1966년에 깁슨은 '다이나믹 터치(dynamic touch)'라는 개념을 소개했다. 배트나 라켓과 같은 물건을 손으로 잡고 휘두르면 그것은 공간 속에서 움직이게 된다. 배트와 라켓의 움직임은 그것을 잡고 있는 사람의 신체 조직에도 변형을 일으킨다. 근육과 힘줄의 길이, 긴장도가 달라진다. 중요한 사실은 이러한 변형이 무작위로 일어나는 것이 아니라 휘두르는 배트와 라켓의 물리적 특성에 따라 달라진다는 점이다. 무거운 배트는 가벼운 배트보다 근육에 더 많은 긴장을 발생시킨다. 짧은 배트보다는 긴 배트가 더 많은 긴장을 유발한다. 앞 장에서 여러 시각 정보 사례를 통해 확인한 것처럼, 우리는 환경 속의 대상이 지닌 속성을 직접 지각한다. 라켓을 만져 보기만 해도 라켓이 제공하는 어포던스를 직접 지각할 수 있다. 이 것을 관찰한 몇 가지 연구가 있다.

라켓을 사용하는 종목의 선수들은 스트링(줄)의 장력을 잘 선택해야 좋은 경기를 할 수 있다고 생각한다. 최고의 선수들 중에는 자신이 선호하는 장력의 수준을 유지하기 위해 경기 중에도 자주 라켓의 상태를 체크한다. 대체로 장력이 더 강할 수록 더 강하게 때릴 수 있고 샷의 속도도 더 빨라진다. 하지만 샷을 컨트롤하기가 어려워지기도 한다. 정확도가 떨어질 수 있다. 2013년에 주(Zhu)의 연구팀은 어포던스의 관점에서 이 문제를 연구했다.[02] 12명의 참가자를 모아 배드민턴 라켓을 고르는 실험을 했다. 4명은 제법 기술이 좋은 선수들이었고, 4명은 취미로 배드민턴을 치는 사람들이었다. 나머지 4명은 배드민턴을 친 적이 없는 초보자였다. 연구팀은 참가자들에게 여러 라켓의 스트링 장력의 차이를 확인하게 했다. 그리고나서 가장 강력한 스트로크를 할 수 있을 것 같은 라켓을 선택하도록 했다. 참가자들은 생긴 모양은 같지만 스트링의 장력은 조금씩 다른 8개의 라켓을 손가락으로 눌러 하나씩 체크했다. 눈을 감게 하고 귀도 막아서 오로지 촉각에만 집중시켰다.

테스트 결과, 특정한 수준의 스트링 장력을 선호하는 경향이 뚜렷하게 관찰되었다. 초보자는 전문가나 취미로 배드민턴을 치는 사람보다 장력이 낮은 라켓을 선택했다. 연구팀은 각기 다른 장력을 가진 라켓을 무작위한 순서로 건내주고 코트에서 테스트를 진행했다. 〈그림 6.2〉의 가운데 그래프에서 볼 수 있듯이 취미로 하는 선수들은 어포던스를 아주 잘 지각하는 것처럼 보였다. 자신이 선택한 장력의 라켓이 손에 쥐어졌을 때 샷의 속도가 가장 빨랐다. 손가락으로 스트링을 조금 눌러본 것만으로도 최고의 퍼포먼스를 낼 수 있는 라켓을 잘 골라낸 것이다. 하지만 초보자들은 그렇지 않았다. 〈그림 6.2〉의 오른쪽 그래프처럼 초보자들은 자신이

선택한 라켓으로 스트로크를 해도 최고의 샷 스피드를 꾸준하게
만들어 내지 못했다.

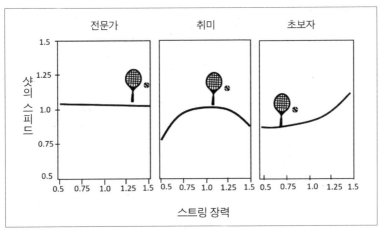

〈그림 6.2〉스트링의 장력에 따른 포핸드 스트로크의 샷 스피드

이러한 결과를 통해 우리는 첫 번째 핵심 포인트를 끄집어 낼
수 있다.

'어포던스를 정확하게 지각하기 위해서는 일반적으로 경험이 필요하다.'

다른 스포츠에서도 비슷한 결과를 확인할 수 있다. 여러 크기와
무게의 공들 중에 가장 멀리 던질 수 있는 공을 고르려면 공을 던
져본 경험이 필요하다. 여러 방식으로 무게가 배분된 하키 스틱 중
에 가장 핸들링하기 좋은 스틱을 선택할 때도 스틱을 다뤄본 경험

이 필요하다.

코트에서의 플레이를 보면 연구에 참여한 초보자들은 어포던스를 잘 포착하지 못했다. 그런데 왜 그들은 가벼운 라켓을 선호하는 성향을 드러냈을까? 〈그림 6.2〉의 오른쪽을 보면 그래프가 점점 올라가고 있다. 장력이 강한 라켓을 사용할 수록 샷의 속도가 빨라지는 모습을 볼 수 있다. 이런 현상이 나타나는 이유는 스트로크를 할 때 선수들이 어떤 움직임 패턴을 사용하는지 그 차이를 들여다보면 알 수 있다. 모션 트래킹 데이터를 통해 관찰한 결과 전문가 그룹과 취미로 하는 그룹은 다양한 자유도를 사용해 움직였다. 이들은 사이드 스탠스에서 시작해 발목, 무릎, 골반으로 이어지는 움직임으로 날아오는 셔틀콕을 향해 몸을 회전시켰다. 그런 다음 어깨, 팔꿈치, 손목, 손가락의 움직임을 연쇄적으로 일으켜 힘을 라켓에 전달했다. 그들의 스트로크에는 많은 신체 부위가 관여하고 있었다.

반면 초보자들은 날아오는 셔틀콕을 마주보고 서서는 주로 팔꿈치를 구부렸다 펴는 동작만으로 라켓을 휘둘렀다. 한마디로 자유도를 동결하는 모습이었다. 하체, 손목, 손가락은 움직이지 않는 방식으로 스트로크 동작을 단순화시킨 것이다. 하지만 결국 그런 동작으로는 샷을 정확하게 컨트롤할 수 없다. 라켓을 미세하게 조절할 수 없기 때문이다. 초보자들이 장력이 느슨한 라켓을 선택한 이유가 여기에 있다. 장력이 떨어지는 라켓을 사용하면 샷의 변동성이 낮아진다. 이것이 바로 두 번째 핵심 포인트다.

'우리가 지각하는 어포던스는 만들어낼 수 있는 움직임 패턴에 따라 달라진다.'

자유도를 충분히 이용해 라켓을 정교하게 컨트롤할 수 없는 선수는 강한 장력의 라켓이 제공하는 어포던스를 지각하지 못한다.

이처럼 어포던스의 핵심적인 역할은 선택이다. 앞에서는 장비를 선택하는 측면을 살펴봤지만 어떤 어포던스를 지각하느냐에 따라 선수는 수행할 동작을 선택할 수 있다. 환경 속의 정보는 선수에게 가능성과 기회를 알려준다. 수비수 사이의 공간은 돌파의 가능성을 알려준다. 날아오는 공은 잡을 수 있는 가능성을 말해준다. 상대 공격수의 움직임은 태클의 기회를 알려준다. 선수는 경기 중에 그런 정보를 사용해 적절한 움직임을 선택한다. 아주 단순한 선택의 문제를 이야기 해보자. 야구 경기에서 타자가 항상 마주하는 문제다. 날아오는 공에 스윙을 할 것인가? 참을 것인가?

나는 2020년에 발표한 논문에서 타자에게 특정한 과제를 주는 방식으로 이 질문에 대한 답을 찾으려고 했다.[03] 나는 타자들에게 공을 반대쪽으로 보내라고 요청했다. 소위 말하는 '밀어치기' 타격이었다. 왼손 타자는 좌익수 방향으로 공이 날아가도록 타격을 해야 했고, 오른손 타자는 우익수 방향으로 타구를 보내야 했다. 타격 메카닉을 고려할 때 이 과제는 타자의 몸에서 멀리 떨어진 공(바깥쪽 코스로 들어오는 공)을 칠 때 보다 쉽게 해낼 수 있다. 몸에 가깝게 들어오는 공을 밀어서 때려 내기는 쉽지 않기 때문이다. 어포던스의 관점에서 보면 숙련된 타자는 바깥쪽으로 들어오는 공에 대해서는 스윙을 더 많이 하고 몸쪽으로 들어오는 공에 대해서는 스윙을 잘 하지 않는 선택을 하리라 예측할 수 있다. 테스트 결과, 타자들은 실제로 그런 모습을 보여주었다. 그런데! 배드민턴 라켓 실험에서 확인한 것처럼 선수들의 경험과 훈련 수준에 따라 조금씩 다른 결과가 나타났다.

나는 타구를 반대쪽으로 보내야 하는 과제 제약을 주고 연습한 그룹과 일반적인 타격 연습을 한 그룹으로 나누었다. 테스트 결과는 〈그림 6.3〉과 같았다. 과제 제약을 적용해 연습한 선수들은 스윙 선택 능력이 더 좋아졌다. 이 선수들은 타구를 반대쪽으로 보내기 힘든 공에 스윙을 적게 했다. 여기서 놀라운 사실은, 나는 선

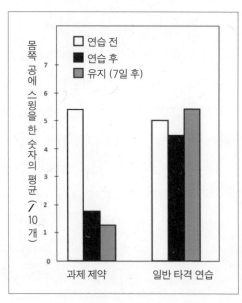

〈그림 6.3〉 과제 제약이 어포던스 지각에 미친 변화

수들에게 그렇게 하라고 말을 한 적이 없다는 점이다. 나는 연구를 진행하며 어떤 공에 스윙을 하라고 한 번도 말한 적이 없다. 선수들은 과제가 주어진 연습을 하며 스스로 스윙을 선택하는 능력을 발전시켰다. 여기에 세 번째 핵심 포인트가 있다.

'환경에서 어포던스를 포착할 수 있으면 선수는 가장 성공 가능성이 높은 움직임을 선택할 수 있다.'

코치가 어떤 플레이를 하라고 지시하지 않아도, "이런 상황이 되면 패스를 하고, 저런 상황이 되면 슛을 쏴!"라고 말해주지 않아도 선수는 성공 확률이 가장 높은 슛과 패스를 선택한다. 환경은 선수에게 성공으로 가는 초대장을 보내고 있다. 선수는 그 초대장을 열어서 보는 법만 배우면 된다!

어포던스 지각을 통해 우리는 장비와 동작을 선택한다. 어포던스에는 이것 말고도 또 다른 중요한 역할이 있다. 어포던스는 움직임을 보다 효과적으로 실행하는 데도 도움을 준다. 앞서 소개한 배드민턴 라켓 연구에서 숙련된 선수들은 〈그림 6.2〉의 왼쪽 그래프에서 확인할 수 있듯이 특정한 장력의 라켓을 확실히 선호하는 경향을 드러냈다. 하지만 코트에서는 그런 선호도가 그다지 중요하지 않은 것처럼 움직였다. 이 선수들은 어떤 라켓을 쥐고 플레이를 하든 강력한 스트로크를 구사하는 모습을 보여주었다. 다양한 장력의 라켓이 제공하는 어포던스를 모두 지각할 수 있었기 때문이다. 그들은 장력의 차이에 따라 자신의 움직임 패턴을 조절하면서 스트로크를 했다. 장력이 떨어지는 라켓을 잡았을 때는 손목과 손가락을 더 구부리며 스트로크를 했다. 그러면서 낮은 장력 때문에 힘이 공으로 적게 전달되는 현상을 보완했다. 그들은 다양한 조건에서 움직임 솔루션을 찾는 적응 능력(adaptability)을 보여주었다. 니콜라이 번스타인은 이런 적응 능력을 '능숙함(dexterity)'이라고 표현했다.

그렇다면 여기서 하나의 의문이 생긴다. 어떤 라켓으로 치든 똑같이 강력한 샷을 만들어낼 수 있는데 왜 숙련된 선수들은 장력이 강한 라켓을 선호했을까? 8장에서 다시 이야기하겠지만, 단순히 좋은 퍼포먼스를 보여주었다고 해서 최고의 움직임이라고 말할 수는 없다. 움직임의 효율성도 중요하다. 낮은 장력으로 인한 힘의 손실을 보완하기 위해 손목과 손가락을 더 움직이면 그 만큼 에너지를 더 쓰게 된다. 근육이 더 쉽게 피로를 느끼게 된다. 기술이 좋은 선수가 장력이 강한 라켓을 선택하는 이유가 바로 여기에 있다. 보다 적은 에너지를 사용해도 같은 결과를 얻을 수 있기 때문이다.

어포던스는 또한 선수가 자신의 '행동 능력' 안에서 플레이하도록 돕는다. 어포던스 지각을 통해 선수는 자신의 개인 제약과 행동 능력을 고려해 움직임을 실행한다. 플라이볼을 잡기 위해 달려가는 외야수를 다시 떠올려 보자. 2장에서 이야기했듯이, 외야수는 간단한 전향 컨트롤 법칙을 이용하면 공을 잡을 수 있다. 달리는 속도와 공의 광학 가속도를 커플링시키면 된다. 〈그림 6.4.A〉처럼,

공의 광학 이미지가 감속하고 있다면 야수가 너무 앞으로 달려 나왔기 때문이다. 공을 잡으려면 광학 이미지가 감속된 만큼 속도를 내서 펜스쪽으로 달려야 한다. 광학 이미지가 가속을 하고 있다면 그에 맞게 달리는 속도에 변화를 주어야 공을 잡을 수 있다. 광학 가속도가 0이 되도록 달리는 속도를 조절하면 야수의 '현 시점의 미래'는 공을 성공적으로 잡아내는 결과가 된다. 광학 가속도 정보는 공을 잡으러 달리는 선수에게 어떤 속도로 달려야 하는지를 구체적으로 알려준다(구체화정보).

하지만 브렛 파옌(Brett Fajen)은 이렇게 단순한 정보-움직임 컨트롤 법칙에는 무언가 빠진 것이 있다고 지적했다.[04] 광학 이미지가 가속하고 있는데 야수는 이미 자신이 낼 수 있는 최대의 속도

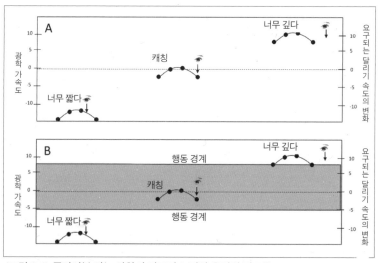

〈그림 6.4〉 플라이볼 잡는 상황의 어포던스 기반 움직임 컨트롤

로 달리고 있다면? 더 빨리 달려야 하지만 야수의 능력으로는 감당할 수 없는 경우다.

행동 능력은 정보-움직임 공간 속에서 행동 경계를 만든다. 〈그림 6.4〉에서 회색으로 표시된 영역이다. 움직임의 가능성, 행동의 기회는 행동 경계 안에서 존재한다. 경계를 넘어가면 가능성과 기회는 사라진다. 행동 경계를 만드는 능력은 어포던스 지각과 연결되어 있다. '날아가는 저 공을 잡을 수 있을까?' 선수는 환경 속의 정보와 움직임을 커플링시키는 능력이 있어야 한다. 또한 그러한 커플링 작업이 헛된 노력이 되지 않도록 자신의 행동 경계가 어디까지인지 감지할 수 있어야 한다. 경계에 도달하게 되면 움직임의 의도나 목적을 바꿔야 하기 때문이다.

예를 들어, 외야수는 자신에게 요구되는 달리기 속도가 행동 경계를 넘으면 뜬공을 잡겠다는 의도를 포기한다. 그라운드에 떨어진 공을 잡겠다는 의도로 바꾸게 된다. 뜬공을 잡을 수 있는 어포던스가 더 이상 존재하지 않기 때문이다. 이렇게 행동 경계를 고려해 의도를 바꾸지 않으면 더 안 좋은 상황이 벌어질 수 있다. 무리하게 잡으려다가 공을 뒤로 빠뜨릴 수 있다. 어포던스는 이처럼 선수가 자신의 행동 능력 안에서 플레이하도록 도움을 주는 역할을 한다.

아우데양(Oudejans)의 연구팀은 플라이볼을 잡기 위해 달리는 동작을 경험이 많은 외야수와 초보자로 나누어 비교했다.[05] 경험이 많은 야수 중에는 메이저리그 선수도 있었다. 베테랑 외야수들은 발을 움직이기 시작하는 타이밍이 초보자들보다 평균 0.085초 정도 늦었다. 이런 현상은 정면으로 넘어가는 공을 놓치는 상황에서 더욱 두드러졌다.

초보 외야수들이 잡기 어려워하는 플라이볼이다. 초보자들은 공이 정면으로 넘어가는 상황 중 48%를 앞으로 달리기 시작했다. 베테랑 외야수들은 단 한 차례만(0.5%) 그런 모습을 보였다. 그렇게 정면으로 넘어가는 공을 놓치는 상황에서 초보자는 베테랑 선수들보다 거의 0.1초 정도 빠르게 움직임을 시작했다. 공이 뒤로 넘어가는 것을 뒤늦게 알고 방향을 바꿔 겨우 공을 잡아낸 상황에서도 초보자가 움직임을 시작한 타이밍은 베테랑 선수들보다 0.025초 정도 빨랐다. 이는 초보자가 너무 빨리 움직임을 시작하기 때문에 오류가 생기고 있음을 시사한다!

조금 더 기다렸다가 움직일 수 있으면 더 많은 정보를 수집할 수 있다. 엉뚱한 방향으로 움직여 중간에 행동 경계를 벗어날 가능성도 낮아진다. '빠른' 결정이 언제나 '좋은' 결정으로 이어지는 것은 아니다. 사실 이런 경우처럼 오히려 반대인 경우가 많다. 최대한 오래 기다렸다가 어디로 움직일 지 결정하는 것이 더 나은 결과를 가져오는 경우가 제법 많다. 때로는 늦어야 좋은 일도 있다!

지금까지의 이야기를 정리해 보자. 어포던스를 지각하면 어떤 움직임을 실행할 지를 선택할 수 있다. 움직임을 효율적으로 실행하는 데도 도움이 된다. 또한 선수는 자신이 할 수 있는 것과 할 수 없는 것 사이의 경계를 감지해야 한다. 외야수는 공을 잡기 위해 필요한 달리기 속도가 자신이 끌어낼 수 있는 최대 속도보다 빠른 지를 감지해야 한다. 자신의 행동 경계를 넘지 않는 선에서 움직임을 선택해야 한다. 만약 행동 경계를 넘었다면 의도를 적절히 바꿀 줄 알아야 한다.

이제는 그럼 어떤 방법으로 어포던스를 지각하는 능력을 키울 수 있을지 이야기해보자. 어포던스-기반 코칭을 하면 우리는 매우 흥미로운 가능성과 만나게 된다. 바로 선수의 행동 경계를 이동시킬 수 있는 가능성이다.

최대한 천천히 몸을 날리는 골키퍼

다시 한번 정면으로 날아오는 타구를 상대하는 외야수를 불러내 보자. 타자의 배트에 맞은 공이 외야수의 머리 위로 넘어가려고 한다. '이 공은 잡을 수 없다'는 것이 정보가 말해주는 '현 시점의 미래'다. 그렇다면 빨리 몸을 돌려 펜스를 향해 뛰어야 한다. 하지만 경험이 부족한 외야수들은 그런 움직임 솔루션을 잘 실행하지 못한다. 〈그림 6.4.B〉처럼 펜스쪽으로 방향을 틀어 달릴 때는 공을 향해 앞으로 달릴 때와는 다른 행동 경계를 가지고 있을 가능성이 높기 때문이다. 신체를 코디네이션해서 몸을 회전시키고 최대의 스피드로 달리는 일은 앞으로 가면서 공을 잡는 것보다 더 어렵다. 그 결과 야수는 머리 위로 넘어가는 공을 잡을 수 없다고 지각할 가능성이 높다. 자연스럽게 그라운드에 떨어진 공을 잡는 선택을 하게 된다. 공을 잡을 수 있는 기회를 제공하는 초대장은 모든 야수에게 전달된다. 하지만 모든 야수가 그 초대장을 받는 것은 아니다. 행동 능력이 제한되어 있는 야수는 초대장을 받을 수가 없다. 몸을 순간적으로 회전시켜 빠른 스피드로 달리는 능력이 없기 때문이다. 그런 야수는 타자에게 속절없이 2루타를 허용할 수밖에 없다.

가지고 있는 행동 능력에 따라 선수는 더 많은 초대장을 받을 수 있다는 사실을 우리는 이해했다. 이 대목에서 나는 전형적인 멜로 영화의 시나리오를 쓰고 싶다는 욕구가 생긴다. 그다지 매력도 없고 외모도 평범해서 파티에 초대라고는 받아본 적이 없는 주인공이 신데렐라가 되는 스토리다. 그런 주인공을 멋지게 꾸며주어 너도 나도 초대장을 보내는 인물로 만들고 싶다. 스포츠의 세계에서도 가능하지 않을까? 행동 능력을 향상시킬 수 있다면 선수가 활용할 수 있는 어포던스의 장(field)도 넓어진다. 선수는 보다 많은 행동의 기회, 움직임의 가능성을 지각하게 된다. 그렇다면 행동 능력은 정확히 무엇일까? 그리고 행동 능력은 운동 기술과 어떤 관련이 있을까?

앞에서 여러 장에 걸쳐 이야기했듯이 좋은 기술은 결국 선수과 환경 사이의 관계에 관한 것이다. 나는 기술을 이렇게 정의한다. 환경으로부터의 정보를 사용해 자신의 의도를 달성할 수 있는 움직임 솔루션을 찾고, 그 움직임 솔루션을 실행해 어포던스를 현실화시키는 능력이 결국 기술이다. 다르게 표현하면 환경과 기능적 관계를 만들고 유지하는 능력이다. 기술은 정보에 기반해 드러 난다. 기술에는 분명한 목적이 있으며, 여러 사용 가능한 어포던스 중에서 선택하는 과정을 포함하고 있다.

행동 능력은 이렇게 정의하고 싶다. 어떤 주어진 과제에 대해서 어포던스의 장에 영향을 미치는 신체적, 심리적 능력이다. 행동 능력에 따라 선수가 받는 초대장의 숫자가 달라진다. 그리고 행동 능력은 행동 경계를 결정한다. 행동 능력과 기술의 관계를 다룬 몇 가지 연구를 소개한다.

2008년에 나는 타자들이 배트가 무거워지면 어떤 방식으로 적응을 하는지 관찰했다.[06] 비교적 경험이 많은 대학 선수들을 모아서 처음에는 904g 내외의 표준 배트로 타격을 시켰다. 다음에는 조금 더 무거운 1077g의 배트를 주고 타격을 하도록 했다. 선수들은 일시적으로 스윙 타이밍을 맞추는데 어려움을 겪었다. 배트의 움직임이 0.04~0.05초 정도 늦어지며 공을 제대로 때려내지 못했다. 하지만 5~10차례 정도 스윙을 하고 나자 타자들은 곧 적응하는 모습을 보였다. 다시 공을 잘 때려내기 시작했다.

여기서 재밌는 점은 선수들이 달라진 배트의 무게에 적응하는 방식이었다. 연구에 참여한 타자의 절반은 힘을 더 사용하는 방식으로 무거운 배트에 적응하는 모습을 보였다. 근전도 측정 결과 이 선수들은 근육의 활성화 수준이 높아졌다. 선수들은 힘을 더 사용하는 방식으로 1077g의 배트를 904g의 배트와 같은 속도로 스윙을 할 수 있었다. 나머지 절반의 선수들은 완전히 다른 방식으로 달라진 배트의 무게에 적응했다. 근육의 활성도나 만들어낸 힘의 크기에는 아무런 변화가 없었다. 대신 스윙을 조금 더 일찍 시작하는 방식으로 무거운 배트에 적응하는 모습을 보였다.

타자들이 이렇게 다른 방식을 사용한 이유는 무엇일까? 바로 행동 능력 때문이다. 또 다른 테스트에서 나는 가벼운 배트에서 시작해 점점 배트의 무게를 늘려가며 배팅티에 있는 공을 최대한 강하게 치는 과제를 주문했다. 배트가 점점 무거워질수록 배트 스피드는 빨라졌다. 하지만 어느 무게부터는 더 이상 빨라지지 않았다. 배트가 무거워지면 선수는 스윙을 할 때 보다 많은 모멘텀을 끌어낸다. 하지만 계속 무게를 늘리다보면 결국 감당하지 못하는 수준에 이르게 된다.

나는 무게를 더 늘리면 타자의 배트 스피드가 느려지는 무게를 확인했다. 선수가 최대로 감당할 수 있는 무게였다. 1077g 이상의 무게를 감당할 수 있는 능력을 가진 선수는 더 강한 스윙을 할 수 있었다. 반면 그보다 가벼운 무게를 감당할 수 있는 선수는 스윙의 타이밍을 조절해야 했다. 충분히 예측가능한 현상이었다.

이 차이는 타격 결과에도 영향을 미쳤다. 배트의 무게를 소화하는 능력이 떨어져 스윙의 타이밍을 조절해야 했던 선수들은 실제 경기에서 안타를 더 적게 쳤다. 특히, 빠른 공을 때려내는 데 어려움을 겪었다. 행동 능력이 떨어지는 선수는 사용할 수 있는 움직임 솔루션도 줄어들 수밖에 없다. 환경으로부터 받는 초대장의 숫자도 줄어든다. 무거운 배트를 감당할 능력이 없어 스윙 타이밍을 조절해야 하는 타자는 투수가 던지는 어떤 공은 칠 수 없다고 지각하게 된다.

2010년에 맷 딕스(Matt Dicks)의 연구팀은 골키퍼의 행동 능력과 기술의 관계를 분석했다.[07] 연구팀은 골키퍼가 골대의 가운데에 서있다가 얼마나 빠르게 골포스트 쪽으로 이동하는지(movement time : MT)를 측정했다. 이동 시간이 빠를수록 행동 능력이 좋다고 할 수 있다. 경험이 많은 7명의 골키퍼는 놀라울 정도로 큰 차이가 관찰되었다. 어떤 골키퍼의 MT는 0.69초였던 반면, 다른 골키퍼는 1.038초가 나올 정도였다. 또한 연구팀은 경기 중에 페널티킥을 막는 상황에서 골키퍼가 다이빙을 언제 시작하는 지를 관찰했다. 이것 역시 제법 변동성이 컸다. 상대 키커가 공을 차기 0.3초 전에 몸을 날리기 시작하는 골키퍼도 있었고, 최대한 오래 지켜보다가 0.05초 전에 다이빙을 시작하는 골키퍼도 있었다. 도대체 골키퍼들의 세계에서는 어떤 일이 벌어지고 있는 것일까? 골키퍼의 움직임은 원래 차이가 크고 일관성이 떨어지는 것일까?

그렇지 않다! 골키퍼들은 어포던스에 기반해 움직임을 컨트롤하고 있었다. 연구팀은 측정한 두 개의 데이터(이동 시간과 움직이기 시작한 타이밍)를 하나의 비율로 결합시켰다. 그 결과 모든 골키퍼가 똑같은 행동을 하고 있다는 사실을 발견했다. 골키퍼들은 공이 골라인에 도달하기까지 남은 시간과 이동 시간이 같아지는 시점에 다이빙을 시작했다. 이동 시간이 길수록 공이 골라인에 도달하기까지 남는 시간이 거의 없기 때문에 골키퍼들은 서둘러 몸을 날려야 했다. 반대로 이동 시간이 짧은 선수들은 공이 골라인에 도달하기까지 남는 시간이 상대적으로 길기 때문에 조금 더 기다렸다가 다이빙을 시작할 수 있었다. 골키퍼들은 모두 자신의 행동 경계 안에서 움직이고 있었던 셈이다. 타격에서의 연구에서 확인한 것과 마찬가지로 행동 능력(이동 능력)은 실제 퍼포먼스 결과에 직접적인 영향을 미쳤다. (다이빙은 늦게 시작했지만) 가장 빠른 이동 시간을 보여준 세 명의 골키퍼만 까다로운 페널티킥을 막아냈다.

행동 능력은 곧 기회이자 가능성이다. 행동 능력이 커지면 선수는 보다 많은 초대장을 받게 된다. 빠른 이동 시간을 가지고 있는 골키퍼는 키커의 움직임을 조금이라도 더 보면서 정보를 파악할 수 있다. 보다 큰 힘을 생산해 낼 수 있는 선수는 강한 타구를 날려보낼 수 있고, 투수가 던지는 다양한 피칭에 대처할 수 있다. 결국 행동 능력이 좋다는 것은 좋은 기술로 발전할 잠재력이 크다는 것을 의미한다. 초대가 선수의 목적이나 의도와 관련되어 있다면, 선수는 필요한 타이밍에 초대장을 열게 된다. 초대장에 담긴 기회와 가능성을 현실로 만들게 된다. 그렇다면 선수가 이러한 기회를 잘 활용할 수 있도록 하기 위해 코치는 무엇을 해야 할까?

자세가 아니라 조건이다

코치는 자신의 종목과 관련 있는 행동 능력이 무엇이고 그것을 어떻게 훈련시켜야 하는지 올바로 이해하고 있어야 한다. 코치가 따라야 할 기본 원칙을 세 가지로 정리했다.

(1) 자세가 아니라 조건이다 : 조건을 만족시킬 수 있다면 자세는
   중요하지 않다

최고의 움직임을 만들어 내려면 몇 가지 원칙 내지는 조건이 충족되어야 한다. 투수의 피칭이나 타자의 타격과 같은 기술에서 힘의 전달을 극대화하려면 (i) 지면으로부터의 힘을 몸에 실어야 한다. (ii) 그 힘을 잃어버리지 않으면서 신체의 각 부위를 거쳐 잘 전달해야 한다. (투수라면 마운드를 딛고 있는 뒷발부터 공을 잡고 있는 손까지 힘을 잘 전달해야 한다.) (iii) 동작이 끝나는 시점에 그 힘을 모두 쏟아내야 한다. 여기서 중요한 포인트는 이 세 가지 조건이 다양한 동작으로 이루어질 수 있다는 사실이다. 선수가 이 조건을 맞추기 위해 반드시 따라야 할 동작이나 자세는 없다. 단 하나의 올바른 동작은 존재하지 않는다.

〈그림 6.5〉는 최고의 투수 두 명의 피칭 동작을 보여준다. 왼쪽 투수는 많은 종목에서 '앞다리 블로킹(lead leg blocking)'이라고 부르는 움직임 패턴을 사용하고 있다. 앞다리를 쭉 뻗으면서 하체에 브레이크를 걸고 있다. 그리고나서 몸통과 어깨를 회전시킨다. 오른쪽 투수는 왼쪽 투수와는 다르게 앞다리가 살짝 구부러져 있다. 뒤쪽 무릎을 떨어뜨리고 오른쪽 고관절을 앞으로 회전시키면서 하체로부터 상체로 힘을 전달하고 있다. 두 선수 모두 하체에서 상체로 힘을 잘 전달하고 있지만 서로 다른 동작으로 필요한 조건을

충족시키고 있음을 알 수 있다.

〈그림 6.5〉 투수의 하체 회전을 멈추기 위한 두 가지 다른 움직임 솔루션

가지고 있는 신체 조건, 훈련의 경험 등 이렇게 투수마다 개인 차가 나는 여러 이유가 있을 것이다. 그 중에 행동 능력의 차이도 하나의 원인일 가능성이 높다. 왼쪽 투수는 고관절과 골반의 가동성이나 유연성이 떨어지기 때문에 앞다리 블로킹을 하는 지도 모른다. 해당 부위의 행동 능력이 부족하기 때문에 특정한 움직임 솔루션 밖에 사용할 수 없는 것이다. 트레이닝으로 행동 능력을 향상시키면 이 선수는 더 많은 움직임 솔루션을 탐험할 수 있는 초대장을 받을 수 있다. 행동 능력의 발달은 결국 선수의 적응 능력을 높여준다. 예를 들어, 투수는 비가 내려 마운드가 미끄러운 상태에서 공을 던져야 하는 상황을 만날 수 있다. 이때 행동 능력이 발달한 투수는 앞다리가 살짝 미끄러지더라도 브레이크를 걸 수 있다. 그런 상황에서 앞다리에 제동을 걸지 못하면 무릎을 다칠 가능성이 높아진다.

여기서 중요한 포인트는 "뒷무릎을 떨어뜨리고 고관절을 회전시켜!"라고 가르치면서 테크닉을 교정할 필요가 없다는 점이다. 코치는 선수가 사용할 수 있는 초대장을 보내주면 된다. 선수는 코치가 준비한 초대장의 내용에 따라 움직임을 스스로 조직한다. 코치는 자세를 처방하는 것이 아니라 좋은 피칭에 필요한 조건을 만족시킬 수 있는 다양한 기회를 제공해 주면 된다.

앞서 우리는 피칭이나 타격을 할 때 힘의 전달을 극대화하려면 세 가지 조건이 갖추어져야 한다는 이야기를 했다. 그 중의 하나가 동작의 마지막 단계에서 힘을 모두 쏟아내는 일이다. 코치가 자주 간과하는 문제다. 투수가 공을 던지고 나서의 동작을 왜 신경써야 하냐고 질문할 수 있다. 타자 역시 공을 때리고 나서의 동작에 관심을 쏟아야 할 이유가 있을지 물음표가 생긴다. 공이 손에서 떠나고 나면 이후에 어떤 동작을 하더라도 날아가는 공에 영향을 줄 수가 없을 것 같은 생각이 든다. 그렇게 신경을 쓴다고 공이 더 빨라질 것 같지도 않다.

앞으로 이야기하겠지만 동작의 마지막 구간에서 일어나는 일은 많은 코치들의 생각보다 중요하다. 움직임에는 정방향 작용 효과(forward-acting effect)가 있다. 움직임의 초반부에 하는 행동이 나중에 일어나는 현상에 영향을 미친다는 의미다. 움직임에는 후방향 작용 효과(backward-acting effect) 또한 존재한다. 만약 감속을 담당하는 브레이크가 폭스바겐이라면 페라리 수준으로 속도를 내기는 어렵다. 투수는 앞발을 내딛으면서 하체의 움직임을 급격하게 멈춘다. 또한 한쪽 팔에 모든 힘을 쏟아낸다. 이런 상황에서 인간의 몸은 스스로를 보호하기 위한 메커니즘을 작동시킨다. 감속 기능이 발달되어 있지 않으면 부상으로부터 몸을 보호하기 위해 가속기능에 제한을 두게 된다. 이는 투구와 타구 속도를 떨어뜨리는 요인으로 작용한다.

(2) 변화를 위한 효과적인 자극을 제공한다

행동 능력에 변화를 주고 싶다면 선수의 몸에 변화의 이유를 제공해야 한다. 선수의 몸에 효과적인 자극을 주는 방법을 알아보기 전에 먼저 변화의 이유를 전달하지 못하는 연습 방법에 대해 이야기해보자. 야구에서 타자에게는 배트를 홈플레이트 쪽으로 빠르게 가져갈 수 있는 회전 속도가 중요한 행동 능력이다. 회전 속도가 빠른 타자는 느린 타자는 받지 못하는 어포던스 초대를 받을 수 있다. 투수가 던진 공을 조금이라도 더 보고 스윙을 시작할 수 있다. 배트 스피드를 향상시키기 위해 많은 선수들은 배팅티에 공을 올려놓고 스윙을 빠르게 하는 연습을 한다. 코치, 선수 모두 스스로에게 물어볼 필요가 있다. 이런 연습으로 정말 배트 스피드를 높일 수 있을까?

실제 경기에서 타자는 빠르게 날아오는 공에 타이밍을 맞추는 일이 매우 중요하다. 배팅티 위에 덩그라니 놓인 공을 치는 이 연습은 타이밍을 맞추는 작업을 요구하지 않는다. 또한 늘 사용하던 배트로 스윙 연습을 할 뿐이다. 평소 하던 연습에서 크게 벗어나지 않기 때문에 선수에게 새롭게 요구하는 것이 없다. 이런 연습을 반복한다고 해서 배트 스피드가 올라갈 가능성은 별로 없다.

배팅티 연습을 해도 변화가 없는 선수에게 코치는 "팔을 뻗어!" "뒷무릎을 더 구부려!" 이런 말들로 원하는 자세를 가르치곤 한다. 다시 말하지만 자세는 조건과 다르다. 이렇게 말로 자세를 가르치는 순간 코치는 잘못된 길로 들어서게 된다. 이는 마치 〈그림 6.1〉의 아래에 있는 문에 '밀어주세요'라고 안내 문구를 붙이는 것과 같다. 안내 문구를 붙여놓아도 어떤 사람들은 손잡이를 보자마자 잡아당기게 된다. 연습 환경은 선수가 다양한 방식으로 움직일 수 있는 초대장으로 가득차야 한다.

연습에 어포던스를 디자인하려면 알아야 할 네 가지 요소가 있다. 먼저 변동성(variability)이다. 변동성이 있는 연습을 할 때 선수는 같은 움직임 솔루션만 계속 사용할 수가 없다. 자신을 둘러싼 것들이 변하기 때문이다. 다음은 불안정성(instability)이다. 불안정성이 제공되어야 선수는 자신이 가지고 있는 움직임 패턴에서 계속 빠져나오며 변화를 줄 수밖에 없다.

또 다른 요소는 제약(constaints)이다. 연습 환경에 제약이 세팅되어 있으면 선수는 변화를 시도할 수밖에 없다. 기존의 움직임 솔루션이 제약으로 인해 통하지 않기 때문이다. 마지막으로 과부하(overload)다. 무게를 더하게 되면 움직임에 필요한 힘도 늘어나게 된다. 움직이는 타이밍도 달라진다. 선수는 늘어난 무게에 맞게 다른 방식으로 움직여야 한다. 〈그림 6.6〉은 타자의 회전 속도를 높이기 위해 아쿠아백을 사용하는 드릴이다. 나는 배팅티에 공을 놓고 하는 연습보다 이런 스타일의 연습이 더 효과적이라고 생각한다.

〈그림 6.6〉 아쿠아백을 사용한 회전 연습. 사진 출처 : 랜디 설리번, 플로리다 베이스볼 아머리

선수는 물이 채워진 플라스틱 실린더를 잡고 회전 운동을 한다. 보통 아쿠아백이라고 부르는 도구로 무게는 대략 22kg 정도 된다(과부하). 물이 아쿠아백 안에서 이동을 하며 선수의 로딩 동작에 예측하기 힘든 변화를 유발한다(불안정성). 여러 위치에 있는 타겟을 맞추라는 과제를 준다(변동성). 선수가 가지고 있는 움직임 패턴을 흔들기 위해 앞발의 앞쪽에 작은 허들을 놓을 수도 있다. 선수는 허들을 넘으면서 스윙을 해야 한다(제약).

지금까지의 이야기를 듣고 누군가는 이렇게 따질 지도 모른다. "이 드릴에는 공이 없지 않나요? 바깥에서 들어오는 정보가 없지 않습니까? 지각과 움직임을 커플링시켜야 한다는 당신의 캐치프레이즈와 맞지 않는 것 같은데요?" 좋은 질문이고 우리가 답하고 넘어가야 할 질문이다. 이런 아쿠아백 드릴은 회전 속도라고 하는 선수의 행동 능력을 높이기 위한 연습이다. 타격 기술을 향상시키기 위한 연습이 아니다. 이런 드릴은 스윙 테크닉보다 빠른 회전을 위한 조건을 충족시키는데 그 목적이 있다.

'행동 능력'에 초점을 맞춘 이런 연습을 하면 선수가 타격 '기술'을 향상시키기 위한 연습을 할 때 사용할 수 있는 어포던스의 초대장이 늘어난다. 또한 나는 전통적인 스트렝스&컨디셔닝도 다른 방식으로 접근하라고 권하는 편이다.

(3) 선형적 발전보다 적응 능력에 초점을 맞춘다

사람들은 '행동 능력' 이라는 말을 들으면 벤치 프레스나 스쿼트를 하는 모습을 떠올린다. 데드리프트의 무게를 조금씩 늘려가면 특정한 행동 능력에도 조금씩 변화가 생길 것으로 여긴다. 장거리 달리기도 마찬가지다. 달리는 거리를 체계적으로 늘리고 연습 조건을 주기화하면 행동 능력에 점진적인 변화를 이끌어 낼 수 있다고 생각한다. 내가 볼 때 이런 선형적(linear) 접근 방식은 스포츠 선수들의 행동 능력을 높이기 위한 바람직한 프로세스가 아니다. 대다수의 스포츠는 신체 전체의 움직임을 코디네이션해야 하기 때문이다.

최근에 투수의 행동 능력을 높이기 위해서 웨이티드볼(weighted ball)을 많이 사용한다. 정식 야구공의 무게는 대략 141g이다. 몇몇 연구는 최대 480g 웨이티드볼로 훈련을 했더니 구속이 빨라지는 결과를 보여주기도 한다.[08] 연구에서는 최대 17km/h까지 빨라졌다. 하지만 웨이티드볼은 종종 선수에게 값비싼 대가를 요구한다. 2018년에 레이놀드(Reinold)의 연구팀이 진행한 실험은 웨이티드볼 훈련이 부상과 관련이 높다는 사실을 보여준다.[09] 선수들의 구속 변화는 앞선 연구와 비슷했다. 웨이티드볼을 사용해 훈련한 선수들은 구속이 3.3% 빨라졌다. 웨이티드볼을 사용하지 않고 훈련한 통제 그룹은 구속에 그다지 변화가 없었다. 하지만 가장 눈에 띄는 결과는 부상이었다. 웨이티드볼을 사용해 훈련한 19명의 선수 중 6명이 부상을 당했다. 반면 통제 그룹에서는 부상이 보고되지 않았다. 4명은 의학적 주의가 필요한 팔꿈치 부상을 입었고, 2명은 주상골 스트레스 골절, 1명은 부분적인 내측측부인대 손상, 1명은 수술이 권장되는 내측측부인대 부상을 입었다.

왜 이런 현상이 일어난 것일까? 운동학 분석(kinematic analysis)에서는 웨이티드볼 훈련을 통해 나타나는 구속 증가 현상은 최대 어깨 외회전 각도가 커지기 때문이라고 말하고 있다. 웨이티드볼을 사용해 훈련한 선수들은 어깨 외회전 각도가 평균 4.3도 커졌다. 피칭 동작의 얼리 코킹(early cocking) 단계에서 어깨의 외회전이 커지면 투수의 손은 조금 더 먼 거리에 위치하게 되고, 이를 통해 이전보다 더 많은 힘을 끌어내게 된다. 앞선 연구들도 비슷한 이야기를 하고 있다. 어깨의 외회전 각도와 투수의 구속은 상관 관계가 매우 높다. 외회전 각도가 크면 구속도 빠를 가능성이 높다. 또한 그만큼 어깨와 팔꿈치에 가해지는 토크 힘(torque force)도 커진다.

다시 강조하지만! 여기서의 문제는 조건이 아니라 자세에 초점을 맞추었다는데 있다. 대부분의 웨이티드볼 훈련처럼, 레이놀드의 연구팀도 단순한 선형적 발전을 상상하며 자극을 늘려가는 방식을 사용했다. 연구팀은 6주의 훈련 기간에 걸쳐 2, 4, 6, 16, 32온스로 공의 무게를 점진적으로 늘려나갔다. 던지는 강도 역시 75% 수준에서 시작해 최대의 강도까지 조금씩 높여나갔다. 단순하게 움직임 패턴의 변화를 도모했다고 볼 수 있다. 코킹 시점(팔이 앞으로 움직이기 시작하는 시점)의 손과 어깨의 '자세' 변화다.

점진적으로 웨이티드볼의 무게를 늘려나가고 쓰로잉 강도를 높여가며 훈련을 하는 것은 단순히 기존의 움직임 솔루션에 변화를 주는 방식이다. 게다가 부상의 위험을 안고 있기도 하다. 나는 점진적으로 무게를 늘려가는 방식보다 무작위로 무게에 변화를 주는 방식이 더 효과적이라고 생각한다. 가벼운 공에서 무거운 공으로, 무거운 공에서 가벼운 공으로 바꿔가며 연습을 하게 되면 선수는 '공이 조금 더 무거워졌으니 어깨도 조금 더 회전시키면 되겠네' 하면서 단순하게 움직임을 조절하기가 어렵다. 무작위하게 바뀌는 공의 속성을 파악해 코디네이션 패턴을 적절히 조절해야 한다. 적응 능력(adaptability)에 초점을 맞춘 연습 방법이다. 투수는 여러 제약 조건에서도 움직임 솔루션에 변화를 주면서 힘의 전달을 극대화하기 위한 조건을 충족시켜야 한다.

이런 3가지 원칙을 적용해 행동 능력을 키울 수 있다. 자세보다는 조건에 초점을 맞추고, 변화를 위한 자극을 제공하고, 적응 능력을 향상시키는 훈련을 통해 행동 능력이 커지면 선수는 실제 경기에서 넘치는 초대장을 받게 된다. 모든 것이 정리된 듯한 지금! 마지막 물음표가 피어오른다.

선수가 늘어난 초대에 응하지 못하는 상황이 벌어진다면? 타자의 회전 속도는 빨라졌는데도 여전히 스윙을 서둘러 시작하고 있다면? 골키퍼가 이동 능력이 좋아졌는데도 계속해서 일찍 다이빙을 시작한다면? 행동 능력을 키우려고 했던 모든 노력이 물거품이되지 않도록 하려면 어포던스-기반 코칭의 마지막 퍼즐을 이해해야 한다. 행동 능력과 기술을 연결하는 작업이다. 선수가 초대를 수락할 가능성을 높이는 작업이다.

좋은 코칭은 연습에 어포던스를 세팅하는 일

선수에게 무엇을 해야 하는지 말해주는 것은 시간 낭비라는 사실을 코치는 받아들여야 한다. 다른 무엇보다 코치는 선수가 무엇을 해야 하는지 알기가 어렵다. 함께 연습을 하기 시작한 투수가 있다고 가정해보자. 앞다리를 세우면서 던져야 하는지, 뒷무릎을 떨어뜨리고 고관절을 회전하는 방식으로 던져야 하는지 코치는 알 수 없다. 그것은 자기조직화 프로세스를 통해 선수 스스로 찾아야 한다. 설령 코치가 선수에게 맞는 동작을 알고 있어서, 그것을 가르쳐 준다고 해도 선수가 코치의 가르침대로 움직일 확률은 그다지 높지 않다. 코치가 제공하는 교습을 선수가 얼마나 잘 따라

하는지를 관찰한 연구들은 그런 교습이 별로 효과가 없다는 사실을 보여준다. 스포츠에서 대부분의 움직임은 아주 찰나의 순간에 일어난다. 그리고 명시적 교습으로 설명하기에는 너무 많은 신체 부위가 관여되어 있다. 그럼 코치는 어떤 방식으로 접근해야 할까? 바로 환경이 코치 대신 말을 해주도록 연습 환경을 디자인하면 된다.

좋은 코칭은 결국 연습에 어포던스를 잘 세팅하는 일이다. 선수가 받는 초대장을 바꾸는 일이라고 말할 수도 있다. 어떤 초대장은 보이지 않게 숨겨 놓는다. 어떤 초대장은 선수의 눈에 금방 띄도록 화사한 분홍색 봉투에 담아 떨어뜨린다. 선수에게 동작을 바꾸라고 말하기 보다 연습 환경을 바꿔준다.

앞서 타자의 회전 속도를 높이기 위한 방법으로 아쿠아백 드릴을 소개했다. 이런 드릴을 한다고 해서 타자의 타격 기술이 좋아지는 것은 아니다. 하지만 회전 속도라는 행동 능력이 좋아지면서 선수의 행동 경계가 확장된다. 나는 어떻게 움직이라는 말 대신 아쿠아백이라는 제약을 연습에 추가했다. 아쿠아백을 이용해 기존의 움직임 솔루션을 사용하지 못하게 만들었다. 선수가 다른 움직임 솔루션을 탐험하도록 초대했다.

코치는 또한 제약을 이용해 어포던스를 증폭시킬 수 있다. 공을 더 오래 보고 스윙을 하라고 가르치는 대신 시각을 차단하는 제약을 타격 연습에 세팅한다. 투수가 피칭을 시작할 때는 눈을 감도록 하거나 시각 차단 안경의 렌즈를 닫는다. 공이 투수의 손에서 떠나는 순간 눈을 뜨게 하거나 시각 차단 안경의 렌즈를 열어준다. 이런 방식으로 타자가 공을 더 오래 보고 스윙을 할 수 있는 어포던스를 증폭시킬 수 있다.

타자가 발사각을 높일 수 있는 어포던스를 증폭시키려면 스크린을 앞에 설치하고 위로 넘기라는 과제만 주면 된다. 선수에게 어떤 주문도 할 필요가 없다. 선수는 코치가 건네주는 초대장에 따라 움직일 뿐이다.

7장

근막의 자기조직화를
훈련시킨다

스트롱맨 대회에서 로프로 자동차를 끄는 종목에 도전하고 있는 두 선수가 있다. 시작 신호가 울리면 선수들은 30초 동안 차를 잡아당기게 된다. 차를 더 멀리 끌고 간 선수가 승리하는 경기다. 〈그림 7.1〉은 두 선수가 경기를 시작할 때의 모습을 보여주고 있다. 어느 선수가 이길까? 아마 이 사진을 본 대부분의 사람들은 아래 선수를 선택하리라 생각한다. 위쪽 선수는 로프가 팽팽하게 연결되어 있지 않기 때문이다. 자동차를 끌기 위해서는 먼저 로프를 팽팽하게 만드는 작업이 선행되어야 한다. 지금부터 우리가 다룰 주제인 '장력(긴장, tension)'을 설명하기 위해 이 사례를 들었다. 우

〈그림 7.1〉 근육 슬랙의 효과

리의 근육은 로프와 차의 관계와 매우 비슷하게 움직인다. 근육의 적절한 긴장은 움직임에 도움이 된다. 많은 움직임 컨트롤 문제를 해결해 준다.

메카닉의 문제가 아닐 수 있다 : 근육 슬랙

우리는 몸에 있는 근육들이 늘 움직일 준비를 하고 있으며, 긴장 상태에 있을 거라 생각하지만 실제로는 그렇지 않다. 프란스 보쉬(Frans Bosch)는 『스포츠에서의 움직임 분석과 운동 조절(Anatomy of Agility)』에서 이에 대해 잘 설명하고 있다.[01] 근육은 파워를 만들거나 움직임을 컨트롤하기 위해 미리 준비하고 있지 않다. 관절과 건, 인대를 보호하려는 준비도 하지 않는다. 일반적인 생각과는 달리 근육은 우리가 쉬고 있을 때는 느슨한(slack) 로프처럼 늘어져 있다.

〈그림 7.2〉는 타자가 스윙을 할 때의 지면 반력 패턴을 보여준다. 타자는 꼬임(coiling)이나 로딩(loading) 동작을 통해 배트 스피드를 만들어낸다. 꼬임이나 로딩 프로세스는 타자의 체중이 뒷다리로 이동하면서 시작된다. 체중을 뒷다리로 옮기기 위해 타자는 앞발을 지면으로부터 들어올린다(스테핑, stepping). 그리고 나서 꼬임을 풀면서 앞으로 드라이브를 건다. 이때 앞발이 다시 땅에 닿으면서 체중이 앞발로 옮겨지기 시작한다(랜딩, landing). 힘이 상체를 통해 배트로, 마지막에는 공까지 전달된다. 보통 스테핑을 시작해 랜

딩까지는 대략 0.3초가 걸린다. 공을 강하게 때리려면 이 구간이 매우 중요하다. 타자는 0.3초라는 짧은 시간 동안 최대한 많은 힘을 실어야 한다.

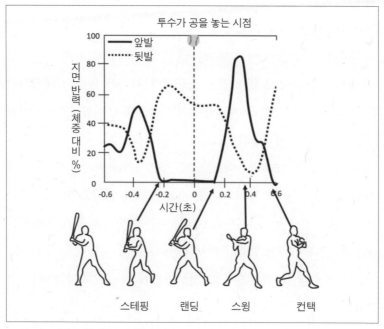

〈그림 7.2〉 야구 스윙의 지면 반력 패턴

뒷다리에 힘을 로딩하는 근육은 수축하며 탄성이 있는 장력을 만든다. 고무 밴드처럼 늘어나며 근육은 붙어있는 부분을 끌어당기는 힘을 만든다. 고무 밴드를 잡아당길 때 손에 느껴지는 힘과 같다. 하지만 근육이 준비가 되지 않으면, 근육을 수축하더라도 처음에는 탄성이 있는 장력을 만들어내지 못한다. 늘어져 있는 근육을 펴는 일을 먼저 하게 된다. 근육 수축이 시작되는 시점과 탄성이 있는 장력을 만들어내는 시점 사이에 이렇게 시간 지연이 생기는 현상을 보통 '근육 슬랙(muscle slack)'이라고 부른다.[02] 근육 슬랙 현상이 생기면 시간이 소모된다. 근육이 준비만 되어 있었다면 바로 힘을 만들기 위해 사용할 수 있었던 시간이다.

타격을 예로 들면 이게 얼마나 중요한 문제인지 알 수 있다. 근육 슬랙의 수준이 높은 타자는 스테핑 단계에서 힘을 만들어내기 전에 먼저 근육 슬랙을 제거해야 한다. 근육 슬랙을 없애는 작업에는 0.1초 정도가 걸리는 것으로 추정된다. 앞서 공을 강하게 때리기 위해서는 스테핑부터 랜딩까지의 구간(보통 0.3초가 걸린다)이 매우 중요하다는 이야기를 했다. 근육 슬랙을 없애려면 그 시간의 1/3을 사용해야 한다. 프란스 보쉬는 "근육이 장력을 만들어내는 속도와 근육 슬랙으로부터 벗어나는 속도가, 근육이 궁극적으로 만들어낼 수 있는 힘의 양보다 퍼포먼스에 더 중요하다"는 이야기를 했다.

니콜라이 번스타인 역시 근육 긴장도(Muscle Tonus)라는 표현을 사용해 말한 적이 있다.[03] 근육 긴장도라든지 근육 톤(Muscle tone)은 근육이 이완되어 있는 동안에도 근육이 지속적으로, 부분적으로 수축하고 있는 상태를 의미한다. 번스타인에게 근육 긴장도는 움직임 컨트롤의 중요한 요소였다. 〈그림 7.3〉은 번스타인이 고안한 움직임 구성 단계다. 여기서는 각각의 단계를 자세히 다루지는 않고 첫 단계인 근육 긴장도만 간략히 짚고 넘어가려고 한다.

<table>
</table>

4-행동 단계

3-공간 단계

2-시너지 단계

1-근육 긴장도 단계

〈그림 7.3〉 번스타인의 움직임 구성 단계

상위 단계에서 보낸 지시에 반응할 수 있도록 움직임에 관여하고 있는 신체 기관을 준비시키는 것이 첫 번째 단계의 목적이라고 번스타인은 주장했다. 만약 근육 긴장도가 없다면 움직임에 관여하고 있는 신체 기관들은 상위 단계의 주문에 제대로 반응할 준비가 안 되어 있는 것이며 움직임이 의도한 대로 나타나지 않게 된다고 덧붙였다. 정리하자면, 근육은 먼저 잘 움직이기 위한 준비가 되어 있어야 한다! 근육 슬랙이나 근육 긴장도가 떨어지는 현상은 속도를 제한하는 요인으로 작용한다.

근육 슬랙을 없애는 세 가지 방법

나는 종종 타자의 배트 스피드를 높여달라는 부탁을 받곤 한다. 배트 스피드가 느려 타이밍이 늦고 빠른 공을 치는데 어려움을 겪는 타자들이다. 배트 스피드가 느린 이유를 찾으려면 여러 부분들을 체크해야 한다. 공의 궤적을 보는 시각에 문제가 있을 수 있다. 아니면 스윙 매카닉이 문제일 수 있다. 힘이 약해서 스트렝스 트레이닝에 초점을 맞춰야 하는 타자일 수도 있다. 이런 것들이 원인일 수 있지만, 타자의 근육 슬랙이 배트 스피드가 나오지 않는 중요한 이유일 수도 있다. 근육 슬랙이 있으면 타자는 힘을 만들어내는 시간이 더 오래 걸린다. 만약 근육 슬랙이 근본 원인이라면 투구 인식이나 스윙 메카닉, 스트렝스 트레이닝에 초점을 맞춘 코칭은 통하지 않을 가능성이 높다. 시각 트레이닝을 통해 날아오는 공을 보다 잘 볼 수 있게 되더라도 근육 슬랙이 움직임을 제한하게 된다. 스트렝스 트레이닝으로 근육의 양을 늘려도 근육 슬랙 때문에 스윙 타이밍이 늦어진다.

근육 슬랙을 줄이거나 없애기 위한 세 가지 방법이 있다. 첫 번째는 카운터 움직임(countermovement)을 사용하는 방법이다. 어떤 동작을 시작하기 전에 먼저 반대 방향으로 살짝 움직이면 근육이 펴지면서 슬랙이 사라지게 된다. 농구 선수는 점프를 하기 전에 무릎과 고관절을 살짝 아래로 떨어뜨린다. 타격을 할 때 타자는 뒷발로 체중을 옮기기 전에 살짝 앞으로 움직인다. 이렇게 카운터 움직임을 하는 것은 슬랙을 없앨 수 있는 방법이기는 하지만 문제가 하나 있다. 많게는 0.3~0.5초의 시간이 필요하다는 점이다. 선수가 경기에서 쉽게 사용할 수 없는 시간이다. 게다가 야구의 타격과 같이 정확한 타이밍이 요구되는 기술에서 카운터 움직임을 사용할 때는 타이밍을 극도로 정교하게 맞추어야 한다. 그렇기 때문에 카운터 움직임은 근육 슬랙 문제를 해결하기 위해 코치나 트레이너가 많이 가르치는 움직임 솔루션이지만 최고의 방법이라고 보기는 어렵다.

두 번째는 부하를 주는 방법이다. 스쿼트를 하기 전에 그냥 서 있으면 많은 근육 슬랙이 생긴다. 스쿼트를 하기 전에 무거운 바벨을 잡아 몸에 부하를 주면 바벨의 힘 때문에 근육은 긴장하게 된다. 하지만 이 방법 역시 실제 경기에서는 쓰기 어려운 방법이다. 한참 경기를 하고 있는 선수에게 다가가 바벨을 얹어줄 수는 없기 때문이다.

지금까지 알려진, 근육 슬랙을 제거하는 가장 좋은 방법은 동시수축(co-contraction)을 연습하는 것이다. 관절 주위의 두 근육인 주동근과 길항근을 동시에 수축시키는 연습이다. 주동근은 움직임을 일으키고 길항근은 움직임을 억제한다. 이두컬(biceps curl) 운동을 하려면 주동근인 이두근은 수축하고 길항근인 삼두근은 이완되어야 한다. 그런데 빠른 속도로 이두컬 운동을 하면 근육 슬랙의 영향을 받게 된다. 이두근이 수축하는 타이밍과 탄성이 만들어지는 타이밍 사이에 시간 지연이 생기는 것이다. 움직이기 전에 이두근과 삼두근 모두를 수축하는 법을 배우면 이 문제를 해결할 수 있다.

동시수축은 다른 어떤 방법보다 근육 슬랙을 없애는데 효과적이다. 슬랙을 없애기 위해 거의 시간이 들지 않고 외부의 힘이나 부하를 더할 필요가 없기 때문이다. 또한 동시수축은 부상을 예방해주는 역할을 한다. 동시수축으로 근육 슬랙이 사라지면 움직임을 교란하는 예상치 못한 상황이 생겨도 빠르게 대응할 수 있다. 예를 들어, 농구 선수들은 동시수축을 하며 좌우로 움직이는 커팅 동작을 준비한다. 이때 다른 선수의 발을 밟고 발목이 꺾이는 상황이 종종 벌어진다. 이때 근육은 동시수축으로 이미 긴장 상태에 있기 때문에 빠르게 발목의 움직임을 바로잡을 수 있다.

동시수축으로 근육 슬랙을 없애는 능력은 본질적으로 또 하나의 행동 능력이다. 이 능력이 커지면 선수가 뛰어난 기술을 갖추게 될 잠재력도 그만큼 커진다. 동시수축 능력을 키우기 위한 연습을 디자인하고 싶은 코치는 (6장에서 정리한) 행동 능력을 키우기 위한 세 가지 원칙을 똑같이 따르면 된다. 이를테면 시간으로 선수를 압박하면서 여러 개의 허들을 연속해서 뛰어넘게 만들면 다리의 동시수축 능력을 발달시킬 수 있다. 시간과 허들이 제약으로 세팅된 이 운동을 제대로 수행하려면 선수는 허들과 허들 사이에서 빠르게 지면과 접촉해야 한다. 지면에 발이 닿기 전에 동시수축을 통해 근육을 미리 긴장시켜야 하기 때문에 동시수축을 트레이닝하기 위한 좋은 방법이 될 수 있다.

동시수축을 통해 우리는 또 하나의 사실을 확인할 수 있다. 기술이 발달한 신체는 뇌의 명령을 기다렸다가 움직이지 않는다. 근육의 긴장도를 조절해 준비 수준을 컨트롤한다. 그리고 이 과정은 단순히 근육 슬랙을 없애고 근육 긴장도를 높이는 작업 이상을 의미한다. 최고의 선수들은 그저 한 두 개의 근육을 긴장시키는 차원을 넘어 훨씬 더 복잡하고 지능적인 방식으로 긴장을 이용한다. 긴장을 통해 건축물과 같은 구조를 만든다. 생체긴장통합체(biotensegrity)가 지닌 파워를 이용한다.

팝업 텐트와 같은 인간의 몸 : 생체긴장통합체

긴장통합체(tensegrity)라는 개념을 설명하려면 먼저 건축과 구조에 관한 이야기부터 시작해야 한다. 〈그림 7.4〉는 영국 솔즈베리 평원에 있는 스톤 헨지의 모습이다. 스톤 헨지가 오랜 세월 동안 이와 같은 구조와 형태를 고스란히 유지하고 있는 이유는 스톤 헨지에 작용하고 있는 외부의 힘, 바로 중력 때문이다. 만약 스톤 헨지를 그대로 들어서 우주로 보내면 어떤 일이 벌어질까? 더 이상 중력이 작용하지 않기 때문에 스톤 헨지를 구성하고 있는 돌들은 서로 다른 방향으로 움직이며 흩어질 것이다. 인간이 만든 대부분의 구조물은 이와 같은 속성을 가지고 있다. 외부의 힘이나 중력의 작용으로 안정적인 구조를 유지한다.

〈그림 7.4〉 중력의 작용으로 안정적인 구조를 유지하고 있는 스톤 헨지 vs 팝업 텐트의 긴장통합체

지금 대부분의 사람들이 캠핑을 할 때 사용하는 현대식 텐트는

〈그림 7.4〉의 오른쪽 사진과 같은 팝업 텐트다. 이런 팝업 텐트는 긴장통합체의 좋은 사례다. 스톤 헨지가 외부의 힘으로 구조를 유지하고 있다면 팝업 텐트는 내부 힘의 균형으로 구조를 유지한다. 텐트 안에 있는 폴대들이 만들어 내는 장력의 균형이다. 이런 팝업 텐트는 그대로 들어서 다른 위치로 옮겨도 구조가 변하지 않는다. 우주로 보내도 원래의 모양 그대로를 유지한다. 이름이 암시하듯 이 긴장통합체는 '장력(긴장, tension)'을 통해 '완전체(integrity)' 상태를 유지한다는 의미를 담고 있다.

긴장통합체는 1960년대에 풀러(Fuller)가 처음으로 제시한 건축 원리다*.[04] 우리는 여러 건축물에서 긴장통합체의 사례를 확인할 수 있다. 〈그림 7.5〉는 워싱턴 DC에 있는 니들 타워(Needle Tower)와 몬트리올에 있는 바이오스피어(Biosphere)다.

왜 우리의 몸은 긴장통합체의 원리로 움직이면 도움이 될까? 그건 바로 긴장통합체가 가진 몇 가지 중요한 속성 때문이다. 첫째, 긴장통합체는 사전에 스트레스가 가해져 내재적(intrinsic) 긴장 상태로 시작되는 시스템이다. 그렇기 때문에 시스템의 어느 곳에 스트레스가 가해지더라도 빠르게 반응할 수 있다. 팝업 텐트에 붙어 있는 폴대를 살짝 밀어서 움직이면 다른 폴대들도 그 힘에 반

---

* 긴장통합체의 기술적인 정의는 다음과 같다. '일련의 긴장 요소들 내부에 불연속적인 압력 요소의 집합을 포함하고 있는, 시스템의 안정적인 자기 평형 상태.'

〈그림 7.5〉 긴장통합체의 사례

응해 움직이며 텐트의 전체 구조를 유지시킨다. 긴장통합체는 외부의 교란에 반응하기 위해 새로운 구조를 만들 필요가 없다. 단지 자신의 구조를 유지하기만 하면 된다. 다르게 표현하면 긴장통합체는 근육 슬랙이 없다고 말할 수도 있다. 시스템 자체가 이미 긴장 상태이기 때문에 움직임 컨트롤에 매우 효과적이다.

둘째, 긴장통합체는 에너지 효율적인 시스템이다. 긴장통합체는 시스템 구성 요소들의 협업을 통해 본질적으로 시스템 자체가 에너지를 저장하고 있기 때문에 에너지를 효율적으로 사용한다. 셋째, 긴장통합체는 외부의 힘을 받으면 더 강해지는 속성을 가지고 있다. 마지막으로, 긴장통합체는 중력의 영향을 받지 않고 구조와 기능적 속성을 유지한다. 이런 특징을 가지고 있기 때문에 긴장통합체는 전방위적 안정성을 갖게 된다. 단지 중력이 작

용하는 방향으로만 안정적인 것이 아니라 모든 방향으로의 안정
성을 갖게 된다.

내가 운동 기술을 주제로 한 이 책에서 건축과 텐트에 대해 이야
기하는 이유는 인간의 신체도 일종의 긴장통합체라고 주장하는 사
람이 있기 때문이다. 이를 생체긴장통합체(biotensegrity)라고 부르며
기본적인 개념은 다음과 같다.

인간의 몸 안에 있는 뼈와 근육, 힘줄 등은 팝업 텐트의 폴대처
럼 작용한다. 어떠한 외부의 힘이나 중력의 작용 없이도 내부의 긴
장을 통해 구조와 자세를 유지한다. 우리가 취하는 각각의 자세는
신체의 각 부분에 걸쳐 자리잡고 있는 사전 스트레스나 내재적 긴
장의 각기 다른 상태에 해당한다. 그렇기 때문에 우리의 몸은 긴
장통합체의 모든 장점을 이용할 수 있게 된다. 인간의 몸을 생체
긴장통합체로 보는 관점은 생태학적인 기술 습득 관점과 잘 통한
다. 긴장통합체는 번스타인이 말한 시너지 단계(〈그림 7.3〉의 두 번째
단계)에 나타나는 좋은 생물학적 모델이라고 터비(Turvey)와 폰세카
(Fonseca)는 주장했다.[05] 번스타인이 말했듯이 기술이 숙련된 상태
일 때 움직임은 시너지를 내며 일어난다. 근육과 관절이 독립적으
로 움직이는 것이 아니라 서로의 움직임을 보완하는 방식으로 시
너지를 내며 움직인다.

이는 야구의 피칭 동작을 관찰한 마쓰오의 연구에서도 확인
한 사실이다(1장에서 다루었다). 투수가 어깨의 회전이 늦어 손이 올
바른 타이밍에 릴리스포인트에 도착하지 못할 것 같으면 팔꿈치

가 속도를 높이면서 늦어진 타이밍을 보완한다. 투수가 공을 던질 때 몸에서 일어나는 이런 운동 시너지는 정확히 생체긴장통합체 시스템에서 일어나는 현상이다. 팝업 텐트에 끼워진 폴대 하나를 누르면 다른 폴대들도 함께 휘어지며 보상 움직임이 일어난다. 스톤 헨지와 비교하면 차이가 분명하다. 스톤 헨지를 구성하고 있는 돌 중에 하나를 민다고 해서 다른 돌들이 따라 움직이지는 않는다.

또한 사전 긴장이 세팅된 생체긴장통합체는 외부 힘의 작용에 극도로 민감해진다. 외부에서 가해지는 힘에 반응하기 위해 다른 구성 요소들과 협업을 하며 통합적으로 움직임을 조절한다. 근육 슬랙 문제도 없기 때문에 외부에서 힘이 작용했을 때 순간적으로 반응할 수 있다.

마지막으로 다룰 생체긴장통합체의 중요한 측면은 자기조직화 프로세스를 통해 작동한다는 점이다. 팝업 텐트를 옆에서 밀면 어떻게 반응해야 하는지 명령을 내리는 존재는 없다. 각각의 폴대가 스스로를 조직해 텐트 전체의 구조를 유지할 뿐이다. 다른 자기조직화 시스템과 마찬가지로, 절대적인 명령권자가 없는 이런 속성은 종종 복잡하고 예측할 수 없는 결과를 일으키기도 한다. 예를 들어, 긴장통합체 시스템에는 가끔씩 비선형적인 강직(non-linear stiffening) 현상이 나타나곤 한다. 그래서 시스템에 큰 힘이 가해질 때 아무런 힘을 가하지 않을 때보다 강하고 안정적인 상태로 변하기도 한다.

아쿠아백과 동시수축

인간의 몸이 생체긴장통합체라는 개념은 코칭에 어떤 의미가 있을까? 최고의 움직임을 위해서는 근육 슬랙을 제거해서 신체 내부를 생체긴장통합체와 같은 구조로 만들어야 한다. 그래야 선수는 움직임을 교란하는 외부의 힘에 맞서 보다 빠르고, 보다 파워 있고, 보다 안정적인 움직임을 만들어낼 수 있다. 부상의 위험도 줄일 수 있다. 우리의 뼈가 〈그림 7.5〉의 니들 타워를 구성하고 있는 금속 막대라고 가정해 보자. 이 금속 막대들은 타워에 구조와 안정성을 제공한다. 하지만 스스로 움직임을 만들어내지는 못한다. 타워를 움직이게 만드는 것은 금속 막대를 연결하고 있는 케이블이다. 이런 역할을 우리 몸에서는 근막(fascia)이라고 부르는 신체 조직이 하고 있다. 스포츠 훈련이란 본질적으로 근막이 스스로를 조직하는 법을 훈련시키는 일이라고 할 수 있다. 생체긴장통합체의 원리를 선수의 몸에 심고 싶다면 다음 세 가지 원칙을 따르면 된다.

(1) 여러 면(plane)으로 움직인다.

스트렝스&컨디셔닝 세션을 진행할 때 많은 코치들은 타워에 있는 금속 막대에 집중하는 경향이 있다. 구체적으로 말하면 뼈에 붙어 있는 근육에 초점을 맞춘다. 금속 막대를 움직이는 케이블의 성능을 강화하기 위한 훈련은 잘 하지 않는다. 예를 들어, 스쿼트나 벤치 프레스를 하는 선수는 대체로 오직 한 면(방향)으로만 조심스럽게 움직인다. 근막의 연결 시스템이 자기조직화를 연습할 수 있는 기회를 좀처럼 제공하지 않는다.[06]

　선수는 준최대(submaximal)**의 무게로 전방위적인 움직임을 훈련할 필요가 있다. 스쿼트나 벤치 프레스처럼 무게 중심이 잡혀 있고 안정적인 한 방향 운동만 해서는 안된다. 그런 면에서 나는 아쿠아백과 아쿠아볼을 사용한 훈련을 좋아한다. 아쿠아백과 아쿠아볼을 사용하면 여러 각도에서 몸에 다양한 스트레스를 줄 수 있다. 불안정성과 변동성도 만들어 선수가 새로운 움직임 솔루션을 탐험하도록 유도한다.

　(2) 가속과 감속을 모두 고려한다.

　긴장복합체에는 음양의 원리가 건강하게 작용하고 있다. 시스템에 작용하는 동시수축을 통해 신체의 한 부분이 잡아당기면 다른 부분은 끌려가지 않게 저항한다. 한 쪽이 펴지면 다른 한쪽은 펴지지 않도록 저항한다. 이런 음양의 작용을 통해 몸은 움직임을 위한 최적의 준비 상태를 만든다. 그런데 신체 내부에서 반대로 작용하는 힘이 때때로 불균형해지는 경우가 있다. 가장 많이 보이는 사례는 가속과 감속 움직임 사이의 불균형이다. 선수들은 대체로

** 최대의 무게보다 조금 가벼운

가속에 집중해 많은 훈련을 한다. 타자는 오로지 배트 스피드를 높이는 데만 집중한다. 그러면서 스윙의 팔로우스루 단계처럼 가속만큼 중요한 감속에 대해서는 그다지 관심을 쏟지 않는다. 가속과 감속의 균형을 유지하는 것은 퍼포먼스에도 중요하고, 부상의 위험을 낮추기 위해서도 꼭 필요하다. 최근에 부상을 당한 몇몇 선수의 사례를 통해 우리는 불균형의 위험을 확인할 수 있다. 팔로우스루 동작을 하다가 부상을 당한 미구엘 카브레라(Miguel Cabrera)와 페르난도 타티스 주니어(Fernando Tatis Jr.)의 사례다.[07, 08] 부상 없이 퍼포먼스를 제대로 발휘하려면 힘을 만들어내는 액셀과 힘을 억제시켜 주는 브레이크 모두를 훈련해야 한다!

타자에게 가속과 감속을 모두 훈련시키기 위한 방법으로 나는 〈그림 7.6〉과 같은 드릴을 추천한다. 타자의 스윙이 끝나는 지점에 풀누들***을 세워놓는다. 타자는 풀누들을 피해서 스윙을 하는 게

〈그림 7.6〉 풀누들 감속 드릴. 사진 출처 : 랜디 설리번 플로리다 베이스볼 아머리

***   수영을 할 때 잡고 있으면 물에 뜨도록 도와주는 도구

아니라 날아오는 공을 치고 나서 의도적으로 풀누들을 건드리는 연습을 한다.

(3) 동시수축을 위한 자극을 제공한다.

동시수축 능력은 선수가 근육 슬랙을 없애고 생체긴장통합체와 같은 구조를 만드는데 필수적이다. 동시수축을 훈련할 수 있는 몇 가지 방법이 있다. 하나는 시간 압박이다. 다른 자세로 빠르게 바꾸어야 하는 훈련을 통해 선수는 사전 긴장을 만들 수 있다. 또 하나는 지면을 이용하는 방법이다. 〈그림 7.7〉은 글러브 사이드 드롭-인(glove side drop-ins)이라고 부르는 피칭 드릴이다. 야구공을 들고 상자 위에 서서 피칭 준비 자세를 한다. 상자의 뒤쪽으로 내려오며 공을 던지기 위해 몸을 회전시킨다. 상자에서 내려오는 동작은 큰 힘을 가해 뒤쪽 고관절에 동시수축을 이끌어낸다.

〈그림 7.7〉 동시수축을 훈련하기 위한 피칭 드릴. 랜디 설리번 플로리다 베이스볼 아머리

8장

최고의 움직임은
경제적이다

움직임에는 비용이 든다. 우리는 에너지 소비의 형태로 움직임에 대한 비용을 지불한다. 운동 기술에 대해 이야기할 때 우리는 주로 어떻게 해야 움직임 솔루션이 창발할 수 있는지에 대해서만 고민한다. 원하는 목적을 이루기 위해 어떤 개인 제약, 과제 제약, 환경 제약을 사용하면 좋을지를 생각한다. 하지만 움직임 솔루션을 만드는 과정에 어느 정도의 에너지가 소모되어야 하는가 하는 경제성 문제에 대해서는 그다지 관심을 기울이지 않는다. 나는 이 부분을 함께 고민하는 것이 몇 가지 이유로 중요하다고 생각한다.

첫째, 최고의 기술을 가진 선수들을 가만히 관찰해보면 일반적으로 다음과 같은 모습을 볼 수 있다. 그들은 경기 중에 자신이 의도한 움직임을 꾸준히 만들어낸다. 변화하는 조건에 적응하며 움직임 솔루션을 찾아 나간다. 뿐만 아니라 그들의 움직임은 경제적이다. 간단히 말해서 그들의 움직임 솔루션은 더 적은 에너지를 소비한다. 그렇다면 최고의 선수들이 보여주는 경제적인 움직임은 기술의 향상으로 인해 부수적으로 따라온 효과일까? 아니면 그러한 경제성이야말로 새로운 기술을 배울 때 지각-운동 시스템이 충족하려고 하는 중요한 기준일까?

둘째, 움직임의 경제성을 고려하게 되면 코치가 연습을 디자인하는 방식도 바뀌게 된다. 이는 운동 학습에서 '오버러닝(over learning)'이라고 부르는 개념과 관련이 있다. 오버러닝은 선수의 퍼포먼스 결과는 정체되어 있지만 기술의 발전이 이루어지고 있는 상태를 의미한다. 연습은 계속해서 하지만 선수의 움직임은 더 빨라지거나 정확해지지 않는다. 공을 더 강하게 때리거나 멀리 보내지도 못한다. 하지만 선수는 계속 무언가를 발전시켜 나가고 있다. 선수는 연습을 하면 할 수록 더 적은 에너지를 사용해 같은 움직임 솔루션을 만든다. 근육 수축과 산소 소비를 적게 하며 움직임 솔루션을 만든다. 움직임은 점점 경제적으로 변한다. 4쿼터나 마지막 세트에 피로가 쌓인 상황에서도 움직임 솔루션을 성공적으로 만들어낸다.

마지막으로, 움직임의 경제성은 수준 높은 기술로 발전할 수 있는 잠재력을 키워준다. 에너지를 보다 효율적으로 사용할 수 있는 시스템을 개발하면 선수는 사용할 수 있는 움직임 솔루션을 확장할 수 있다. 안타깝게도 움직임의 경제성은 운동 학습 연구에서 자주 다루는 영역은 아니다. 움직임의 경제성을 어떻게 발전시켜야 하는 지에 대한 관심과, 움직임의 경제성이 선수가 선택하는 움직임 솔루션에 어떤 영향을 미치는 지에 대한 관심은 상대적으로 적은 편이다.

같은 움직임을 적은 에너지로 만들어낸다 : 움직임 효율성

'움직임이 효율적이다' 내지는 '움직임이 경제적이다'라는 말은 정확히 어떤 의미일까? 움직임의 효율성은 일(work)의 양을 사용된 에너지로 나눈 값으로 정의할 수 있다. 에너지는 칼로리 소모 등을 의미하고, 일(work)은 이동 거리와 같은 물리적 변수의 관점으로 계산한다. 만약 내가 500m를 달릴 때 120칼로리를 소모하는데, 당신이 1km를 달리면서 똑같은 120칼로리를 소모한다면 당신의 움직임 효율성이 나보다 좋다고 볼 수 있다. 이 정의는 간단명료하지만 신체의 다양한 코디네이션과 자유도를 요구하는 스포츠 기술을 이해하는 데는 다소 제한적이다. 야구나 크리켓의 타자가 타격을 할 때 이동하는 거리는 기본적으로 0이다! 투수는 마운드 판 위에서 피칭 동작을 시작해 발을 내딛는 위치까지 150~180cm만큼 이동한다. 이런 간단한 거리 척도는 그 거리를 이동하는 동안 다른 신체 부위에서 진행되는 에너지 소비나 움직임을 반영하지 못한다.

움직임의 효율성을 제대로 파악할 수 있는 방법은 움직임의 일부를 퍼포먼스의 일부와 연결시키는 것이다. 예를 들면, 투수가 똑같은 시속 140km의 속도로 공을 던질 때 1회와 9회에 이두근의 근전도(EMG) 활동이 어떻게 달라지는지 비교해 볼 수 있다. 두 명의 쿼터백이 풋볼공을 50미터 던질 때 팔꿈치 토크를 측정해서 비교할 수 있다. 같은 속도나 같은 거리의 공을 던졌는데 근전도 활동이나 토크의 힘이 적다면 보다 효율적인 움직임이라고 할 수 있다. 이런 접근법은 전체적인 움직임 패턴의 효율성보다는 움직임의 일부 양상에 초점을 맞추는 방식이다.

움직임의 경제성은 과제를 달성하기 위해 동원된 일(work)의 양을 계산에서 빼면서 이것을 모두 단순화시킨다. 움직임 경제성은 정해진 일을 하기 위해 소비된 에너지, 또는 요구되는 파워를 내기 위해 사용한 에너지로 정의한다. 축구에서 페널티킥을 차거나, 농구에서 자유투를 쏠 때의 에너지 소비(칼로리 소모)를 측정하는 것만으로 우리는 움직임의 경제성을 판단할 수 있다. 똑같은 10개의 자유투를 쐈더라도 이전보다 적은 칼로리를 소모했다면 움직임의 경제성은 나아진 것이다. 참고로 이 장에서는 설명을 단순화하기 위해 효율성과 경제성을 구분하지 않고 '효율성'이라는 용어를 사용하려고 한다. 움직임에 필요한 에너지 소비의 양으로 받아들이면 무난하다.

전통적인 운동 학습 관점에서 움직임의 효율성은 코디네이션의 과정에서 부수적으로 나타나는 효과로 간주되어 왔다. 다른 중요한 요소들을 만족시키는 과정의 부산물로 움직임의 효율성이 생긴다는 것이다. 특히 장시간의 반복훈련을 통해 변동성이 낮은 움직임을 발달시키면 움직임의 효율성이 자연스럽게 높아진다고 여겨왔다. 매번 같은 방식으로 움직이면 에너지를 덜 사용하리라 추정하는 것이다.

이와 관련해 1998년에 스패로우(Sparrow)와 뉴웰(Newell)은 다른 관점을 제시했다.[01] 그들은 에너지 소비가 부수적인 현상으로 다룰 문제가 아니며 기술 습득 과정의 보다 근본적인 이슈라고 주장했다. 그들의 주장에 따르면 움직임의 효율성은 코디네이션의 창발을 이끌어내고, 수많은 움직임 솔루션 중에 어느 특정한 움직임 솔루션이 사용되는 이유를 결정하는 근본적인 제약이다.

스패로우와 뉴웰의 주장에 따르면, 테니스 서브를 배울 때 서브를 위한 코디네이션 패턴을 만드는 과정은 과제 제약에만 영향을 받지 않는다. 효율성과 관련된 요소 역시 서브의 코디네이션 패턴이 만들어지는데 영향을 미친다. 팔을 쭉 뻗은 자세로 서브를 할 수도 있고, 팔을 살짝 구부린 자세로 서브를 할 수도 있다. 이때 우리는 가장 강한 서브를 보낼 수 있는 방식으로 서브 동작을 자기조직화한다. 뿐만 아니라 더 적은 에너지가 소비되는 움직임 솔루션을 '선택'하게 된다.

움직임의 효율성은 통증과 부상을 바라보는 관점에도 중요한 포인트로 작용한다. 선수의 최우선 관심사는 아무래도 더 좋은 퍼포먼스다. 하지만 인간의 몸이 가지고 있는 주된 관심사가 있다. 바로 생존이다! 우리의 몸은 통증이나 잠재적으로 부상을 유발할 수 있는 움직임 솔루션 공간으로 들어가는 것에 저항한다. 신체 내에 저장된 귀중한 에너지를 낭비하는 것에도 저항한다. 움직임 효율성이 움직임 솔루션의 창발을 일으키는 근본적인 제약이라는 사실을 받아들인다면, 움직임 효율성의 역할은 〈그림 8.1〉의 모델로 정리할 수 있다. 여기에는 우리에게 익숙한 세 가지 제약(개인, 과제, 환경)이 있고, 에너지의 입력(input)과 출력(output)이 표시되어 있다.

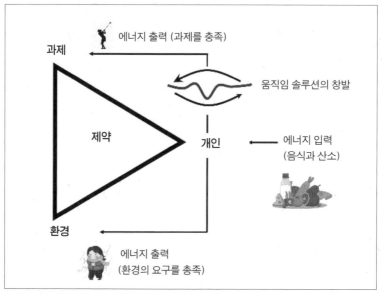

에너지 출력 (과제를 충족)

과제

움직임 솔루션의 창발

제약

개인

에너지 입력
(음식과 산소)

환경

에너지 출력
(환경의 요구를 충족)

〈그림 8.1〉 제약-기반 움직임 효율성 모델

개인(individual)에 대한 에너지 입력(음식과 산소)은 두 가지 유형의 에너지 출력을 위해 사용된다. 하나는 자유투를 위해 농구공을 4.5미터 이동시키는 것처럼 과제를 충족시키기 위해 에너지를 사용하는 것이다. 또 하나는 경기를 하고 있는 환경의 요구를 충족시키기 위해 에너지를 사용하는 것이다. 경기 중의 체온 조절이 대표적인 예라고 할 수 있다. 경기장이 매우 춥거나 더울 때 선수는 에너지를 사용해 체온을 안전한 수준으로 유지한다. 여기서도 알 수 있는 사실은 에너지 소비가 퍼포먼스와 생존의 요구 모두를 충족하고 있다는 점이다.

움직임 효율성도 그 자체가 연습의 목적이다

움직임의 효율성은 기술 습득 과정의 부산물이 아니다. 그 자체가 기술 습득에 근본적으로 영향을 미치는 제약이다. 다른 모든 조건이 같다면, 우리는 에너지 소비가 적은 움직임 솔루션을 사용한다. 여러 연구가 그러한 사실을 증명하고 있다. 어떤 과제를 수행할 때 우리는 에너지 소비를 최소화하는 움직임 패턴을 선택하곤 하는데 이를 '자기최적화(self-optimization)'라고 부른다.

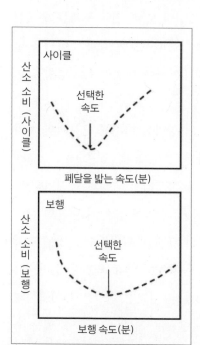

〈그림 8.2〉 페달과 보행 속도 선택

〈그림 8.2〉는 자전거의 페달을 밟을 때와 걸을 때, 움직임 패턴에 따라 에너지(산소) 소비가 어떻게 달라지는 지를 측정한 샐번디(Salvendy)의 연구 결과를 정리한 그래프다.[02] 화살표는 자전거를 타거나 걸을 때 참가자들이 선택한 패턴을 보여준다. 참가자들은 에

너지 소비와 관련해 아무런 피드백도 제공받지 않았다. 그럼에도 산소 소비가 가장 적은 움직임 솔루션을 선택했다.

흥미로운 사실은 움직임의 효율성이 보행 동작의 전환과도 밀접한 관련이 있어 보인다는 점이다. 사람이든 말이든 걷다가 뛰는 동작으로 전환할 때나, 뛰다가 걷는 동작으로 코디네이션 패턴을 바꾸는 일은 산소 소비 곡선을 따른다. 예를 들어, 말은 뛰는 동작에 필요한 산소 소비량이 평상시의 걸음에 필요한 산소 소비량보다 줄어들기 시작할 때 뛰는 동작으로 전환한다.[03] 그런 방식으로 말은 사지의 움직임을 코디네이션하는데 소모되는 에너지를 이동한 단위 거리당 일정하게 유지시킨다. 이런 연구 결과는 움직임 코디네이션에서 효율성은 부수적으로 따라오는 효과가 아님을 말하고 있다. 효율성은 움직임 코디네이션에 직접적으로 영향을 미친다.

움직임의 효율성이 기술 습득에 영향을 미치는 근본적인 제약이라는 생각을 뒷받침하는 또 다른 예가 있다. '동조(entrainment)'라고 불리는 현상이다.[04] 동조 현상은 생리적 과정과 움직임 패턴 안에서의 이벤트 타이밍이 동기화될 때 일어난다. 가장 흔한 예는 걷거나 뛸 때 호흡과 다리 움직임의 관계다. 일반적으로 스텝의 횟수와 호흡의 횟수 사이에는 정해진 비율이 있다. 인간은 일반적으로 1:1과 1:4 사이의 비율을 채택한다. 이러한 현상은 사이클링과 조정을 할 때도 나타난다. 이 비율을 유연하게 채택할 수 있는 능력은 움직임의 효율성을 달성하는 메커니즘이 될 수 있다. 기술의

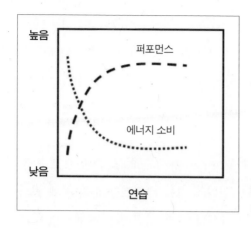

<그림 8.3> 연습에 따른 퍼포먼
스와 에너지 소비의 변화 가설

발전이 순조롭게 진행되고 있다면 〈그림 8.3〉의 패턴을 기대할 수
있다. 움직임 코디네이션을 개발해 나가면서 퍼포먼스는 좋아지고
에너지 소비는 줄어든다. 과제에는 더 능숙해지면서 점점 효율적
으로 움직이게 된다.

　1976년에 아사미(Asami)의 연구팀은 축구 선수가 킥을 하는 동
작을 관찰하며 움직임 효율성의 흥미로운 측면을 발견했다.[05] 연
구팀은 킥을 할 때 소모되는 에너지를 공에 전달되는 운동 에너지
로 나누어 움직임의 효율성을 계산한 후에 숙련된 선수와 기술이
다소 떨어지는 선수를 비교했다. 분석 결과, 같은 슈팅 속도일 때
의 에너지 소비는 숙련된 선수가 분명히 적었다.

　예를 들어 슈팅 속도가 20m/s일 때 숙련된 선수의 에너지 소비
는 기술이 떨어지는 선수의 절반 정도에 불과했다. 또한 슈팅의 최
고 속도에도 큰 차이가 났다. 숙련된 선수가 약 25m/s였던 반면

기술이 떨어지는 선수는 약 20m/s의 속도가 나왔다. 이 연구가 발견한 흥미로운 포인트는 킥의 정확도에서 나타난 결과다. 움직임의 효율성이 극대화되는 슈팅 속도에서 두 선수 모두 정확도가 가장 높았다. 두 그룹 모두 최대 속도의 80% 부근에서 슈팅의 정확도가 가장 높았다.

1981년에는 브란카지오(Brancazio)가 농구의 슛 동작으로 움직임 효율성을 분석한 사례가 있다.[06] 그는 테스트를 하기 전에 먼저 최적의 슛 릴리스 각도를 계산했다. 슛의 성공 여부와 관계없이 최소한의 힘으로 공을 골대로 보낼 수 있는 각도였다. 실제로 선수의 슛 동작을 측정한 결과, 숙련된 선수들의 릴리스 각도는 사전에 계산한 각도와 매우 비슷했다.

1994년에 듀랜드(Durand)의 연구팀은 스키 시뮬레이터 과제를 통해 에너지(산소) 소비와 퍼포먼스의 변화를 연구했다. 또한 연습의 효과로 움직임의 효율성이 생기는 지를 관찰했다.[07] 스키 시뮬레이터를 처음 접하는 초보자의 경우에는 연습을 하면 할 수록 에너지 소비가 늘어나는 모습을 보였다. 번스타인이 말한 '자유도의 동결과 해방'을 생각하면 이해할 수 있는 현상이다.[08]

베레이켄(Vereijken)의 연구팀이 스키 시뮬레이터를 이용해 진행한 또 다른 연구에서 참가자들은 처음에 자유도를 동결하는 방식으로 움직임 컨트롤 문제를 단순화시켰다.[09] 이를테면 그들은 무릎과 발목 관절을 단단히 고정시켰다. 무릎과 발목을 움직이기 위해 에너지를 쏟을 필요가 없게 만든 것이다. 이렇듯 자유도 동결

전략은 자유도 문제를 일정 수준 해결하는 데 도움이 될 뿐만 아니라 새롭게 기술을 배울 때 에너지 소비를 최소화하는 솔루션이 될 수 있다. 그들이 동결된 자유도를 해방시키기 시작하면(수준 높은 기술을 익히기 위해 발목과 무릎의 움직임을 추가하면) 더 많은 에너지가 소모될 것으로 생각하기 쉽다. 하지만 '해방된' 움직임으로 하는 동작을 관찰했을 때 움직임의 효율성은 연습을 할 수록 좋아졌다.

연습을 통해 움직임의 효율성을 향상시켜 나가는 현상에 대해 스패로우와 뉴웰은 다음과 같이 말했다.

"유기체는 연습을 통해 최소 대사 에너지 소비로 움직임을 조절해 과제를 달성하는 법을 배워 나간다."

이 주제와 관련해 마지막으로 짚어볼 포인트는 움직임의 효율성을 위해 어떤 정보를 이용할 수 있는가 하는 점이다. 중추신경계에 입력되는 정보는 일반적으로 세 가지 유형으로 분류된다. 고유수용기(proprioceptors)는 근육, 건, 관절의 상태를 모니터링한다. 외부감각수용기(exteroceptors)는 시각 정보를 포함해 외부 환경의 정보를 제공한다. 내부감각수용기(interoceptors)는 온도, 혈압, 소화기능, 심혈관 시스템 등과 같이 유기체 내부 기관의 컨디션에 관한 신호를 보낸다. 이 중 고유수용기와 외부감각수용기는 운동 제어와 운동 학습 분야에서 많이 다루어 왔지만 내부감각수용기는 일반적으로 움직임 컨트롤과 그다지 관련이 없는 요소로 간주되어

왔다. 스패로우와 뉴웰은 그런 가정이 틀렸으며 내부감각수용기 정보 역시 움직임 코디네이션과 컨트롤을 위해 입력되어야 하는 주요 감각 정보라고 주장했다.

이런 생각을 뒷받침하는 연구가 있다. 사이클 머신을 타는 사람에게 바이오피드백을 제공한 연구는 우리가 외부감각수용기 정보와 내부감각수용기 정보를 커플링하는 방법을 배울 수 있다는 사실을 보여준다. 머신을 타고 운동하는 동안, 심혈관계 관련 바이오피드백을 제공받은 사람들은 피드백을 제공받지 않은 사람들에 비해 페달을 밟는 코디네이션 동작을 보다 잘 조절하며 심박수와 혈압을 낮추는 모습을 보여주었다.

외적큐, 피드백, 측정 장비 : 움직임의 효율성을 높이는 연습

2005년 재크리(Zachry)의 연구팀은 주의 초점 지시(코칭큐)가 움직임의 효율성에 어떻게 영향을 미치는지를 관찰했다.[10] 농구 선수가 자유투를 쏠 때 신체의 근전도(EMG) 활동을 측정해서 코칭큐에 따라 에너지 소비가 어떻게 일어나는지 분석했다. 14명의 대학 선수들은 두 가지 다른 코칭큐에 따라 각각 10개의 슈팅을 했다. 내적 주의 초점 조건에서 선수들은 손목의 스냅 동작에 집중해 슛을 쏘도록 지시를 받았다(내적큐). 외적 주의 초점 조건에서는 농구 골대의 뒤쪽 가운데 부분에 집중해 슛을 쏘도록 지시를 받았다(외적큐).

연구팀은 0부터 5 사이의 척도를 이용해 슛의 결과를 기록했다. 공이 골대에 맞지 않은 에어볼의 경우 0점, 공이 골대도 맞지 않고 깨끗하게 그물을 때리며 들어간 경우는 5점, 골대를 맞춘 경우는 1~4 사이의 점수를 매겨 슈팅의 정확도를 평가했다. 내적 주의 초점 조건에서 집중하도록 한 손목뿐만 아니라 이두근과 삼두근, 어깨를 포함한 다른 몇몇 부위의 근전도 활동도 측정했다. 분석 결과, 슈팅의 정확도는 외적큐에 따라 슈팅을 했을 때 평균적으로 약 $\frac{1}{2}$ 포인트 점수가 높았다. 4장에서 외적큐의 효과에 대해 이야기한 내용과 일치한다. 이두근과 삼두근의 근전도 활동은 외적큐에 따라 슈팅을 했을 때 유의미하게 낮아졌다. 이런 결과를 통해 외적 주의 초점 조건에서 움직임의 효율성이 더 높아진다는 사

실을 확인할 수 있다. 신체 외부의 대상에 집중할 때 선수는 더 적은 노력으로 더 높은 수준의 퍼포먼스를 만들어낸다.

스토아티(Stoate)의 연구팀은 2012년에 발표한 논문에서 기대감이 움직임의 경제성에 어떤 영향을 미치는지 관찰했다.[11] 연구팀은 지역의 달리기 클럽 멤버 20명을 10명씩 두 그룹으로 나누었다. 참가자들은 최대 산소섭취량의 75%로 10분을 달렸다. "잘 하고 있습니다! 당신의 산소 소비량은 나이대와 성별을 기준으로 상위 10%에 해당합니다!" 한 그룹은 이렇게 움직임의 효율성과 관련한 피드백을 2분마다 제공받았다. 통제 그룹은 아무런 피드백도 받지 않고 뛰었다. 테스트 결과 두 그룹의 심박수나 운동자각도에는 별다른 차이가 없었다. 그러나 피드백을 제공한 그룹의 산소 소비량은 유의미하게 감소했다. 피드백이 없었던 통제 그룹은 산소 소비량을 일정하게 유지했다. 연구팀은 이 결과가 퍼포먼스에 대한 기대감이 높아졌기 때문이라고 주장했다. 그런데 나는 피드백으로 제공된 문장 자체가 움직임 효율성에 대한 보강 피드백으로 작용했기 때문이 아닌가 생각한다. 그래서 산소 소비량을 줄이는 코디네이션 솔루션이 창발하게 된 것이라는 주장도 타당하다고 생각한다.

움직임의 효율성이 기술 습득과 자기조직화를 위한 근본적인 제약이라고 생각하면 다음과 같은 점을 코칭에 반영할 필요가 있다.

1. 움직임에 효율성이 요구되는 연습 환경을 만든다.

코치들은 보통 연습을 디자인할 때 움직임의 효율성에 대해서는 그다지 고려하지 않는다. 또한 코치들이 보통 많이 사용하는 고립 연습은 많은 에너지를 소비하지 않는다. 효율적으로 에너지를 사용해 움직임 솔루션을 찾는 법을 익히기 어려운 환경이다. 이런 문제는 몇 가지 방법을 응용해 풀어나갈 수 있다.

첫째, 기술 훈련을 하기 전에 반복 달리기나 웨이트를 하게 해서 선수가 사전에 피로감을 느끼게 하는 방법이다. 아니면 기술 훈련 사이의 쉬는 시간을 줄인다. 훈련 중의 피로는 피해야 한다고 생각하는 코치도 있지만, 올바르게 활용할 수만 있으면 피로는 성장을 위한 좋은 자극이 된다. 보다 효율적인 움직임을 만들어 내는 원동력이 될 수 있다. 물론 가장 중요한 것은 선수의 안전이다.

둘째, 에너지 소비에 영향을 미치는 환경 제약을 활용할 수 있다. 덥거나 추운 날씨에서 하는 연습을 피하지 말자. 그런 날씨는 보다 효율성이 높은 움직임을 요구한다. 움직임을 컨트롤하면서 동시에 체온 조절이라는 부수적인 과제도 해낼 수 있는 좋은 기회가 된다.

2. 측정 장비를 적절히 사용하면 움직임의 효율성을 키우는데 도움
   이 된다.

"50%의 힘으로 움직여." "70%의 힘으로 던져." 많은 코치들이 선수들에게 주문하는 과제 제약이다. 그렇다면 실제로 선수가 그 힘으로 던지고 있는지를 어떻게 알 수 있을까? 선수가 주관적으로

힘의 크기를 판단할 수 있겠지만 부정확하고 편향될 수밖에 없다. 최근의 한 연구에서는 투수들에게 25% 힘을 빼고 던져달라는 요청을 했다. 하지만 그 말을 들은 투수들은 실제로 11% 정도 힘을 빼고 던졌다. 이 연구의 제목이 모든 것을 말해준다. "투수가 주관적으로 지각하는 힘은 실제 측정한 힘과 일치하지 않는다."[12]

모투스 슬리브(Motus Sleeve)와 같은 웨어러블 장비를 이용하면 토크나 근전도(EMG) 활동 등을 측정해 움직임의 효율성을 평가할 수 있다.[13] 피칭의 속도를 토크의 양으로 나눈 효율성 지표를 만들 수 있다. 그러면 선수가 쏟는 힘과 운동 강도를 보다 정확하게 기록하고 피드백 해줄 수 있다.

9장

빠른 결정이
언제나 좋은 결정인 것은 아니다

움직임은 언제나 어떤 목적을 달성하기 위해 일어나는 것만은 아니다. 앞서 여러 사례들을 통해 확인했듯이 선수는 더 많은 정보를 얻기 위해 움직이기도 한다. 다시 말해 지각을 위해 움직인다. 예를 들어, 축구 선수는 패스를 받기 전에 주변을 빠르게 둘러본다. 이번 장에서는 움직이면서 정보를 얻는 또 다른 경우에 대해 이야기하려고 한다. 결정을 위해 움직이는 경우다. 결정을 하고 움직이는 게 아니냐는 질문이 여기저기서 들리는 듯하다. 곧 알게 되겠지만, 결정을 위해 움직이는 모습은 최적의 움직임이 지닌 중요한 특성 중 하나다.

최대한 오래 결정을 미루는 능력 : 숙련된 의도성

먹을 몰면서 빙판 위를 달리고 있는 아이스하키 선수가 있다. 공격하기 유리한 2대1 상황이다. 팀 동료가 옆에서 함께 달리고 있고 수비수를 향해 다가가고 있다. 〈그림 9.1〉에 묘사된 이 상황에서 선수는 여러 개의 초대장을 동시에 받고 있다. 수비수 옆으로 돌파해 나가라는 초대장, 팀 동료에게 패스하라는 초대장, 수비

수를 속이라는 초대장, 직접 슈팅을 때리라는 초대장 등이다. 선수
는 이 중에 하나를 선택하게 된다. 수비수의 위치와 골대와의 거리
등 시각 정보를 통해 슈팅의 어포던스가 가장 매력적이라고 지각
하면 슛을 쏘기 위한 동작을 시작하게 된다. 수비수가 자신을 향해
가까이 다가오면 동료에게 패스를 할 수도 있다.

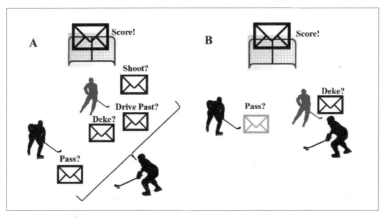

⟨그림 9.1⟩ 2대1 상황에서 받게 되는 다양한 선택으로의 초대장

　　이와 같은 상황에서 숙련된 선수는 초대를 급하게 수락하
지 않는다. 슛이나 패스를 빠르게 선택하지 않는다. 심지어 그
들은 움직이며 자신이 받은 초대장에 영향을 미친다! 최적의 움
직임이 창발할 때까지 최대한 오래 결정을 미룬다. 그들이 보여
주는 모습은 움직임 최적화의 핵심 요소인 '숙련된 의도성(skilled
intentionality)'이다.
　　숙련된 선수는 경기를 하며 자신이 받은 여러 개의 초대장을 동

시에 열어볼 수 있다. 자신에게 주어진 여러 기회를 잃지 않기 위해 팀 동료와 상대 선수 사이의 거리를 능숙하게 조절한다. 실시간으로 변하는 온라인(실시간) 정보를 지각하며 어떤 초대장을 수락할지 의도를 바꾸기도 한다. 기술이 떨어지는 선수는 한 가지 어포던스(슈팅)를 서둘러 선택하거나, 팀 동료에게 너무 가까이 다가가서 패스할 수 있는 기회를 스스로 잃어버리곤 한다. 좋은 기술은 단순히 환경으로부터 정보를 포착하고 이 정보를 이용해 과제를 달성하는 능력이 아니다. 움직이며 어포던스의 지형을 바꾸는 능력을 포함한다.

6장에서 이야기했듯이 스트렝스 트레이닝 등으로 행동 능력이 발달한 선수는 환경으로부터 숏, 패스, 돌파, 회전 등 여러 초대장을 받게 된다. 그렇다면 선수는 어떤 초대를 받아들일지 어떻게 결정하는 것일까? 연습에서는 제약을 이용해 특정 어포던스를 증폭시켜 특정 초대장이 선수의 눈에 쉽게 띄도록 만들 수 있지만 실제 경기에서는 선수가 그렇게 눈에 띄는 초대장을 받는 일은 거의 없다.

운동 기술을 바라보는 전통적인 관점에 따르면 이런 선택의 과정은 정신적 표상(mental representation)과 정보 처리 과정을 통해 이루어진다. 선수는 환경으로부터 정보(상대 선수와의 간격)를 파악해 이를 멘탈 모델에 입력된 이전의 경험과 비교한다. 다음에 일어날 일을 예측하고, 분명히 결정한 다음("패스를 하자! 숏을 쏠거야!") 동작을 실행한다.

〈그림 9.2〉는 이러한 접근 방식의 사례로 게리 클라인(Gary Klein)의 인식 우선 의사결정 모델(Recognition Primed Decision-Making Model, RPD)을 소개하고 있다.[01] RPD는 사람들이 패턴 목록의 형태로 저장된 자신의 경험을 사용하는 방식을 설명한다. 사람들은 두 가지 다른 방식으로 의사 결정을 내릴 수 있다. 첫째, 지금의 상황을 이전에 경험하여 기억에 저장된 패턴과 빠르게 매칭시킨다. 명확하게 일치한다고 판단하면 가장 전형적인 코스를 따라 움직임을 실행한다. 모든 옵션을 비교해 의사결정을 내리는 대신 지금의 상황을 기억에 저장된 패턴과 매칭시켜 결정을 내린다. 이러한 방식으로 매우 빠르고 효과적으로 움직임을 선택할 수 있다. 예를 들어, 2대1 상황에서 퍽을 몰고 가는 선수가 상대 수비가 골대에 지

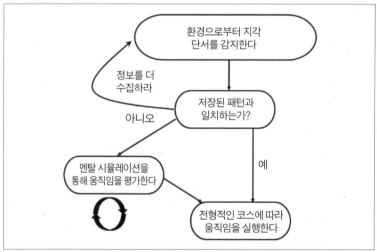

〈그림 9.2〉 인식 우선 의사결정 모델의 핵심 개념

나치게 붙어 있는 모습을 감지한다. 이 상황은 과거에 슛을 쏴서 골로 이어진 상황과 일치한다. 선수는 그런 인식 과정을 거쳐 슛을 쏘게 된다. 현재의 경험이 기억에 저장된 패턴과 일치하면 선수는 동작을 실행한다.

이전 경험과 바로 매칭되는 것이 없으면 선수는 두 번째 유형의 의사결정 과정인 멘탈 시뮬레이션으로 넘어간다. 현재 주어진 상황의 맥락 속에서 어떻게 전개될 지를 상상하며 잠재적인 움직임 코스를 결정한다. 머릿속에서 진행되는 시뮬레이션이다. 시뮬레이션 결과 해당 옵션이 통할 것으로 판단되면 동작을 시작한다.

RPD 모델을 보면 사람들이 의사결정에 대해 가지고 있는 핵심적인 믿음을 간파할 수 있다. 첫째는 빠른 의사결정이 중요하다는 믿음이다. RPD 모델에 따르면 현재 상황이 기억 속에 있는 패턴과 매칭되기만 하면 빠르고 단호하게 움직일 수 있다. 이런 믿음은 많은 심리학 연구가 반응 시간을 연구하는 데 집착하는 것에서도 확인할 수 있다. 빠른 반응 시간과 빠르게 결정을 내리는 능력은 오랫동안 좋은 기술과 전문성의 상징으로 여겨져 왔다. 하지만 우리는 최고의 기술을 가진 선수들을 실험실로 데려와 그들의 반응 시간이 평균 내지는 평균 이하라는 사실을 확인하고 충격을 받곤 했다. 위대한 야구 선수 베이브 루스처럼... [02]

또 다른 믿음은 빠른 결정을 내리려면 많은 연습과 경기 경험이 필요하다는 생각이다. RPD 모델에 따르면 연습과 경기를 경험할수록 선수는 매칭할 수 있는 패턴이 많아지게 된다. "이 수비 대형은 백 번도 넘게 봤어. 이렇게 하면 돼!" 이러면서 선수는 매트릭스의 복잡한 세계로 빠져들게 된다. 혼란스럽고 모호한 정보를 해석해주는 앎(지식)이 있어야 기술을 수행할 수 있다. RPD 모델에서 의사결정은 빠르면 빠를 수록 좋다. 경험을 통해 더 많은 패턴을 저장하면 빠른 의사결정을 내리는 데 도움이 된다. 멘탈 시뮬레이션 과정을 동원하면서 의사결정에 시간이 걸리는 것은 기억에 충분히 많은 패턴이 저장되어 있지 않기 때문이다.

마지막은 의사결정 과정에 움직임은 아무런 역할을 하지 못한다는 믿음이다. 움직임은 의사결정과 완전히 분리되어 일어난다. 움직임은 무엇을 할 것인지 결정한 후에 일어난다. 〈그림 9.2〉를 보면 머릿속에서 복잡하고 중요한 프로세스가 모두 이루어진 다음에 맨 아래에 있는 박스(움직임)로 이동하고 있다. 여기에는 몸은 꼭두각시에 불과하며 모든 것을 알고 있는 뇌의 명령을 기다리는 존재라는 믿음이 깔려있다.

의사결정에 관한 나의 세계관도 하나의 계기를 통해 완전히 바뀌었다. 그것은 사실 스포츠가 아니라 운전을 연구하다가 일어난 일이다. 15년 전쯤에 나는 교차로에서의 좌회전에 관심이 생겼다. 내가 좌회전에 관심을 가졌던 이유는 그 상황에서 큰 사고가 많이 발생하고, 운전자가 잘못된 판단을 하는 경우가 많다고 봤기 때문이다. 앞에서 달려오는 차와 충돌하기까지 걸리는 시간(time to contact : TTC)이 무척 짧은데도 좌회전을 하려는 운전자가 많다고 생각했다. 이런 좌회전 상황에서의 충돌 문제는 타우의 지각을 탐구하던 나의 연구와도 완벽하게 맞아 떨어지는 주제였다!

처음에 나는 이 문제를 이해하는 과정이 상당히 간단할 거라고 생각했다. 의사 결정에 관한 전통적인 가정에 따라 나는 다음과 같은 프로세스를 머릿속에 그렸다. 운전자는 도로상의 임계 지점에 도달한다. 앞에서 다가오는 차의 TTC 정보를 포착한다. 이 정보를 경험을 통해 저장된 앎(지식)이나 내적 모델(이 상황에서 자동차가 일반적으로 주행하는 속도)과 결합한다. 좌회전이 가능한 시간이 남는지를 판단한다. 그런 다음 실제로 핸들을 돌려 좌회전을 한다.

명시적으로 표현하지는 않았지만 내가 이런 프로세스를 머릿속에 그리면서 채택한 핵심 가정은 좌회전을 할지 말지를 결정하는 것이 움직임과 분리된 일이라는 생각이었다. 즉, 운전자가 교차로까지 차를 몰고 가서 특정 지점에 도착하면, 먼저 결정을 내리고(!) 이어서 핸들을 움직인다는 가정이다. 좌회전 여부를 결정하는 타이밍 전후에 운전자가 무엇을 했는지는 결정과 관련이 없다고 생각했다. 결정은 시간상으로 분리되는 타이밍에 이루어지기 때문에 결정을 내리는 그 시점에 운전자가 어떤 정보를 지각하는지, 그리고 무엇을 알고 있는지를 이해하면 된다고 생각했다. 그러면 그 상황에서 오류가 발생하는 원인을 알 수 있다고 생각했다. 그래서 나는 주행 시뮬레이터 실험을 하며 운전자에게 다양한 좌회전 시나리오를 제공했다. 접근하는 차량의 거리와 속도, 그리고 차량의 크기와 종류를 다양하게 바꾸었다. 제한 속도가 40마일인 도시에서 좌회전할 때와 65마일인 시골에서 좌회전할 때 등 다양한 상황을 연출했다. 또한 여러 연령대의 운전 경험이 다른 사람들을 모집해 개인 제약과 내재 역학(intrinsic dynamics)에도 변화를 주었다. 가속 기능이 다른 여러 자동차를 사용하기도 했다.

모든 데이터를 수집하고 나서 나는 결정적인 의사결정 타이밍을 찾으려는 분석을 시작했다. 운전자의 차량이 교차로에 접근할 때의 감속 프로파일을 보면서 특정 지점에 도착했다는 사실을 알려주는 값을 찾으려고 노력했다. 하지만 나는 그 값을 발견하지 못했다! 교차로에 도착한 방식(어떤 속도로, 차선의 어느 위치에 도착했는지)은 다른 요인이나 제약에 따라 달라졌다. 특히 마주 오는 차량의 움직임에 따라 달라졌다. 나는 왜 이런 현상이 벌어지는지 의아했다. 분명 운전자는 좌회전을 할지 말지를 아직 결정하지 않았는데 (!!) 교차로에 접근할 때의 움직임이 마주 오는 차량의 움직임에 따라 달라지는 이유가 궁금했다.

그래서 나는 이 문제를 잠시 내려놓고 다른 질문을 던졌다. 운전자들이 좌회전을 하기로 판단했을 때 충돌을 피할 수 있는 시간차는 어떻게 될까? 3초일까? 5초일까? 운전자도 같고, 도로도 같다면 이 시간차는 늘 같을까? 분명 시간차는 존재할 것이다. 시간차가 더 크면 운전자는 대부분 좌회전을 할 것이고, 시간차가 적을수록 좌회전을 하지 않을 것이다. 그래서 나는 운전자가 교차로에서 얼마 떨어진 지점에서 좌회전 결정을 내린다고 가정했다. 여기서 주목할 점은 또 다시 의사결정이 움직임과 별개로 일어난다는 가정을 가지고 내가 이 문제를 바라봤다는 사실이다.

분석을 통해 확인한 시간차는 내가 그동안 측정한 어떤 데이터보다 변동성이 컸다!!! 결정을 내린다고 가정한 지점을 기준으로 시간차를 측정했을 때, 비슷한 운전자 그룹의 시간차는 4~11초 사이에 퍼져 있었고 표준 편차는 약 6초였다. 간혹 2초 미만의 시간차에도 불구하고 좌회전을 하는 운전자도 있었고, 거의 10초가 남아있어도 좌회전을 하지 않는 운전자도 있었다. 시간차의 값은 상상도 못한 다른 변수들과도 관련이 있었다. 예를 들어, 어떤 운전자들은 마주 오는 차량의 속도가 더 빠를 때 작은 시간차에도 좌회전을 선택했다. 또 하나의 흥미로운 사실이 관찰되었는데, 운전자가 (다른 차와의 상호작용으로 인해) 교차로에 완전히 멈췄을 때는 교차로에 접근하면서 계속 움직이고 있을 때와 완전히 다른 결정을 내렸다. 이는 보행자의 횡단보도 통행에 대한 연구에서도 발견된 현상이다.

이제 운전에 관한 이야기는 끝났다. 요약하자면, 내가 운전자의 좌회전 동작을 관찰하며 수집한 데이터는 아무리 애를 써도 전통적인 '지각-결정-동작' 프로세스에 맞출 수 없었다. 나에게는 새로운 대안이 필요했다.

움직임 속에서 창발하는 선택

다시 2대1 상황을 마주하고 있는 하키 선수를 떠올려 보자. 숙련된 하키 선수들은 퍽을 몰고 가면서 팀 동료와의 거리, 수비수와의 거리 등을 컨트롤한다. 그들은 빠르게 결정을 내리려고 굳이 애쓰지 않는다. 오히려 정반대로 행동한다. 최대한 오래 기다렸다가 결정을 내린다. 수비수가 결정하도록 내버려두기도 한다. 수비수가 다가와 간격이 줄어들면 패스를 한다. 간격이 벌어지면 돌파를 하거나 슛을 쏜다. 간격이 변하지 않으면 일부러 수비수 쪽으로 움직이며 수비수의 선택을 강요하기도 한다. 그들은 자신이 보고 있는 상황을 기억에 저장된 어떤 패턴과 매칭시키려고 하지 않는다. 〈그림 9.1.B〉에 묘사된 것처럼 환경이 매력적인 초대장을 건네줄 때까지 기다린다.

이 시나리오에서 인지, 의사결정, 움직임으로 이어지는 프로세스는 정확히 어디서 시작해 어디서 끝나는 것일까? 퍽을 몰고 가는 선수는 계속해서 일련의 움직임을 실행하고 있다. 움직이면서 다른 선수들과의 거리를 능숙하게 조절하고 있다. 어느 지점에 멈춰서 수비수의 위치를 지각한 다음 패스를 하고, 다시 어느 지점에 멈춰서 수비수의 위치를 지각한 다음 슈팅을 하는 것이 아니라 퍽을 몰고 가는 내내 계속 지각하고, 결정하고, 움직이고 있다.

여기서 말하고자 하는 것은 의사결정의 '창발성(emergence)'이다. 선수는 환경으로부터 지속적으로 정보와 어포던스를 포착하고 이를 이용해 움직임을 컨트롤한다. 지각하는 정보와 어포던스가 자신의 움직임에 영향을 받아 변하기도 한다. 다른 선수의 움직임에 영향을 받아서도 변한다. 선수는 움직이면서 초대장을 받기도 하고, 움직이면서 초대장을 직접 만들기도 한다! 어떤 동작을 할 지에 대한 '결정'은 이렇게 계속해서 이어지는 지각-동작 사이클로부터 창발한다. 결정은 선수가 움직이기 전에 일어나는 분리된 이벤트가 아니다. 선수는 모든 과정에 걸쳐 결정을 내리고 있다. 그런 의미에서 선수가 결정을 내리는 일은 명사라기 보다 동사에 가깝다. 결정은 어느 한 순간에 일어나고 끝나는 프로세스가 아니다. 움직임 속에서 '계속 창발하는' 프로세스다. 그것은 현재의 상황을 기억에 저장된 어떤 패턴에 단순히 매칭시키는 작업이 아니다. 오히려 과거의 경험을 이용해 환경으로부터 수집한 정보와 움직임을 연결시키는 방식을 바꾼다. 이것을 조금 더 이해하기 위해 원래의 주제인 숙련된 의도성으로 돌아가 보자.

놓치지 않는 초대장 : 숙련된 의도성의 기본틀

라이트벨트(Reitveld)의 연구팀은 〈그림 9.3〉과 같이 숙련된 의도성의 기본틀을 만들었다.[03] 기본틀은 왼쪽에 있는 환경으로부터의 초대장으로 시작한다. 환경은 풍요로운 어포던스의 지형, 즉 행동의 기회, 움직임의 가능성을 제공한다. 하지만 행동의 기회는 환경뿐만 아니라 그 기회를 잡을 수 있는 선수의 행동 능력에 따라서도 달라진다(오른쪽). 스케이팅 속도가 느린 하키 선수는 퍽을 몰고 수비수 옆을 돌파해 나가는 어포던스를 지각하지 못한다. 어포던스는 지각하는 선수의 능력과 별개로 존재할 수 없다. 깁슨은 이것을 아래와 같은 멋진 문장으로 표현했다.

"어포던스는 객관적인 속성도, 주관적인 속성도 아니다. 어쩌면 둘 다일 수도 있다. 주관적인 속성이라고 하기에도 적절하지 않고, 객관적인 속성이라고 하기에도 적절하지 않다. 어포던스는 환경에 관한 일이기도 하면서 동작에 관한 일이기도 하다. 어포던스는 물리적이면서 정신적이지만, 어느 쪽도 아니다. 어포던스는 환경과 관찰자 양쪽을 모두 가리킨다."[04]

다른 중요한 포인트는 어포던스가 단지 현재의 행동의 기회만

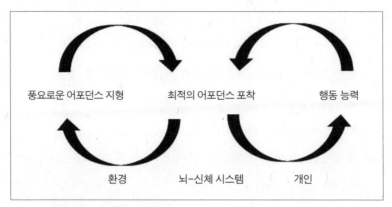

풍요로운 어포던스 지형　　　최적의 어포던스 포착　　　행동 능력

환경　　　뇌-신체 시스템　　　개인

〈그림 9.3〉 숙련된 의도성의 기본틀

알려주는 것이 아니라는 점이다. 어포던스는 과거와 미래도 포함하고 있다. 기회는 사회-문화적 관습과 특정 코치가 조성하는 환경의 맥락 안에서 형성된다. 예를 들어, 공격적인 성향의 코치는 수비수도 적극적으로 공격에 참여하는 연습 환경을 만든다. 수비를 중시하는 코치는 그런 연습을 그다지 좋아하지 않는다. 생태심리학의 용어를 빌리자면, 어포던스는 '삶의 형태(form of life)' 안에 존재한다. 직접 만나는 대신 줌(Zoom) 미팅을 하자고 내가 제안하면 2년 전만 해도 많은 사람들이 나를 화성에서 온 사람처럼 여겼을 것이다. 우리가 집단으로서 속한 '삶의 형태'는 계속 변하고 있다. 그로 인해 상황의 변화가 초대하는 기회도 계속 변하고 있다.

　숙련된 의도성과 관련해 마지막으로 두 가지 포인트를 강조하고 싶다. 첫째, 어포던스는 선수의 움직임에 따라 역동적으로 달라진다. 슛을 쏘려고 슛동작을 시작하면 상대 수비수는 슛을 막기 위해 더 가까이 다가올 것이다. 그러면 슛을 쏘려는 선수가 지각하는 어포던스도 바뀌게 된다. 둘째, 어포던스와의 관계에 중요하게 작용하는 것은 선수의 의도다. 2대1 상황에서 퍽을 몰고 갈 때 선수가 갑자기 문을 열고 링크 밖으로 나가는 모습을 상상할 수 있을까? 그 순간의 목적이나 의도와 전혀 맞지 않기 때문에 그런 가능성은 어포던스가 될 수 없다.

이런 기본틀 안에서 숙련된 의도성은 동시에 전달되는 다양한 어포던스에 선택적으로 참여하고, 능숙하게 반응하는 능력으로 정의할 수 있다. 연구자들은 이를 어포던스에 대한 '최적의 그립(optimal grip)'을 유지한다고 부른다. 어포던스는 나타났다가 사라지는 역동성을 가지고 있다. 돌파할 수 있는 공간은 나타났다가 사라진다. 팀동료를 향한 패스의 길은 열렸다가 사라진다. 수비수는 다가왔다가 물러난다. 숙련된 선수는 빙판을 타고 가며 시시각각 변하는 어포던스의 초대장에 서둘러 반응하지 않는다. 움직임을 조절하며 사용할 수 있는 초대장을 오랫동안 보관한다. 어느 초대장도 잃어버리지 않도록 능숙하게 붙잡고 움직인다. 가끔 선수들은 최고의 플레이를 보여줄 때 시간이 천천히 흐르는 것 같다는 이야기를 하곤 한다. 나는 선수가 '최적의 그립'을 유지하고 있을 때 이런 현상이 일어나는 것은 아닐까 생각해 본다. 숙련된 의도성은 이렇듯 여러 기회를 열어 두고 '천천히 결정하는' 능력이다. 숙련된 의도성이 발달한 선수는 급하게 움직이지 않기 때문에 시간이 충분히 많은 것처럼 느끼게 된다.

제약으로 의사결정 능력을 키운다

그렇다면 연습을 어떻게 디자인해야 숙련된 의도성을 키울 수 있을까? 2008년에 파쏘스(Passos)의 연구팀은 자신들이 발표한 논문에서 연습 방법을 제안했다.[05] 연습을 통해 자극-반응 관계를 발전시키기만 하면 선수의 의사결정 능력을 프로그래밍할 수 있다는 것이 전통적인 가정이었다. 'X라는 조건에서는 Y로 대응한다' 이런 패턴을 선수에게 많이 제공하면 된다는 가정이다. 연구팀은 그런 가정에 반대하며, 팀 스포츠는 정보가 안정적인 맥락에서 확실하게 제공되지 않는다는 점을 강조했다. 팀 스포츠의 전형적인 특징인 역동적으로 변화하는 환경에 자신의 움직임을 조율할 수 있어야 한다고 주장했다. 그러면서 연구팀은 의사결정 능력을 발달시키기 위한 다음과 같은 4단계 모델을 제시했다.

(i) 문제를 파악하기
(ii) 문제 해결을 위한 전략을 세우기
(iii) 동작 모델 만들기
(iv) 연습 만들기

럭비를 예로 들어 4단계 모델을 자세히 들여다보자. 공격수들이 공을 앞으로 보내지 못하고 있다면 코치는 연습을 통해 개선할 방법을 찾아야 한다. 이 문제는 두 가지 과제 제약과 연결될 수 있다. 하나는 의사결정과 동작의 타이밍이고, 또 하나는 공격수가 사용할 수 있는 오픈 공간이다. 문제를 파악했다면 전략을 세우는 두 번째 단계로 넘어간다. 코치가 연습에 제약을 세팅하는 단계라고 할 수 있다. 이를 위해 연구팀은 영상이나 이론 분석을 통해 동작의 가능성과 강점, 약점을 확인할 것을 추천한다. 세 번째는 동작 모델을 만드는 단계로 연구팀은 다음과 같이 소개하고 있다.

"코치는 사전에 파악한 동작의 가능성을 바탕으로 동작 모델을 개발해야 한다. 동작 모델은 일종의 집단 움직임 패턴으로, 상대적 포지셔닝과 수행해야 할 역할의 큰 그림을 정해주는 과제를 통해 팀이 집단으로 수행하는 동작에 안정성을 제공하는 것을 목표로 한다. 동작 모델은 볼 캐리어, 1번 리시버, 2번 리시버 등 선수의 포지션에 따라 세부적으로 역할을 정의해야 한다."

마지막으로, 숙련된 의도성을 키우기 위한 연습 프로그램을 만들기 위해 연구팀은 다음과 같은 과제 제약에 신경을 쓸 것을 제안한다.

(1) 경기의 로직은 그대로 두고 규칙을 변경한다. 럭비 연습을

예로 들면, 오직 두 손으로만 공을 운반할 수 있다는 규칙을 추가한다. 이런 과제 제약을 추가하면 어린 선수들이 두 손으로 공을 잡고 달리는 법을 배우게 된다. 패스의 옵션도 늘어난다.

(2) 경기장의 크기를 바꿔 공격수들이 탐색할 수 있는 공간을 더 많이 확보한다.

(3) 플레이를 시작하는 위치를 조작해 공격수와 수비수가 움직여야 하는 시간의 양에 변화를 준다.

(4) 연습 과제에 참여하는 선수의 수를 다양화하여 공격수가 사용할 수 있는 공간에 영향을 준다.

파쏘스의 논문을 요약하면, 변동성과 안정성 사이에서 과제 제약을 이용해 균형 잡힌 연습을 제공하면 선수의 의사결정 기술이 발달할 수 있다는 내용을 말하고 있다. 안정성은 선수의 퍼포먼스에 구조를 제공한다. 변동성은 상대와 조건에 따라 나타나는 불확실성을 다룰 수 있게 해준다. 안정성과 변동성의 균형을 맞추기 위해 연습은 코치가 지속적으로 조작할 수 있는 과제 제약을 기반으로 디자인되어야 한다. 위에 소개한 과제 제약 등을 이용해 압박하면 선수는 팀 동료와 상대 선수의 위치 변화에 따라 발생하는 문제를 해결하기 위해 새로운 움직임 솔루션을 탐색하게 된다.

경기 중에 좋은 의사결정이 창발하도록 만드는 연습

'의사결정은 창발한다'는 개념을 받아들일 때 코칭 방식에는 큰 변화가 일어날 수밖에 없다. 첫째, 이런 관점은 선수들이 의사결정을 하는 연습을 하기 전에 먼저 '기본기'를 익혀야 한다고 생각하는 많은 코치들의 견해와 부딪힌다. 기본기가 우선이라고 믿는 코치들은 선수가 콘 사이를 능수능란하게 드리블할 수 없으면 상대 선수를 앞에 두고 드리블을 할 수 없다고 생각한다. 의사결정은 창발하는 속성이 있다고 보는 관점에서 볼 때 이런 생각은 문제가 있다. 움직임 컨트롤이 의사결정 과정과 분리되어 있고 종속적이라고 가정하기 때문이다.

둘째, 의사결정이 창발한다는 관점과 의사결정과 움직임이 분리되어 있다고 가정하는 전통적인 관점은 의사결정 능력을 키우는 연습 방법에 대해서도 매우 다르게 접근한다. 전통적인 관점에서는 앎(지식)을 쌓아가면서 멘탈 모델을 풍성하게 만들면 현재의 상황에 맞는 올바른 동작을 선택할 수 있다고 여긴다. 멘탈 모델을 채우면 되기 때문에 경기장을 벗어나서도 동작을 선택하는 법을 연습할 수 있다(예 : 화이트보드에 경기 상황을 그려가면서). 하지만 의사결정이 계속되는 움직임 속에서 창발한다는 관점에서는 환경 속에서 정보에 조율하고 움직임과 정보를 미세조정하는 연습을 중요하게 여긴다. 지각과 동작이 커플링된 훈련을 통해서만 의사결정 능력이 발전할 수 있다고 생각한다.

세 번째로, 많은 사람들은 의사결정이 창발한다는 개념에 대해 잘못된 가정을 하고 있다. 저장된 기억과 내적 모델로부터 도출된 결정이 아니라면 그저 단순하게 반응하는 것에 불과하지 않냐는 생각이다. 5장에서 살펴본 바와 같이 생태학적 관점의 전향 컨트롤 모델은 단순히 반응하는 것이 아니다. 미래의 상태나 목적 달성을 기대하는 방식으로 작동한다.

마지막으로, 선수가 경기를 하며 의사결정이 창발하도록 만드는 가장 효과적인 접근법은 연습에 제약을 세팅하는 방식이다. 움직임의 창발은 선수가 직면한 초기 조건(예: 수비수나 장애물 또는 골대와의 상대적 거리)에 매우 민감하다. 선수를 다양한 제약 조건에 노출시켜 정보와 움직임의 관계를 조율해 움직임 솔루션을 찾도록 만들면 의사결정 능력을 키울 수 있다.

코치는 스스로에게 이런 질문을 던질 필요가 있다. 코치로서 나는 광범위한 어포던스의 초대장을 선수에게 전달하고 있는가? 아니면 상당수의 어포던스를 제한하는 환경을 만들고 있지는 않은가? 별로 중요하지 않은 론도 드릴 같은 연습만을 하고 있지는 않은가? 아니면 그것마저도 벌칙의 형태로 하고 있지는 않은가?

또한 여러 어포던스의 초대장을 동시에 들고 있는 '최적의 그립'을 연습하는 방법도 고민해야 한다. 우리는 종종 어포던스들을 분리하고 나누려고 한다. 팀 스포츠에서 코치들은 종종 공격과 수비를 별개로 생각하고 연습한다. 하지만 실제로 공격과 수비는 함께 굴러간다. 2대1 상황에서 골을 넣기 위해 움직이는 가운데 놓치지 말아야 할 어포던스는 골이 들어가지 않았을 때 빠르게 자기 자리로 돌아가 수비를 하는 것이다. 이렇게 숙련된 의도성을 가진 선수를 육성하려면 여러 겹쳐있는 어포던스를 사용할 수 있는 연습을 만들어야 한다. '슈팅'이나 '패스'가 아니라 이 둘을 아우르는 '득점'에 초점을 맞출 수 있다. '포핸드 스트로크'처럼 단순한 동작이 아니라 '상대 선수를 움직이게 만드는' 여러 행동의 기회를 찾는 연습을 구상할 수 있다.

10장

어퍼컷과 훅을
자유자재로 날린다

처음 야구공을 잡는 초보자는 보통 글러브를 바닥을 향하게 한 다음 팔을 위아래로 움직이면서 공을 잡는다. 공의 높이와 관계없이 이런 방식으로 잡는 경우가 많다. 〈그림 10.1〉을 보면 180도에 어트랙터가 만들어져 있다. 어트랙터는 시스템이 끌려가는 움직임 솔루션 공간 속의 한 영역(이 경우에는 손의 방향)을 말한다. 이런 어트랙터를 가지고 있는 야수의 글러브는 공이 배트에 맞자마자 180도 어트랙터를 향해 빠르게 움직인다. 어트랙터는 학습과 연습을 통해 발달한다. 물론 개인 제약으로 인한 내재적 어트랙터도 있다.

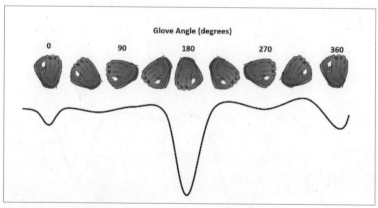

〈그림 10.1〉 캐칭을 할 때 글러브의 자세 : 단일-안정성

어트랙터의 안정성은 시스템이 어트랙터로 얼마나 빨리 돌아오는
지를 의미한다.

안정성과 융통성의 딜레마 : 어트랙터의 명과 암

방금 이야기한 상황은 단일-안정성(mono-stability)을 가지고 있
는 경우에 해당한다. 매우 안정적인 하나의 어트랙터가 존재하는
상태다. 어트랙터를 지형으로 표현하면 개념적으로 쉽게 이해할
수 있다. 초보자가 글러브로 공을 잡는 이 경우에는 0도에서 360
도까지 대체로 평평한 지형을 가지고 있다. 180도 부근에서 하나
의 어트랙터를 의미하는 큰 골짜기가 파여 있다. 골짜기의 깊이가
안정성을 반영한다. 골짜기가 깊으면 어트랙터는 매우 안정적이
며, 골짜기를 빠져나오려면 많은 에너지가 필요하다.

대부분의 경우에 이런 단일-안정성은 최적의 코디네이션 솔루

션이 될 수 없다. 변하는 상황에 유연하게 대처하기가 어렵기 때문이다. 언제나 글러브를 아래로 향하게 해서 공을 잡으려고 하면 허리 위로 날아오는 공은 잡기가 매우 어렵다. 실제로 처음 캐치볼을 배우는 아이들에게서 이런 모습을 자주 볼 수 있다. 가슴 높이로 날아오는 공도 글러브를 아래로 내려서 어색한 자세로 잡는 경우가 많다.

글러브로 공을 잡을 때 훨씬 효과적인 코디네이션 솔루션은 공의 높이에 따라 글러브의 방향을 위아래로 바꾸는 것이다. 글러브가 위쪽을 향하도록 바꾸면 높은 공을 받기 수월하다. 두 개의 안정적인 어트랙터(이 경우에는 0도와 180도에 하나씩)를 갖는 것은 이중-안정성에 해당한다. 가장 단순한 형태의 다중-안정성(multi-stability이다)[*][01] 〈그림 10.2〉와 같이 어트랙터의 지형에는 두 개의 골짜기가 만들어진다. 공의 높이나 속도와 같은 제약이 움직임 컨트롤을 위한 매개변수가 되어 두 개의 골짜기 사이를 넘나들게 된다. 제약이 바뀌면 새로운 코디네이션(글러브 각도)이 창발한다. 다중-안정성 시스템은 두 개 이상의 어트랙터가 있어서 시스템에 컨트롤 매개변수의 변화와 같은 동요가 발생하면 어트랙터 사이를 왔다갔다 할 수 있는 시스템이다. 변화하는 환경(다른 공 높이)에 적응할 수 있다는 점에서는 좋다고 할 수 있다. 하지만 곧 이야기하겠지만 그

---

[*] 2011년에 발표된 스캇 켈소Scott Kelso의 논문에서 소개하고 있는 개념이다.

다지 융통성이 크지는 않다는 점에서 최적의 시스템이라고 말할 수는 없다. 다중-안정성을 갖춘 시스템은 선수가 기능적 변동성과 창의성을 끌어낼 여지가 많지 않은 상태에서 움직임 솔루션의 변화를 몰아붙인다.

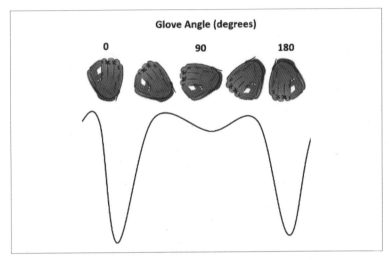

〈그림 10.2〉 캐칭을 할 때 글러브의 자세 : 다중-안정성

왜 우리는 다중-안정성을 가지고 있을까? 긍정적인 면을 먼저 보면, 다중-안정성은 적응 능력과 손을 맞잡고 있다. 같은 결과(공을 잡기)를 여러 다른 근육들의 조합으로 만들어낼 수 있다.

마크 라타쉬(Mark Latash)는 이를 '운동 풍요(motor abundance)'의 축복이라고 말하기도 했다.[02] 우리가 어떤 운동 과제를 해결할 때 자유도의 일부를 없애면서 하나의 솔루션을 찾으려 하지 않는다는 것이 운동 풍요의 원리다. 하나의 솔루션 대신 다중-안정성을 통해, 그리고 과제를 해결할 수 있는 변동성 있는 솔루션을 넉넉하게 확보함으로써 적응 능력을 갖추는 것을 의미한다. 운동 풍요의 원리에 따라 우리는 과제를 교란하는 일이 벌어졌을 때 보다 쉽게 움직임 솔루션을 찾을 수 있다. 예를 들어 외부의 힘이 가해지거나 (바람이 세게 부는 경우) 내적인 변화(피로가 쌓이는 경우)가 있을 수 있다. 움직임 컨트롤에 자유도가 다양해지면 시시각각 일어나는 과제, 환경, 개인 제약의 변화에 대응할 수 있다.

하지만 다중-안정성에는 대가가 따른다. 어트랙터의 안정성으로 인해 가끔은 하나의 어트랙터에서 다른 어트랙터로 전환하는 데 어려움을 겪는다. 캐치볼을 할 때 아직 기술이 부족한 선수들은 비교적 낮게 날아오는 공인데도 글러브를 위로 향하게 해서 잡는 경우가 있다. 답답할 정도로 그런 코디네이션 패턴을 고수하곤 한다. 안정성과 융통성을 동시에 갖추기는 쉽지 않다. 이 둘은 서로 상충되는 성향을 가지고 있기 때문이다.

다중-안정성은 또한 어트랙터들 사이에 매우 불안정한 영역을 만들 수 있다. 그로 인해 시스템의 동요들이 어트랙터 사이를 수차례 왔다갔다 하기도 한다. 허리 높이로 날아오는 공을 어떻게 잡아야 할 지 몰라 글러브의 모양을 위로, 아래로, 다시 위로 바꾸는 초보자를 떠올리면 쉽게 이해할 수 있다.

단일-안정성과 다중-안정성 모두와 관련된 마지막 이슈는 학습자가 새로운 코디네이션 패턴을 개발하려면 어트랙터를 불안정하게 만드는 자극이 필요하다는 점이다. 예를 들어, 글러브를 90도로 돌려서 옆으로 지나가는 공을 잡는 법을 캐치볼 초보자에게 가르쳐야 한다고 해보자. 만약 그가 0도와 180도에 어트랙터가 있는 이중-안정성을 가지고 있다면, 글러브의 방향을 바꾸는게 쉽지 않을 수 있다. 이 경우에는 제약주도접근법이나 차이학습법처럼 기존의 코디네이션 솔루션을 불안정하게 만드는 접근법이 필요하다.

학습에 따라 어트랙터의 지형이 변하는 과정은 개인마다 다르다. 90도에서 새로운 어트랙터를 만들어야 하는 위의 캐치볼 사례처럼 지형을 완전히 재구성해야 한다면, 그것은 '분기(bifurcation)' 방식의 변화다. 어트랙터의 위치만 약간 이동시키면 되는 경우는 '시프트(shift)'라고 부른다. 단어에서도 느껴지듯 분기 방식이 시프트보다 더 어렵고 오랜 시간이 걸린다. 이것이 바로 개별 선수의 자기조직화 속도가 다른 이유다. 어떤 선수는 비교적 쉽게 자기조직화를 하는 반면, 어떤 선수는 효과적인 솔루션을 찾기 위해 오랜 시간 고군분투한다.

다중-안정성은 이렇게 정리할 수 있다. 여러 개의 안정된 코디네이션 상태를 갖는 것은 운동 풍요를 활용한다는 점에서 유리하다. 하지만 융통성이 다소 제한되고 어트랙터 사이의 전환이 어려울 수 있다. 켈소는 그래서 메타-안정성(meta-stability)이 필요하다고 말하고 있다.

어퍼컷과 훅을 모두 날릴 수 있는 능력 : 메타 안정성

다중-안정성과 메타-안정성은 둘 이상의 코디네이션 솔루션을 가지고 있다는 점에서는 유사하다. 하지만 〈그림 10.3〉에서 볼 수 있듯이 솔루션 사이를 이동하는 방식에는 차이가 있다. 다중-안정성에는 매우 안정적인 어트랙터(깊은 골짜기)가 있으며, 시스템이 어트랙터 상태에서 벗어나려면 제약 조건에 변화를 주어야 한다. 반면 메타-안정성에는 약한 안정성을 가진 솔루션들이 공존한다. 그런 속성으로 인해 여러 솔루션이 보다 쉽게 창발할 수 있다. 어트랙터의 지형에서 그다지 깊지 않은 골짜기를 떠올려보면 된다. 그런 지형에서는 골짜기 안으로 비교적 쉽게 들어갔다 나올 수 있다. 켈소는 메타-안정성의 이런 특성을 다음과 같이 표현했다.

"메타-안정성이 있는 영역에는 (시스템에 보다 어필하는) 끌어당기는 힘(attractiveness)이 있다. 하지만 (시스템을 끌어당기지만 빠져나가기는 어려운) 어트랙터(attractors)는 없다."

메타-안정성은 위아래로 향하는 글러브 동작을 약한 안정성 상태로 유지하여 다양한 과제 제약에 따라 언제든지 새로운 움직임 솔루션이 창발할 수 있게 해준다. 하나의 컨트롤 매개변수에 의존하여 시스템에 동요를 일으키는 방식이 아니다.

2006년에 발표된 논문에서 흐리스토프스키(Hristovski)의 연구팀

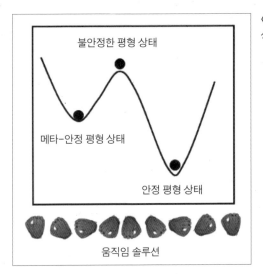

<그림 10.3> 불안정성, 안정
성, 메타-안정성

불안정한 평형 상태

메타-안정 평형 상태

안정 평형 상태

움직임 솔루션

은 복싱에서 여러 움직임 솔루션의 안정성을 분석했다.[03] 특히 잽
과 훅, 어퍼컷 펀치를 선택할 때 어떤 매개변수가 결정적인 역할을
하는지를 관찰했다. 12개월의 기초적인 복싱 코스를 마친 8명의
참가자들은 무거운 샌드백을 치라는 요청을 받았다. 선수와 샌드
백 사이의 거리가 주요 과제 제약이었다. 거리는 신체 척도로 측정
되었다. 미터나 피트가 아니라 각각의 선수의 팔 길이로 거리를 계
산했다. 1.5의 거리는 실제 물리적 거리는 다르지만 선수의 팔 길
이의 1.5배를 의미했다. 당연히 샌드백과의 거리는 어포던스 지각
에 매우 중요하다. 타겟이 '때릴 만 한가' 하는 어포던스는 환경이
제공하는 정보(샌드백과의 거리)와 선수의 행동 능력(얼마나 멀리 팔을 뻗
을 수 있는가)에 따라 달라진다. 연구팀은 서로 다른 거리에서 잽과
훅, 어퍼컷 펀치가 어떤 빈도로 사용되었는 지를 분석했다.

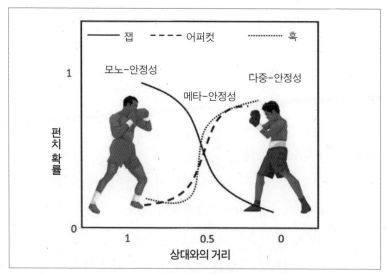

〈그림 10.4〉 복싱에서의 모노-안정성, 다중-안정성, 메타-안정성

결과는 〈그림 10.4〉와 같다. 1~1.2에 해당하는 비교적 먼 거리에서 선수들은 주로 잽만을 사용했다. 안정성의 관점에서 보면 단일-안정성이 나타난 셈이다. 0.3의 비교적 짧은 거리에서는 어퍼컷과 훅을 거의 같은 빈도로 사용했다. 이중 안정성에 해당했다. 0.45~0.65인 중간 거리에는 어퍼컷, 훅, 잽을 다양하게 섞어서 사용했다. 연구팀은 이 거리에서 선수들이 메타-안정성을 보여준 것은 펀치의 선택이 거리와 같은 컨트롤 매개변수에 좌우되기 보다 움직임 솔루션 사이를 융통성있게 전환할 수 있었기 때문이라고 주장했다.

이 연구 결과는 비교적 적은 양의 훈련을 통해서도 메타-안정성 영역이 발달할 수 있음을 시사한다. 선수는 메타-안정성 개발을 통해 움직임 솔루션 사이를 융통성있게 전환하는 운동 풍요(motor abundance)를 활용할 수 있다. 또한 이 연구는 연습 조건에 변동성을 추가하는 것이 매우 중요하다는 점을 보여준다. 훈련 중 거리의 변화가 여러 움직임 솔루션의 창발로 이어졌기 때문이다.

2012년에 크리켓의 타격을 관찰한 핀더(Pinder) 연구팀의 논문도 비슷한 결과를 보여준다.[04] 앞선 복싱 연구에서 나타난 결과를 바탕으로 연구팀은 투구 거리에 따라 메타-안정성을 가지는 영역이 존재한다는 가설을 세웠다. 크리켓에 대해 잘 모르는 분들을 위해 설명하자면, 크리켓에서는 볼러(공을 던지는 선수)가 투구의 길이(공이 튀어 오르는 지점)에 다양한 변화를 줄 수 있다. 투구의 길이에 맞추어 타자는 앞으로 움직여서 치기도 하고, 뒤로 움직여서 치기도 생긴다. 연구팀은 6명의 숙련된 주니어 크리켓 선수들에게 다양한 거리의 공을 치도록 했다.

크리켓 선수들은 바운드가 앞에서 튈 때는 항상 앞으로 이동했고, 뒤에서 튈 때는 항상 뒤로 이동했지만(안정성), 중간 영역에서는 움직임이 융통성있게 섞여 있었다(메타-안정성). 또 하나 흥미로운 사실이 관찰되었는데, 메타-안정성 영역에서는 스윙을 시작하는 타이밍과 백스윙과 다운스윙이 유지되는 시간의 변동성이 컸다. 이는 타자들이 다양한 투구에 적응하기 위해 스윙의 기능적 변동성을 활용했음을 시사한다.

안정성, 다중-안정성, 메타-안정성, 이런 개념들이 코칭에 의미하는 것은 무엇일까? 우선, 기술을 어느 정도 갖춘 선수도 거리와 같은 과제 제약을 적절히 이용하면 특정 영역에 메타-안정성을 개발할 수 있다. 위에 소개한 복싱과 크리켓 연구에서는 퍼포먼스 결과를 평가하지는 않았지만 여러 움직임 솔루션 사이를 쉽게 전환할 수 있는 융통성과 적응 능력을 갖추는 것이 선수에게는 당연히 유리할 것이다.

메타-안정성을 통해 동시적응능력(co-adaptablity)을 키우면 상대의 동작에 보다 잘 대응할 수 있다. 이를테면 복싱에서 상대가 거리를 좁히면서 펀치를 날리려고 할 때, 동시적응능력이 좋은 선수는 바로 카운터 펀치를 날릴 수 있다. 앞으로 진행될 연구의 포인트는 메타-안정성 영역이 어떤 과정을 통해 발달하는지를 이해하는 거라고 생각한다. 매우 안정적인 솔루션만을 가지고 있어서 어트랙터 사이를 넘나들기가 어렵고 조건이 달라져도 여전히 기존의 어트랙터만을 사용하는 선수를 어떻게 융통성 있는 메타-안정성 상태로 변화시킬 수 있을까 하는 문제다.

하지만 지금까지의 연구 결과도 연습에 활용할 수 있는 포인트가 있다. 종목 별로 메타-안정성이 드러날 수 있는 영역을 찾아내서 연습하면 분명 도움이 될 거라 생각한다. 예를 들어, 숙련된 복싱 선수의 메타-안정성 영역이 팔 길이의 0.45~0.65배라는 것을 알았기 때문에 이 조건에서는 메타-안정성이 개발될 수 있는 연습을 디자인하면 된다. 메타-안정성 영역에서의 연습은 선수의 시스템을 불안정한 상태로 몰아넣어 새로운 솔루션을 탐험하도록 해준다. 선수가 안정적인 솔루션만을 사용하며 단일-안정성 내지는 다중-안정성에서 벗어나지 못하는 모습을 보여준다면 제약이나 차이학습법을 이용해 움직임을 교란시킬 수 있다.

11장

환상적인 어시스트의
비밀

팀 코디네이션이 이루어지는 방식에 대해서는 두 가지 상반된 견해가 있다. 멘탈 공유 모델과 어포던스 공유 모델이다. 축구에서 골을 넣기 위해 선수들이 함께 달려나갈 때나, 농구에서 공격을 막기 위해 지역 방어를 할 때 선수들은 어떤 방식으로 각자의 움직임을 코디네이션하는 것일까? 멘탈 공유 모델(지식 공유 모델)은 선수들이 기억에 저장한 '공유된 정보'에 기반해 팀 코디네이션이 나타난다고 주장한다. 예를 들어, 농구팀의 모든 선수는 상대 팀이 턴오버를 하면 어떻게 움직여야 하는지 일련의 규칙을 저장해 두었다는 것이다. 어포던스 공유 모델은 팀 코디네이션이 기억에 저장된 지식이 아니라 팀원들이 동시에 같은 어포던스를 포착하는 능력에 달려 있다고 여긴다. 예를 들어, 럭비에서 두 수비수 사이에 오픈된 공간(돌파해 나갈 수 있는 어포던스)이 생기면 공을 잡고 뛰는 선수와 패스를 받으려는 선수 모두 이것을 포착하고 그에 맞는 움직임을 코디네이션한다는 관점이다.

보다 오래된 접근 방식인 멘탈 공유 모델을 먼저 살펴보자. 멘탈 모델은 시스템의 내적 표상(internal representation)이다. 여기에는 여러 가지 지식이 저장되어 있고, 저장된 지식이 어떻게 연결되어 상호작용하는 지에 대한 정보도 포함되어 있다. 멘탈 모델의 전형적인 예는 우리 머릿속에 들어있는 지도다. 멘탈 모델은 이렇게 주장한다. 우리 각자는 살고 있는 지역에 해당하는 내적 표상을 기억 속에 만들어왔다. 랜드마크가 되는 장소, 건물들의 상대적인 위치, 대략적인 거리 등을 기억에 저장하고 있다. 어떤 사람은 보다 상세하고 정교한 멘탈 지도를 가지고 있으며 멘탈 지도는 다른 사람과 공유할 수도 있다. 멘탈 지도를 공유해서 친구에게 새로 문을 연 식당을 찾아가는 방법을 쉽게 알려줄 수 있다. 멘탈 모델의 이런 속성은 팀 코디네이션과 어떤 관련이 있을까?

공유된 정보는 대개 정형화된 경우가 많다. 예를 들어, 상대팀의 한 선수가 왼손 드리블을 잘 하지 못한다는 사실을 알게 된 농구팀은 경기 전에 그 지식에 맞춘 준비를 하게 된다.

공유된 지식이라는 개념 속에 공유된 멘탈 모델(shared mental model, SMM)이 있다. 팀원들 각자의 멘탈 모델이 공유되면 공유된 멘탈 모델(SMM)이 만들어진다. 공유된 멘탈 모델(SMM)은 팀원들이 변화무쌍한 경기 상황에서 명시적으로 의사소통을 하지 않고도 생각과 움직임을 코디네이션할 수 있게 해준다. 공유된 멘탈 모델(SMM)은 팀원들이 서로 간에 코디네이션하는 방식을 설명하는 일반적인 모델이었다. 팀 인지를 연구하는 데도 널리 사용됐다. 팀원들은 과제를 완수하기 위해 언제, 어떻게 상호작용해야 하는지를 알려주는 멘탈 모델을 공유하고 있어야 한다고 공유된 멘탈 모델(SMM)은 주장해 왔다.

2012년에 부르부송(Bourbousson)의 연구팀은 프랑스의 U18 농구 대표팀 선수 5명의 경기를 촬영한 후에 개별적으로 인터뷰를 진행했다.[01] 연구팀은 선수와 함께 경기 영상을 보면서 경기 중에 일어난 일에 대해 질문했다. 특정 장면에서 각각의 선수들이 무엇에 신경을 쓰고 있었는지, 각각의 순간에 선수들의 관심사가 얼마나 일치했는지를 확인했다. 선수들이 정보를 완전히 공유한 비율은 12%, 일부를 공유한 비율은 87%, 전혀 공유를 하지 못한 비율은 1%로 나타났다.

2015년에 기스케(Giske) 연구팀은 프로 아이스하키와 핸드볼 선수들 사이에 공유된 멘탈 모델이 어느 정도 존재하는지를 분석했다.[02] 노르웨이 리그의 남자 아이스하키와 핸드볼 선수 231명이 참여한 연구에서 선수들은 다음과 같은 체크리스트에 점수를 기록했다.

"우리 팀에는 일반적인 공격 패턴에 기반한 움직임이 정해져 있다."
"그런 일반적인 공격 패턴을 실행할 때 다른 선수들이 무엇을 하는지 나는 알고 있다."
"경기 전 미팅에서 코치는 상대의 강점과 약점에 대해 이야기해준다."

대부분의 질문에는 높은 점수가 나왔다. 이는 선수들이 공유된 멘탈 모델을 가지고 있으며, 그에 따라 경기를 준비하고 있음을 시사한다.

이런 사례들을 통해 우리는 지식 공유 모델이 팀 코디네이션을 분석하는 접근법을 알 수 있다. 개별 선수가 알고 있는 것(지식)을 도출하고(체크리스트나 인터뷰), 이를 팀 수준으로 결합해 공유의 수준을 평가하는 방식이다. 이런 식으로 팀워크를 맥락과 관계없이 소급해서 분석한다. 물론 이런 방식은 지식 공유 모델에서는 문제가 되지 않는다. 팀 코디네이션은 뇌에 저장하는 것이기 때문에 실제 경기 상황이 아니어도 얼마든지 접근할 수 있기 때문이다.

지식 공유 모델은 몇 가지 분명한 한계를 지니고 있다. 먼저 실제 경기 상황(정보를 실시간으로 지각하는 온라인 상황)에서 선수들이 어떻게 움직임을 서로 코디네이션하는지 설명하지 못한다. 선수는 경기장에서 일어날 수 있는 모든 플레이나 규칙을 저장하고 있을까? 설령 저장하고 있다고 하더라도 실제 경기에서 빠르게 그 지식에 접근해서 순간적으로 움직임을 끌어낼 수 있을까? 저장된 지식들은 창의적인 플레이를 만들어낼 수 있을까? 경기 중에 끊임없이 변화하는 조건에 제대로 적응할 수 있을까? 이런 질문에 명확한 답을 제시하지 못한다.

그리고 선수가 팀의 공격 패턴에 대해 알고 있다고 해서 그 지식이 실제 팀 플레이를 하는데 사용된다는 것을 의미하지는 않는다. 우리가 하는 거의 모든 일에 대해 우리는 메타인지 타입의 지식을 만들어낸다. "어떻게 스윙을 했나요? 어떤 움직임으로 달렸나요? 슈팅을 할 때 무슨 느낌이었나요?" 이런 질문을 받으면 선수는 플레이를 돌아보며 저마다의 이야기(지식)를 한다. 그런데 선수가 그런 말(지식)을 했다고 해서 실제 자신의 말(지식)처럼 플레이를 했다고 100% 확신할 수는 없다. 어쩌면 선수가 인위적으로 만들어낸 말일 수 있다.

지식이 아니라 조율을 공유한다 : 어포던스 공유 모델

어포던스 공유 모델에서 팀원들 사이의 코디네이션은 조율(attunement)의 공유를 통해 이루어진다. 축구에서 미드필더가 상대 수비 너머로 절묘한 타이밍에 로빙 패스를 넣어주고 스트라이커는 그 공을 받아 골을 넣는 장면을 보면 명시적인 커뮤니케이션 없이 어떻게 그런 멋진 코디네이션 플레이를 하는 것인지 궁금해진다. 지식 공유 모델의 관점에서 이런 플레이는 두 선수가 '로빙 패스 플레이'에 대한 기억을 공유하고 있기 때문에 일어난다. 두 선수는 선수들 사이의 상대적인 위치와 같은 정보를 지각하고, 그것을 해석하고 처리한 후에 로빙 패스 플레이를 실행하기로 결정한다. 상대 팀이 사용하는 수비 전략을 식별하는 과정도 포함한다.

지식 공유 모델에서 지각 정보는 그 자체로는 정보로서의 가치가 떨어진다고 여긴다. '로빙 패스 플레이'와 같은 특별한 장면은 별도의 연습이나 코치의 교습("수비수가 X를 할 때는 Y를 하는거야!")을 통해 나오는 거라고 생각한다.

지식이 아니라 조율을 공유해 팀 코디네이션을 이끌어낸다는 생태학적 관점은 선수의 지각을 다르게 바라본다.[03] 지각이 포착한 정보가 행동의 기회를 직접 구체적으로 알려준다. 미드필더와 스트라이커는 타우와 같은 고차원 정보를 지각한다. 패스가 도착하는 지점에 수비수가 도착하는 타이밍(Tau_d)과 스트라이커가 그 지점에 도착하는 타이밍(Tau_s)의 차이다. 이 차이(Tau Diff)는 두 선수와 공이 떨어지는 지점 사이의 각도 차이와 이 차이의 변화 속도의 비율로 광학적으로 구체화된다. 로빙 패스의 기회가 있는지(Tau Diff 〉 0), 없는지(Tau Diff 〈0)를 직접 구체적으로 알려준다. 두 선수 모두 타우의 차이(Tau Diff)에 조율하고 있기 때문에 멋진 로빙 패스 플레이가 등장한다.

생태학적 접근법에 기반한 어포던스 공유 모델은 표면적으로 볼 때, 팀 플레이를 위한 연습을 그다지 중요하게 여기지 않는다고 이해하기 쉽다. 하지만 타우와 같은 고차원 정보를 지각하기 위해서는 연습이 필요하다. 특히 초보자들은 보다 단순한 정보(선수와 공 사이의 거리)에 의존하는 경향이 있기 때문이다. 선수에게 제공되는 정보는 두 선수의 행동 능력에 따라 조정되어야 하는데, 이 역시 연습이 필요한 이유가 된다. 예를 들어, 로빙 패스의 기회를 제공하는 Tau Diff 값은 스트라이커의 최대 달리기 속도와 미드필더가 공을 정확하게 전달할 수 있는 최대 패스 속도에 따라 달라진다. 생태학적 관점에서 팀 코디네이션의 핵심을 요약하면 다음과 같다. (1) 두 선수가 동일한 정보 소스에 조율되어 있다. (2) 두 선수의 지각이 팀원들의 행동 능력에 맞게 효과적으로 미세조정된다.

내가 애리조나 주립대학의 동료들과 함께 진행한 연구는 의사

결정 코디네이션의 중요성을 보여주는 좋은 사례다[04]. 〈그림 11.1〉
처럼 야구 경기에서 공이 배트에 맞으면 4명의 내야수는 다음 두
가지 옵션 중에 하나를 빠르게 선택해야 한다. (i) 공을 잡기 위해
움직인다. (ii) 다른 야수의 송구를 받기 위해 베이스 중 한 곳으로
이동한다. 유격수와 2루수는 어느 베이스를 커버할지도 결정해야
한다는 점에서 더욱 복잡하다.

개별 선수가 한 결정의 '정확성'은 쉽게 평가할 수 있다. 날아오
는 공에 가장 가까이 있는 선수가 공을 잡기로 결정하면 그것은
올바른 결정으로 간주할 수 있다. 하지만 내야 땅볼을 아웃으로 연

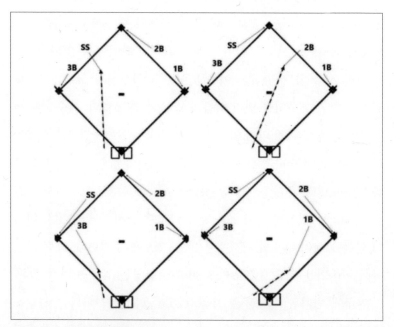

〈그림 11.1〉 내야수의 팀 코디네이션

결시키기 위해서는 선수 개개인의 정확한 결정보다 내야수 사이의 의사결정 코디네이션이 더 중요하다. 예를 들어, 비록 공은 2루수에게 가장 가깝게 굴러오고 있지만 2루수는 2루 베이스 커버를 들어가고 유격수가 그 공을 잡는 것이 아웃을 잡기 위한 더 좋은 선택일 수 있다.

야수의 의사결정 코디네이션을 관찰하기 위해 우리는 시각 차단 방법을 사용했다. 선수가 실제 라이브 연습을 하거나 1인칭 시점으로 경기 영상을 보면서(상대가 테니스 서브를 넣는 장면) 특정 시점에 시각을 차단하는 방법이다. 그런 다음 무엇을 할 건지를 결정하도록 한다. 수동적인 반응(라인 위에 떨어지는 서브인지, 코트를 가로질러 들어오는 서브인지 질문)을 통해, 그리고 적극적인 반응(예상되는 공의 방향으로 이동)을 통해 선수가 어떤 결정을 했는지 확인할 수 있다.

이런 시각 차단 방법을 이용해 야수의 의사결정 코디네이션을 평가하기 위해 우리는 먼저 다음과 같은 작업을 했다. 야수들이 볼 영상을 만들기 위해 비어 있는 야구장 내야에 2루수 정면으로 가는 타구, 3루 라인을 타고 굴러가는 타구 등 8개의 방향으로 땅볼 타구를 날려보냈다. 내야수가 보통 서있는 위치에 4대의 고해상도 고프로 카메라를 설치해 날아오는 땅볼 타구를 동시에 촬영했다. 하나의 땅볼을 여러 야수의 시각에서 볼 수 있도록 준비했다. 그런 다음 공이 날아가는 처음 0.25초만 보이도록 촬영한 영상을 편집했다.

연구에 참가한 야수들은 처음 0.25초 동안 플레이되는 영상을 보고 결정을 해야 했다. 자신이 공을 잡기로 결정한 경우에는 "공"

이라고 말하고, 동료 선수가 잡도록 하고 자신은 베이스를 커버하기로 결정한 경우에는 해당 베이스를 말하도록 했다. 우리는 각각의 선수가 어떤 결정을 했는지는 크게 신경 쓰지 않았다. 같은 영상을 보고 동료 선수들이 한 결정과 얼마나 코디네이션이 이루어지는지가 더 궁금했다.

테스트를 위해 우리는 경험이 많은 120명의 선수들을 4명으로 구성된 30개 그룹으로 나누었다. 네 명의 선수는 네 개의 포지션으로 배치되었고, 각자 다른 방에서 영상을 보고 어떤 플레이를 할지 결정했다. 우리는 네 명의 선수들이 내린 결정을 모아 다음과 같은 스코어 시스템으로 퍼포먼스를 분석했다.

3점: 가장 좋은 위치에 있는 선수가 공을 잡았다. 다른 야수들은 올바른 베이스로 커버 플레이를 들어갔다.
2점: 가장 좋은 위치에 있는 선수가 아닌 다른 선수가 공을 잡았다. 다른 야수들은 올바른 베이스로 커버 플레이를 들어갔다.
1점: 그룹 안에 있는 두 명 이상의 선수가 공을 잡으려고 했다. 그래서 모든 베이스가 커버되지 않았다.
0점: 어느 선수도 공을 잡으려고 하지 않았다.

이 테스트는 대학 야구 선수들을 세 그룹으로 나눠 진행했다. 첫 번째 그룹은 같은 팀 소속 선수들로, 각자 자신의 주 포지션에 해당하는 위치에서 영상을 시청했다. 두 번째 그룹은 서로 다른 팀에 속한 선수들로, 역시 각자의 포지션에 해당하는 위치에서 영상을 시청했다. 마지막 세 번째 그룹은 같은 팀 소속의 선수들로, 자신의 주 포지션에 해당하지 않는 위치에서 영상을 시청했다. 1루수는 유격수 시점에서 촬영된 영상을 보고, 2루수는 3루수 시점에서 촬영된 영상을 보는 식이었다.

테스트 결과는 〈그림 11.2〉와 같다. 가로의 숫자는 타구의 방향을 의미한다. 0도로 표시된 부분은 2루 베이스 쪽으로 가는 타구를 뜻한다. 타구의 방향별로 얻은 팀 코디네이션 점수가 표시되어 있다. 같은 팀 선수들로 구성된 그룹(실선)의 코디네이션 점수가 다

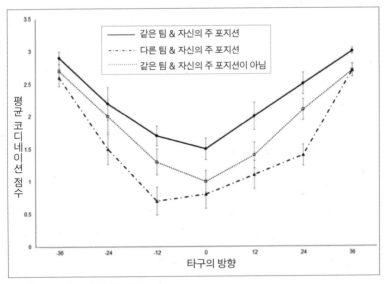

〈그림 11.2〉 팀 코디네이션 점수

른 두 그룹보다 높다는 사실을 확인할 수 있다. 그다지 놀라운 결과는 아니다. 팀원들은 함께 플레이한 경험을 통해 공유된 멘탈 모델이든 어포던스 공유 모델이든 각각의 상황에서 서로가 어떻게 움직일지 알고 있기 때문이다.

이 연구에서 흥미로운 사실은 같은 팀이지만 자신의 주 포지션에 해당하지 않는 위치에서 영상을 시청한 그룹(가는 점선)의 코디네이션 점수가 비록 자신의 포지션에서 영상을 보았지만 서로 다른 팀 소속이었던 그룹(굵은 점선)보다 높았다는 점이다. 이는 팀원들의 행동 능력을 지각하는 일을 포함해("저 녀석은 측면 이동이 빨라. 수비 범위가 넓어.") 공유된 어포던스를 지각하는 것이 자신의 포지션에서 플레이하는 방법을 개인적 차원에서 아는 것보다 팀 코디네이션에 더 중요하다는 점을 시사한다.

생체긴장통합체의 개념을 통해서도 우리는 어포던스 공유 모델을 이야기해 볼 수 있다. 생체긴장통합체의 원리가 개별 신체에만 적용되는 것이 아니라 여러 신체 간의 코디네이션, 즉 스포츠에서의 팀 코디네이션을 이해하는 데도 적용될 수 있는 가능성이다. 이 아이디어는 칼데리아(Calderia)의 연구팀이 2020년에 발표한 논문에 소개되었다.[05]

물론 팀 차원에서 적용해볼 수 있는 생체긴장통합체 시스템이 7장에서 다룬 개인 차원에서의 시스템과 다른 점은 선수들 사이에 물리적 연결이 없다는 것이다. 팀 차원에서는 사전 긴장을 만들고 운동 시너지를 일으킬 수 있는 결합 조직이나 근막 같은 존재가 없다. 하지만 저자들은 신체 내에서 근막과 같은 역할을 정보가 한다고 주장한다. 시스템의 구성 요소들이 물리적 차원이 아니라 정보의 차원에서 연결된다고 주장한다. 특히 환경으로부터 포착한 어포던스의 공유를 통해 연결된다고 이야기한다.

한 팀의 선수들은 Tau Diff 같은 정보 변수에 따라 움직임을 조절한다. 이는 시간이 지남에 따라 그들이 만든 구조가 변하고, 그에 따라 팀의 '정보적 긴장(informational tension)'도 변한다는 것을 의미한다. 그들은 팝업 텐트처럼 함께 이동하고 움직이면서 안정성과 구조를 유지한다. 선수가 어디에 있어야 하고, 어떻게 움직여야 하는지 코치가 명시적으로 가르치는 방식이 아니라, 정보에 기반해 내적으로 결합된 구조를 유지함으로써 팀은 보다 융통성있게 적응 능력을 발휘할 수 있다. 한 번도 연습해 본 적이 없는 상황도 팀 코디네이션을 통해 대응할 수 있다.

팀원들 사이에 존재할 수 있는 긴장과 구조는 방금 살펴본 내야수의 사례에서 볼 수 있다. 한 팀에 소속되어 있지만 자신의 주 포지션과는 다른 위치에서 영상을 시청한 선수들은 다른 방에 앉아 있고 서로 소통할 방법이 없었음에도 불구하고 팀 코디네이션을 보여주었다. 그들은 정보 차원에서 구조를 유지하고 있었기 때문이다.

팀 코디네이션 능력을 키우는 연습

팀 코디네이션이 공유된 어포던스(팀원들이 동시에 같은 초대를 수락하는 것)를 통해 이루어진다는 개념을 받아들이면, 연습에 적용할 몇 가지 아이디어를 얻을 수 있다.

(1) '경기의 맥락'으로 연습을 디자인해 선수의 의도를 불러일으킨다.

9장에서 이야기한 것처럼 어포던스 선택은 선수의 의도에 따라 달라진다. 선수는 득실점 상황, 남은 시간, 수비의 형태 등에 따라 의도가 변한다. 코치는 연습에 이런 맥락을 적절히 세팅해 선수에게 의도를 불러일으켜야 한다. 패스 연습의 목표가 단순히 '공을 잘 패스하는 것'이 되어서는 안 된다.

(2) 팀 연습에서도 어포던스를 만들고 증폭시킨다.

개인의 행동 능력을 향상시킬 때와 마찬가지로 정보를 증폭시키는 제약을 활용하면 효과적으로 팀 코디네이션 능력을 끌어올릴 수 있다. 대표적인 예가 선수 사이의 공간에 변화를 주는 스몰 사이드게임이다. 같은 타이밍에 정보를 증폭시키면 팀이 생체긴장통합체와 같은 구조로 연결될 가능성이 높아진다.

(3) 선수들이 다양한 연습을 함께 하면서 팀 동료들의 행동 능력을 학습할 수 있는 기회를 제공한다.

(4) 팀 차원에서 메타-안정성이 나타나는 영역을 찾아 팀 코디네이션을 자극한다.

〈그림 11.3〉 버뮤다 트라이앵글 수비 연습. (사진 출처 : 랜디 설리번, 플로리다 베이스볼 아머리)

메타-안정성 영역은 여러 움직임 솔루션을 끌어당기는 힘 (attractiveness)을 가지고 있는 영역으로, 선수가 특정한 어트랙터 골짜기에 빠지지 않고 여러 움직임 솔루션을 사용할 준비가 되어 있는 상태다. 〈그림 11.3〉는 메타-안정성 영역을 자극하기 좋은 '버뮤다 트라이앵글' 수비 연습이다.[06] 코치는 다양한 높이와 각도의 플라이볼을 누가 공을 잡아야 할 지 분명하게 알기 어려운 지역으로 날려준다. 선수는 날아오는 공으로부터 정보를 포착해야 하고, 동시에 동료들의 움직임으로 인해 발생하는 어포던스(동료가 잡도록 하기. 동료를 물러나게 하기. 충돌 가능성 등)를 지각할 수 있다.

12장

카운트에 따라 달라지는
타자의 의도

기술의 최적화와 적응 능력에 대해 이야기할 때 풀어야 할 또 하나의 퍼즐은 '오프라인(offline)' 정보를 사용하는 문제다. '오프라인' 정보는 움직임이 시작되기 전에 사용할 수 있는 정보를 의미한다. 일반적으로 스포츠에서는 선수와 상호작용을 하는 대상이 움직이기 시작하는 시점을 이벤트의 시작이라고 정의한다. 테니스 선수가 서브를 넣거나, 축구 선수가 페널티킥을 차거나, 야구의 투수가 공을 던지는 시점이라고 할 수 있다. 이런 이벤트가 전개되는 동안 선수가 사용할 수 있는 풍부하고 다양한 온라인 정보들(타우, 광학 흐름, 시야각 등)이 있다. 하지만 상대 선수가 공을 던지기 전에, 또는 상대 선수와 부딪히기 전에 사용할 수 있는 정보도 분명 존재한다. 보통 사전 단서라고 부르는 상대의 바디랭귀지 정보도 있고, 선수의 성향이나 상황 확률도 있다. 정보와 움직임이 커플링된 관계로 운동 기술을 바라보는 관점과 이러한 오프라인 정보들은 어떤 방식으로 매칭될 수 있을까? 정보-움직임 컨트롤 법칙은 과거에 일어난 일에 어떻게 영향을 받을까? 여기서도 나는 명사가 아닌 동사에 초점을 맞추려고 한다. '기억(memory)'이 아닌 '떠올리기(remembering)'를 강조하려고 한다.

길이는 같아도 장력은 다른 고무 밴드 : 이력 현상

선수가 사용하는 가장 전형적인 '오프라인' 정보는 과거의 이력 (history)이다. 테니스 경기에서 세 번 연속 백핸드 쪽으로 공을 보내면 무슨 일이 벌어질까? 상대 선수는 백핸드를 하기 위해 몸의 방향을 미리 틀게 된다. 이처럼 스포츠 경기에서는 앞서 벌어진 일이 현재의 플레이에 영향을 미치는 경우를 종종 볼 수 있다. 보통은 뇌의 기억과 추론 과정 때문에 이런 현상이 일어난다고 가정한다. 뇌에 과거의 이벤트 이력을 저장하고 있는 멘탈 모델이 있으며, 인간은 그런 멘탈 모델을 이용해 다음의 일을 예측한다는 가정이다. 나 역시 2001년에 야구의 타격을 주제로 그런 관점의 논문을 발표한 적이 있다.[01]

나는 지금부터 기억과 예측 프로세스에 의존하지 않고도 스포츠 경기에서 과거의 이벤트 이력이 미치는 영향을 설명하려고 한다. '이력 현상(Hysteresis)'은 많은 시스템에서 일어나는 현상으로 현재 상태가 과거의 이력에 의존하는 현상을 의미한다. 이력 현상을 설명하기 위한 자주 인용되는 사례가 탄성(고무) 밴드다. 탄성 밴드가 20cm로 늘어난 모습을 상상해보자. 밴드에는 얼마나 많은 힘(force)이 저장되어 있을까? 밴드의 길이와 힘 사이의 관계를 우리는 아주 간단하게 설명할 수도 있다. '길이가 길면 더 많은 힘이 저장되어 있다.'

하지만 둘의 관계가 그렇게 간단하지는 않다. 탄성 밴드가 보

여주는 이력 현상 때문이다. 똑같이 20cm로 늘어난 탄성 밴드라
도 어떻게 그런 상태가 되었는지에 따라 저장된 힘의 양은 달라진
다. 늘어진 밴드를 잡아당겨 20cm가 된 경우에는 힘을 저장한다.
완전히 잡아당겼다가 조금 놓아준 경우라면 힘은 방출된다. 〈그
림 12.1〉처럼 이 두 가지 경우에 힘은 완전히 달라진다. 탄성 밴드
는 마치 방금 전에 있었던 일을 '떠올리는(remember)' 것처럼 보인
다. 탄성 밴드의 현재 상태가 방금 전의 경험에 따라 달라지기 때
문이다. 이런 이력 현상은 자기학, 전기 시스템, 면역학, 경제학 등
수많은 시스템에서 관찰할 수 있다. 이력 현상이 존재하는 시스템
은 비선형적으로 작동한다. 단순하게 인풋(input)에 기반해 결과를
예측할 수가 없다. 인풋의 이력에 따라 결과가 달라지기 때문이다.
그렇다면 운동 기술에서는 어떨까?

2001년에 소렌슨(Sorenson)의 연구팀은 탁구에서 이력 현상을
분석했다.[02] 취미로 탁구를 치는 네 명의 선수를 모아 머신으로부
터 날아오는 공을 치도록 했다.
이 때 두 가지 다른 조건을 설
정했다. 첫 번째 조건에서는 맨
왼쪽(1번)부터 공을 보내고 맨
오른쪽(8번)까지 순차적으로 공
을 보내는 방향을 바꾸었다. 모
든 선수는 오른손잡이였으므
로 8번은 포핸드 쪽이고, 1번은

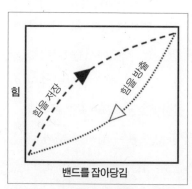

〈그림 12.1〉 탄성 밴드에 작용하는 이력 현상

백핸드 쪽이다. 두 번째 조건에서는 8번부터 1번까지 반대 순서로 공을 보냈다. 연구팀은 선수가 어느 지점에서 포핸드에서 백핸드로 바꾸는지, 그리고 백핸드에서 포핸드로 바꾸는지를 관찰했다.

〈그림 12.2〉가 보여주는 것처럼 선수들에게는 이력 현상이 분명하게 나타났다. 오른쪽부터 시작해 왼쪽으로 공을 보내주었을 때 선수는 5번과 6번 사이에서 포핸드에서 백핸드로 동작을 전환했다(그림 12.2.A). 전환 지점의 평균값은 5.2였다. 왼쪽부터 시작해 오른쪽으로 공을 보내주었을 때 동작을 전환한 지점은 3번과 4번 사이였다. 평균값은 3.7이었다(그림 12.2.B). 4번 지점에서 벌어진 결과를 보면 무척 재미있다. 매번 같은 스피드와 방향으로 공을 보냈지만 선수들은 두 가지 조건에서 완전히 다른 동작을 선택했다. 오른쪽으로 날아오는 공을 치면서 시작한 조건에서는 항상 포핸드를, 왼쪽으로 날아오는 공을 치면서 시작한 조건에서는 거의 백핸드를 선택했다. 이렇듯 시스템의 상태(포핸드, 백핸드)는 현 시점의 과제 제약뿐만 아니라 이전에 스트로크를 했을 때의 이력에 따라서도 달라진다. 또 하나 흥미로운 결과가 나타났는데, 이렇게 이력 현상이 눈에 띄게 나타나는 구간(3~5번 사이)에서는 컨택 포인트의 변동성이 컸다. 이러한 안정성 감소는 상태 전환이나 분기(bifurcation) 현상이 일어나기 전에 일반적으로 나타나는 일이다.

어트랙터는 돌에 새겨진 글씨처럼 고정된 속성이 아니다. 경험과 훈련에 따라 어트랙터의 골짜기는 위치를 바꾸기도 하고, 더 깊어지거나 얕아질 수 있다. 이 실험에서 탁구 선수의 어트랙터는 앞

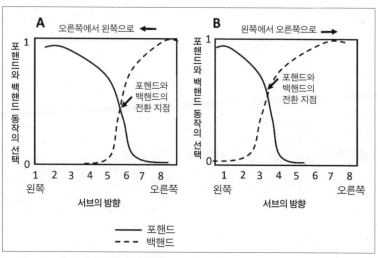

A 오른쪽에서 왼쪽으로 ←

포핸드와 백핸드 동작의 선택

1

포핸드와
백핸드의
전환 지점

0

1 2 3 4 5 6 7 8
왼쪽   오른쪽

서브의 방향

B 왼쪽에서 오른쪽으로 →

포핸드와 백핸드 동작의 선택

1

포핸드와
백핸드의
전환 지점

0

1 2 3 4 5 6 7 8
왼쪽   오른쪽

서브의 방향

—— 포핸드
- - - 백핸드

〈그림 12.2〉 탁구에서 관찰한 이력 현상

서 경험한 이벤트의 이력에 따라 다른 위치에 생기고 있다. 정확히
탄성 밴드가 보여주는 모습과 같다.

무라세(Murase)의 연구팀이 2016년에 발표한 논문도 이력 현상
을 다루고 있다.[03] 앞서 탁구 동작을 관찰한 연구가 날아오는 공을
상대하는 동작이 어떻게 전환되는지를 분석했다면, 이 연구는 완
전히 다른 두 가지 기술인 잡기와 던지기 동작 사이의 전환을 주
제로 삼았다. 연구팀은 경험이 많은 야구 선수 네 명에게 두 가지
과제를 주었다. 하나는 날아오는 공을 잡는 과제였고, 또 하나는
날아오는 공을 잡고 정해진 타겟에 던지는 과제였다. 연구팀은 머
신을 이용해 다섯 가지 방향(선수가 서있는 지점과 오른쪽으로 1.2m 떨어
진 지점 사이의 한 지점)으로 공을 보냈다. 잡고 던지는 과제에서 선수

들은 공을 잡고 20m 뒤에 있는 다른 선수에게 최대한 정확하게 던지라는 지시를 받았다. 탁구 실험과 마찬가지로 공이 날아오는 방향은 왼쪽에서 오른쪽으로, 또는 오른쪽에서 왼쪽으로 순차적으로 바꾸었다. 연구팀은 선수의 어트랙터가 어느 지점에서 변하는지에 주목했다. 공을 잡는 위치에 따라 어느 방향(시계 방향? 반시계 방향?)으로 몸을 돌려 공을 던지는지 관찰했다.

이 실험의 결과도 이력 현상을 증명하고 있다. 선수들은 앞서 경험한 이력에 따라 회전 방향이 바뀌는 지점이 달라졌다. 또한 공을 잡기만 하면 되는 과제와 잡아서 던지는 과제를 수행할 때 선수가 공을 잡는 동작에서 분명한 차이가 드러났다. 잡아서 다시 던지는 과제에서는 공을 몸에 가깝게 던져주면 어깨와 고관절은 던지는 방향으로 회전했다. 이 과제를 수행할 때 선수가 공을 잡는 동작의 마지막 국면은 던지는 동작의 준비 국면으로 전환되었다. 반면, 잡기만 하면 되는 과제에서는 공을 잡을 때 어깨와 고관절이 회전하지 않았다. 던지기 동작으로 전환할 필요가 없었기 때문이다. 이러한 발견은 코치가 연습을 디자인하는 과정에 중요한 점을 시사한다. 논문을 그대로 인용하면 좋을 것 같다.

"이러한 기술을 마스터하려고 할 때 오직 잡거나 건드리는 움직임만을 연습하는 것은 충분하지 않다. 연구에서 나온 결과처럼 공을 잡기만 할 때의 움직임 패턴과 공을 잡고 나서 던질 때의 움직임 패턴은 다르다. 더구나 시간 제약이 심할 때는 현재의 동작에서 다음 동작으로 빠르게 전환해야 한다. 따라서 현재 동작의 마무리 국면과 다음 동작의 준비 국면이 모두 포함된 코디네이션을 연습하는 것이 스포츠의 기술 개발에 중요하다."

이렇듯 움직임의 자기조직화는 선수가 직면하고 있는 현재의 제약 조건에 따라서만 일어나는 것은 아니다. 전에 무슨 일이 있었는지(이력), 그리고 다음에 일어날 일이 무엇인지(공을 잡아서 다시 던지기)에 따라서도 달라진다. 역동적 시스템은 지금 벌어지고 있는 일에서 포착하는 온라인 정보뿐만 아니라 이렇게 오프라인 정보의 영향도 받는다.

특정 이벤트에 대한 경험은 어트랙터의 위치와 깊이에 변화를 일으킬 수 있다. 특히 이런 변화는 메타-안정성을 가지고 있는 선수에게 일어날 가능성이 높다. 메타-안정성을 개발해야 한다고 내가 주장하는 또 하나의 이유다. 맥락과 이력에 적응하는 능력을 키워주기 때문이다.

이력 현상은 미세조정(calibration) 과정 때문일 수도 있다. 미세조정은 정보와 움직임의 관계를 컨트롤 법칙 속에서 세분화하는 것을 의미한다. 정보와 움직임에 변화를 주는 것이 아니라 단지 둘 사이의 관계만을 변화시키는 것이다. 예를 들어, 타자는 배트가 컨택 포인트를 정확하고 빠르게 지나가도록 하려면 얼마나 강하게 뒷발로 지면을 밀어내야 하는지, 얼마나 강하게 상체를 회전해야 하는지를 연습을 통해 학습한다. 그런데 만약 선수의 움직임 역학

(dynamics)이 변했다면(피로도가 높아져 있는 상태) 정보와 움직임 사이의 관계를 미세조정(re-calibration)하는 과정이 필요하다. 움직임이 더 길어진다는 점을 고려해 근육의 활동을 조금 더 일찍 시작해야 한다. 공의 속도처럼 선수가 직면하는 환경의 역학이 변했을 때도 미세조정 과정이 필요하다. 마이너리그에서 메이저리그로 올라온 타자는 상대하는 공이 더 빨라진다.

스윙을 피칭 동작과 커플링시킨다 : 사전 단서와 미세 조정

4장의 이야기를 이어 나가면 '사전 단서'는 앞으로 벌어질 일을 예상하는데 사용되는, 상대 선수의 어떤 움직임 양상을 뜻한다. 타자에게는 공을 던질 때 투수가 보여주는 동작이 사전 단서가 된다. 〈그림 12.3〉과 같이 투수가 공을 놓을 때 순간적으로 보이는 그립, 앞다리를 들어올리는 레그킥의 크기, 체인지업과 패스트볼의 팔스윙 속도의 차이 등이다.

앞으로 어떤 일이 벌어질 지 예측하기 위해 이런 사전 단서를 사용한다는 것이 전통적인 예측 컨트롤 모델의 관점이다. 예측 컨트롤 모델에 따르면 야구의 타자는 사전 단서를 통해 구종을 예측한다. 테니스 선수는 상대의 움직임에서 사전 단서를 포착해 서브가 대각선으로 들어올지, 정면으로 날아올지를 예측한다. 그런 다음 움직임을 미리 프로그래밍한다. 사전 단서를 통해 패스트볼이라고 예측을 한 타자는 뒷발로의 중심 이동을 조금 더 일찍 시작한다.

〈그림 12.3〉 패스트볼, 커브, 체인지업의 일반적인 그립

　그렇다면 이런 견해를 뒷받침하는 증거는 있을까? 브루스 애버
네시(Bruce Abernethy)의 연구를 시작으로 시각 차단 방법을 이용한
훌륭한 연구들이 여러차례 진행되었다.[04] 앞장에서 소개했던 내가
야구의 타자를 대상으로 진행했던 연구도 그 중 하나다. 우리는 투
수의 손에서 공이 떠나는 모습을 잠깐 보여주고 시각을 차단했다.
그런 다음 어떤 구종이 어느 로케이션으로 들어왔을지를 물었다.
투수의 앞발이 지면에 닿을 때 시각을 차단할 정도로 매우 짧은
시간 동안만 시각 정보를 활용할 수 있는 조건에서 숙련된 타자들
은 더 정확하게 구종과 로케이션을 예측했다.[05]

　마이너리그 선수들을 대상으로 분석한 결과, 사각 차단 조건에
서의 투구 인식 정확도는 실제 시즌의 타격 성적과 의미있는 상관
관계가 있는 것으로 나타났다.[06] 특히 출루율과 높은 상관관계가
있음이 드러났다. 이런 결과는 기술이 좋은 선수일 수록 사전 단서
를 잘 포착해 다음에 일어날 일을 잘 '예측한다'는 반박할 수 없는
증거처럼 보인다.

하지만 나는 그런 해석이 완전히 잘못되었다고 생각한다. 내가 볼 때 경험이 많은 선수의 예상 능력이 더 뛰어난 것은 다양한 정보에 조율하는 능력 때문이다. 지각과 움직임을 구별해 예측을 하라고 하면 선수들은 비교적 잘 예측한다. 하지만 그것은 선수들이 실제로 경기에서 기술을 수행하는 방식이 아니다. 숙련된 선수들은 '사전 단서'를 바탕으로 범주화된(categorical) 예측을 하는 것이 아니라 상대 선수의 움직임 정보를 이용해 자신의 움직임을 미세하게 조율한다. 예측이 아니라 전향적 움직임 컨트롤을 위해 사전 단서를 사용한다는 의미다.

타카미도(Takamido) 연구팀의 최근 연구는 나의 이런 주장을 뒷받침한다.[07] 연구팀은 15명의 남자 소프트볼 선수를 대상으로 시뮬레이션 타격 실험을 했다. 선수들은 앞에 설치된 스크린에 나오는 투수의 동작을 보고 스윙 타이밍을 맞추는 과제를 수행했다. 투

구 동작은 다양한 속도로 재생되었다. 재생 속도에 따라 투구 동작은 빨라지고 느려졌다. 연구팀은 고속 카메라와 타석에 설치된 지면반력 측정기를 이용해 스윙을 분석했다. 실험 결과, 투구 동작의 재생 속도에 따라 타자의 스윙은 크게 영향을 받았다. 스윙 타이밍도 바뀌었고, 체중 이동 단계에서 뒷발에 힘이 실리는 양상에도 영향을 미쳤다. 엄지발가락과 새끼발가락 쪽에 가해지는 힘의 양에 변화가 생겼다.

이 연구에는 선수들이 전향 컨트롤 모델에 따라 온라인(실시간) 정보를 이용해 스윙을 한다는 또 다른 증거가 있다. 투구 동작을 느리게 재생했을 때 선수들은 투수의 손에서 공이 떠나는 시점보다 더 일찍 움직임을 시작했다. 이건 무슨 의미일까? 선수가 사전 단서를 통해 다음에 벌어질 일을 '예측'하는 것이라면 오히려 정반대로 행동해야 하지 않을까? 이것이 바로 타자가 전향 컨트롤 모델로 움직인다는 증거다. 타자는 정보가 입력되는 즉시(투수가 투구 동작을 시작할 때) 움직이기 시작한다. 타자는 '예측'이 아니라 지속적으로 움직임을 컨트롤하기 위해 정보를 사용하기 때문이다. 연구팀은 다음과 같이 정리했다.

" 타자는 타격 동작과 상대 투수가 공을 놓기 전에 하는 움직임 정보를 커플링해서 준비 동작 패턴을 조절한다."

이런 결과는 내가 직접 수행한 연구 결과와도 일치한다.[08] 나는 공이 타자의 시야에서 사라지는 타이밍에 변화를 주면 스윙의 패턴이 바뀐다는 사실을 직접 테스트를 통해 확인했다. 이는 단순히 '패스트볼 스윙'에서 '커브 스윙'으로 전환되는 것이 아니다.

사전 단서에 대한 이야기를 정리해보자. 사전 단서는 여러 스포츠에서 움직임 컨트롤을 위해 중요하다. 하지만 우리는 사전 단서를 훨씬 더 나은 방식으로 사용할 수 있다. 움직임과 분리되는 예측 작업을 위해서가 아니라, 움직임의 초반부를 전향적으로 컨트롤하는데 사용할 수 있다. 소프트볼 연구에서 사전 단서는 체중 이동 단계에서 엄지발가락과 새끼발가락에 실리는 힘의 양에 영향을 미쳤다. 이처럼 선수들은 아주 미묘하게 움직임을 조절하는데 사전 단서를 사용한다. 이런 관점을 받아들인다면 우리는 매우 중요한 결론에 다다르게 된다. 단순히 영상을 보고 다음에 무슨 일이 일어날 지 말하게 하는 수동적인 훈련 방식에서 벗어나야 한다. 정보와 움직임을 커플링하는 방식으로 훈련을 진행해야 한다.

예측이 아니라 의도를 코칭한다

'이 투수는 유리한 카운트에서 체인지업을 주로 던진다.' '이런 상황에서 상대는 골대 앞으로 롱 킥을 찰 확률이 높다.' 이런 성향 정보와 상황 확률에 대해 우리는 잘못 이해하고 있다. 이런 정보들은 예측을 위해 사용되기 보다는 선수의 의도에 변화를 주기 위해 사용되어야 한다.

야구에서는 카운트(상황 확률)에 따라 타격 결과가 달라진다. 데이터로도 입증된 널리 알려진 사실이다. 카운트에 따라 타격의 결과가 달라진다는 데이터 자체가 상황 확률이 예측보다 의도와 더 강력하게 연결되어 있다는 증거일 수 있다. 의도는 타자가 현실화시키려고 하는 목적이다. 타자는 단순히 안타를 치려는 목적만 가지고 타석에 들어서는 것은 아니다. 경기 상황에 따라 다른 의도를 가지고 타석에 들어선다. 때로는 공을 치지 않고 지켜보겠다는 의도를 가질 때도 있다.

대부분의 타자들은 카운트에 따라 의도를 바꾼다.[09] 2-0으로 유리한 카운트에서는 강하게 치려는 의도를 가지고 투수의 공을 노린다. 홈런과 같은 장타로 이어질 가능성이 높기 때문이다. 반대로 0-2처럼 불리한 카운트에서는 삼진을 피하기 위해 어떻게든 맞추겠다는 의도를 가지고 투수를 상대한다. 의도가 다른 두 스윙은 확연히 다른 코디네이션 패턴으로 나타난다.[10] 정보-움직임 컨트롤 법칙도 다르게 적용될 가능성이 높다. 의도가 다르면 지각-운동 시스템도 다르게 조직된다. 타자가 스윙을 하려는 의도로 투수의 공을 볼 때와 스윙을 하지 않고 그냥 지켜보겠다는 의도로 공을 볼 때 눈의 움직임 패턴이 달라진다는 연구 결과도 있다.[11]

과거의 이력, 사전 단서, 선수의 성향과 상황 확률 등의 오프라인 정보를 효과적으로 사용하면 움직임을 최적화하는 데 도움이 된다. 선수는 단순히 지금 이 순간에 일어나는 일에 반응하는 차원을 넘어 환경과의 상호작용 속에서 일어나는 패턴(오프라인 정보)

을 활용해야 한다. 이번 장을 시작하며 이야기했듯이 이 프로세스는 명사가 아닌 동사에 가깝다. '기억(memory)'이 아닌 '떠올리기(remembering)'다. 우리의 지각-운동 시스템은 (수동적으로 저장된 운동 프로그램과 계획에 대한) '기억' 없이도 경험을 통한 변화를 '떠올린다'. 코치는 사전 단서와 상황 확률 등 오프라인 정보를 담고 있는 패턴을 적절히 연습에 포함시켜야 한다. 선수들이 그런 패턴을 포착하고 사용하는 법을 익히도록 연습을 디자인해야 한다.

하나의 간단한 방법은 순차적 연습(serial practice) 방식을 사용하는 것이다. 운동 학습에서는 연습을 고정 연습(blocked practice)과 랜덤 연습(random practice)으로 나누곤 한다. 연습을 세팅할 때 코치들은 극단적으로 하나의 방식을 선택하는 경향이 있다. 고정연습은 똑 같은 동작을 계속 반복하는 것이고, 랜덤연습은 무작위로 연습 방법을 바꾸는 것이다. 이 두 방식 사이에 순차적 연습이라는 흥미로운 선택지가 있다. 순차적 연습에서는 기술에 변화를 주기도 하고 과제 제약을 바꾸기도 하지만 완전히 무작위적인 순서로 변화를 주지는 않는다. 골프를 예로 들면 퍼팅, 칩샷, 드라이브, 퍼팅, 칩샷, 드라이브, 이런 순서로 연습을 하는 방식이다. 퍼팅 연습을 한다면 롱퍼트, 중간퍼트, 숏퍼트, 롱퍼트, 이런 방식으로 변화를 준다. 순차적 연습은 고정 연습과 랜덤 연습 사이에서 좋은 선택지가 될 수 있다는 사실을 증명하는 여러 연구가 있다. 너무 변동성이 큰 연습 조건에서 초보자는 어려움을 겪을 수 있다. 이때 순차적 연습은 초보자가 랜덤 연습에 적응할 수 있는 기회를 제공한다.[12]

13장

결승전의 만원 관중을 즐기는 선수

대부분의 연습은 경기와는 다른 온도에서 진행되는 경우가 많다. 내가 여기서 말하는 온도는 실제 온도, 즉 화씨나 섭씨를 말하는 것이 아니다. 감정의 수준을 의미한다. 실제 경기는 그야말로 '뜨겁다'. 경기에는 압박감과 불안감, 분노와 슬픔이 있다. 이에 반해 연습은 대체로 '차갑다'. 그다지 많은 감정이나 압박감이 개입되지 않는다. 기술 습득과 연습 디자인의 측면에서 감정은 보통 컨트롤할 수 없고 부정적인 대상으로 여겨져 왔다. 적어도 어떤 기술을 제대로 익히기 전까지 불필요한 '노이즈(소음)'는 학습 과정에서 빼는 게 좋다고 생각해 왔다. 정보와 움직임은 실제 경기와 비슷하게 만들기 위해 많은 노력을 기울이지만 감정적인 맥락은 그다지 고려하지 않는 코치들이 많다. 이번 장에서는 '뜨거운' 연습이 주는 이점에 대해 소개하려고 한다. 단순히 효과적인(effective) 연습이 아니라 기분이나 감정과도 연결이 된 정서적인(affective) 연습이다!

압박감을 다루는 법도 연습으로 발전시킬 수 있는 기술이다

4장에서 잠깐 다루었듯이, '압박감으로 인한 초크 현상'은 선수의 주의가 어떤 방향으로든 과도하게 쏠리기 때문에 일어난다. 주의가 몸으로 가서 움직임을 지나치게 컨트롤하려고 하거나, 주의가 사방으로 향하며 극도로 산만해질 때 초크 현상이 일어난다. 그러므로 실제 경기에서 스트레스를 잘 다루고, 초크에 빠지지 않도록 자기 조절 프로세스를 올바로 작동시키려면 불안감이 높은 조건에서 연습을 할 필요가 있다. 스트레스는 적응을 위한 도구라는 사실을 우리는 앞서 확인했다. 스트레스는 퍼포먼스와 동작에 대한 준비 수준을 높여준다. 또한 선수는 적당한 스트레스로 인해 연습에 보다 집중하게 된다.

이러한 주제를 탐구한 초기의 연구는 2010년에 아우데얀(Oude jans)과 파이퍼스(Pipers)박사가 진행한 실험이다.[01] 연구팀은 암스테르담의 브뤼헤(Vrije) 대학교에 독특한 환경을 세팅해 다트를 던지게 하는 실험을 했다.

참가자들은 암벽 등반을 하다가, 중간에 멈추고 벽에 기대서 다트를 던져야 했다. 연구실에는 높이를 조절할 수 있는, 암벽 등반 벽처럼 생긴 구조물과 다트 타겟이 설치되었다. 24명의 참가자들은 두 그룹으로 나뉘어 연습을 했다. 통제 그룹은 바닥에서 겨우 14cm 떨어진 높이에서 다트를 던지는 연습을 했다. 긴장감이 낮은 연습이라고 할 수 있다. 실험 그룹은 똑같은 14cm 높이에서 연습을 했지만 경쟁 압박과 평가 압박을 추가했다. 좋은 기록에는 상금을 주기로 했고, 연습하는 모습을 영상으로 촬영했다. 연습을 마치고 두 그룹은 높이가 다른 14cm, 4m, 5.6m 세 지점에서 다트를 던졌다. 높아질 수록 선수가 느끼는 불안감은 높아지게 된다. (내가 직접 해보니 정말 그렇다!)

연습이 끝나고 테스트를 진행한 결과, 경쟁 압박과 평가 압박이 있는 조건에서 연습한 그룹은 다트를 던지는 위치가 높아져도 점수가 전혀 변하지 않았다. 반면 별다른 압박감이 없이 연습한 그룹은 5.6m 높이로 올라갔을 때 평균 9점이 떨어졌다. 불안감을 느끼면서 한 연습이 불안한 조건에서의 퍼포먼스를 향상시킨 것이다.

여기서 주목해야 할 중요한 포인트는 연습의 압박감과 테스트의 압박감이 완전히 달랐다는 점이다. 연습의 압박감이 다트를 던지는 과제와 관련된 것이라면, 테스트에서의 압박감은 본질적으로 아래로 떨어질 지도 모른다는 두려움과 관련이 있었다. 이런 결과는 '연습의 압박감은 실제 경기의 압박감과 얼마나 비슷해야 할까?' 하는 질문에 힌트를 준다. 잠시 후에 이 질문에 대한 이야기를 이어 나가자.

두 번째 사례는 방고르(Bangor) 대학교의 가브 로렌스(Gav Lawrence) 연구팀이 클라이머(암벽등반가)를 대상으로 진행한 실험이다.[02] 연구팀은 32명의 초보 클라이머를 두 그룹으로 나눠 실내 암벽 등반 코스에서 훈련을 시켰다. 한 그룹은 불안감이 낮은 조건에서 모든 훈련을 진행했다. 또 다른 그룹은 항상 불안감이 높은 조건에서 훈련했다. 훈련하는 모습을 촬영한 영상을 전문 클라이머가 평가할 것이며, 평가 내용은 공개될 거라고 참가자에게 말해 주는 방식으로 불안감을 높였다. 훈련을 마치고 연구팀은 클라이밍의 속도와 정확성을 두 가지 조건에서 테스트했다. 하나는 불안감이 낮은 조건이었고, 또 하나는 참가자에게 상금을 걸어서 불안의 수준을 높인 조건이었다.

테스트 결과, 불안감이 낮은 조건에서 훈련을 한 그룹은 똑같이 불안감이 낮은 조건에서 테스트를 했을 때는 훈련과 테스트의 결과가 거의 같았다. 그러나 불안감이 높은 조건에서는 코스를 통과하는 데 걸린 시간이 약 7초 정도 크게 늘어졌다. 불안감이 높은 조건에서 훈련을 한 그룹은 똑같이 불안감이 높은 조건에서 테스트를 했을 때도 그다지 부정적인 결과가 나오지 않았다. 앞서 소개했던 다트 던지기의 결과와 일치하는 모습이다.

이 실험에는 나의 눈길을 사로잡은 재미있는 포인트가 있다. 불안감이 높은 조건에서 훈련한 그룹은 뜻밖에 불안감이 낮은 조건에서 테스트를 할 때 퍼포먼스가 현저히 떨어졌다. 코스를 통과하는 시간이 약 5초 정도 늘어졌다. 여기에는 중요하고 실용적인 메시지가 담겨 있다. 늘 마음이 편안한 상태에서 연습을 하는 것이 안 좋은 것처럼 마음이 격렬하게 요동치는, 높은 불안 상태에서 늘 연습하는 것도 바람직하지는 않다는 점이다. 그런 조건에서의 연습은 선수를 정신적으로 완전히 소진시킬 수 있다. 뿐만 아니라 스트레스가 적은 상황에서 경기력을 제대로 발휘할 수 있는 '정신적 모드'를 세팅하지 못하게 만들 가능성이 있다.

내가 여기서 강조하고 싶은 중요한 포인트는 퍼포먼스 (performance)와 학습(learning)의 구분이다. 불안과 같은 정서적인 맥락을 연습에 추가하는 목적은 학습이다. '미래'에 더 좋은 선수가 되도록 하는 게 목적이다. 연습에 불안이나 압박감을 세팅하면 선수는 저조한 퍼포먼스를 보여줄 가능성이 높아진다. 만약 그렇지 않다면 코치가 연습을 제대로 세팅하지 못했기 때문일 지도 모른다! 연습에서 그런 경험을 하는 것이 '미래'에, '실제 경기'에서 퍼포먼스가 떨어지는 것을 막을 수 있느냐가 우리가 탐구해야 할 중요한 질문이다.

선수는 결과에 보다 큰 두려움을 느낀다

2016년에 호데이커(Hordacre)의 연구팀은 수행해야 하는 과제와 전혀 관계가 없는 압박감의 효과를 관찰했다.[03] 앞서 소개한 실험들은 동작을 수행하는 동안 압박감을 느끼게 하는 방식이었다. 참가자들은 다트를 던지며 압박감을 느꼈고, 암벽을 오르며 불안감을 느꼈다. 하지만 이 실험은 과제를 수행하는 동안이 아니라 수행하기 전에 불안감을 유발시켰다. 연구팀은 36명의 참가자를 두 그룹으로 나누었다. 통제 그룹에는 '3-2'와 같이 한 자리 숫자의 수학 문제를 빠르게 푸는 과제가 주어졌다. 실험 그룹에게는 '817-342'와 같이 세 자리 숫자의 수학 문제를 빠르게 푸는 과제가 주어졌다. 과거의 연구에 따르면 세 자리 숫자의 수학 문제는 제법 높은 수준의 불안을 유발하는 것으로 나타났다.

수학 문제를 풀고 두 그룹은 꼬집기 연습을 시작했다. 엄지와 집게 손가락을 움직여 세 가지 다른 크기의 힘을 정확히 만들어내는 연습을 했다. 그런 다음 24시간 후에 연습의 효과가 얼마나 유지되는지 테스트했다.

예상대로 세 자리 숫자의 수학 문제를 풀었던 그룹은 꼬집기 연습을 시작할 때 인지된 불안의 수준이 훨씬 더 높았다. 하지만 이 그룹의 불안감은 한 두 번의 연습을 하고 나자 빠르게 사라졌다. 연습의 퍼포먼스를 보면, 세 자리 숫자의 수학 문제를 푼 그룹은 꼬집기 연습의 첫 세션부터 훨씬 더 빠르게 과제를 수행했다. 움직이는 시간도 더 짧았으며 연습을 하는 동안 퍼포먼스를 꾸준히 유지했다. 이런 모습은 '스트레스 적응 효과(adaptive effect)' 때문일 가능성이 높다. 세 자리 숫자의 수학 문제를 푼 그룹은 꼬집기 연습을 하기 전에 이미 어느 정도 '열이 받은(!)' 상태였다. 그런 스트레스가 꼬집기 운동을 위한 준비 수준을 높여주었고, 결과적으로 퍼포먼스 향상으로 이어졌을 가능성이 높다.

그렇다면 어느 그룹이 연습한 동작을 보다 잘 유지했을 지도 궁금해진다. 24시간 후의 테스트 결과, 역시나 세 자리 숫자의 수학 문제를 푼 그룹이 훨씬 더 정확하고 빠른 퍼포먼스를 보여주었다. 선수가 높은 불안감을 경험하는 것은 학습에 도움이 된다. 연습 전에 경험을 해도 도움이 되고, 수행하는 과제와 전혀 관련이 없는 경험도 도움이 된다.

마지막으로 소개하고 싶은 연구는 2017년에 스토커(Stoker) 박사가 수행한 연구다.[04] 어떤 유형의 스트레스가 퍼포먼스에 가장 큰 영향을 미치는지 파악하는 게 이 연구의 목적이었다. 스토커의 연구팀은 설문 조사를 통해 엘리트 코치들이 압박감을 세팅하는 방식을 두 가지로 나누었다. 하나는 연습 과제나 환경을 통해 압박감을 세팅하는 방식이고, 또 하나는 연습의 결과에 압박감을 느끼게 하는 방식이다. 코치들은 과제를 바꾸거나(경기의 규칙을 바꾸기) 환경 속에 스트레스 요인을 추가해(스피커에서 시끄러운 소리를 들려주기) 압박감을 세팅했다. 또한 코치들은 연습 결과에 따른 보상, 평가, 교체 등의 방식을 통해 선수들을 퍼포먼스 결과에 대한 압박감에 노출시켰다.

연습 과제나 환경이 제공하는 불안감과 퍼포먼스 결과에 따른 불안감 중에 어느 쪽이 더 큰 영향을 미치는 지를 관찰하는 것이 이 연구의 목적이었다. 이를 위해 연구팀은 영국의 넷볼 국가대표팀 선수 15명을 과제와 환경에 압박감을 세팅한 그룹과 퍼포먼스 결과에 압박감을 연결시킨 그룹, 그리고 아무런 조건 없이 연습한 통제 그룹으로 나누어 연습을 진행했다. 세 가지 조건 모두 선수들은 넷볼과 관련된 드릴을 연습했다. 과제와 환경에 압박감을 세팅한 그룹은 슛의 순서를 무작위로 조작하거나, 시각 차단 안경을 쓰고 움직이게 하거나, 소음을 이용해 선수를 산만하게 만드는 방식을 사용했다. 결과에 압박감을 연결시킨 그룹은 감독이 보는 앞에서 드릴을 연습했다. 그리고 연습하는 모습을 영상으로 촬영했다. 가장 퍼포먼스가 좋은 선수에게는 50달러의 상금이 주어졌고, 가장 저조한 퍼포먼스를 보여준 선수는 팀원들 앞에서 네 가지 주제 중 하나를 선택해 1분 동안 프레젠테이션을 해야 했다. 연구팀은 설문 조사와 심박수를 통해 불안감의 수준을 평가했다. 두 가지 평가 방식 모두 선수들은 퍼포먼스 결과에 압박감을 연결시킨 조건에서 불안감을 더 높게 인지했고 퍼포먼스도 떨어졌다.

압박감을 연습에 세팅하기 위한 방법에 대해 본격적으로 이야기하기 전에 나는 두 가지 간단하면서 실용적인 방법을 먼저 소개하고 싶다. 첫 번째는 연습을 하기 전에 경기 상황을 머릿속으로 그려보는 접근법이다. 드라이빙 레인지에서 스윙만 계속해서 반복시키거나, 피칭 머신에서 날아오는 공을 그냥 때리게 하는 대신 코치는 멘탈적으로 부담스러운 상황을 만들어 줄 수 있다.

"마스터스 18번 홀이라고 상상해보자. 여기서 성공시키면 한 타 차로 우승이야."
"9회말 투 아웃에 이번 공으로 헛스윙을 이끌어내면 삼진이야."

두 번째는 랜쇼(Ranshaw)와 쵸우(Chow) 연구팀이 개발한 경기 강도 지수(GII : Game Intensity Index)를 사용하는 방법이다.[05] 경기 강도 지수란 팀 스포츠에서 경기장의 크기를 선수 수로 나눈 값이다. 축구나 풋볼 같은 종목의 많은 코치들은 연습의 강도를 끌어올리고 싶을 때 선수가 움직일 수 있는 공간을 더 작게 세팅한다. 야구나 크리켓처럼 날아오는 공을 상대해야 하는 종목에서는 실제 경기보다 가까운 거리에서 공을 상대하도록 연습 환경을 바꿀 수 있다. 이런 간단한 방법을 이용해 코치는 극한의 타이밍을 맞추어야 하는 실제 경기의 압박감을 선수가 경험하도록 할 수 있다.

연습에 압박감을 세팅하기 위한 핵심 원칙

압박감을 다룬 연구들을 통해 우리는 연습에 압박감을 세팅하는 데 필요한 몇 가지 핵심 원칙을 정리할 수 있다.

1. 연습의 압박감이 경기의 압박감과 완전히 같을 필요는 없다.

사실 경기의 압박감을 연습에 그대로 재현하는 것은 불가능하기도 하다. 이를테면 선수가 많은 관중 앞에서의 경기를 두려워한다고 해서 꼭 많은 관중이 있는 곳에서 연습을 할 필요는 없다. 영상을 촬영하는 방법처럼 누군가 지켜보고 있다는 사실을 인지시켜 주는 것만으로도 도움이 될 수 있다.

2. 반드시 연습을 하는 동안 압박감을 세팅해야 하는 것은 아니다.

연습 전에 머리를 쓰게 만드는 게임을 하면서 약간의 스트레스를 느끼게 하는 방법도 도움이 된다.

3. 압박감의 수준을 적절히 섞어서 연습한다.

항상 낮은 압박감 수준에서만 연습을 하거나, 늘 높은 압박감 수준으로 연습하는 것은 바람직하지 않다.

4. 선수의 실패를 가만히 지켜보기만 해서는 안된다.

압박감을 세팅한 연습을 처음 하게 되면 선수의 퍼포먼스가 뚝 떨어질 가능성이 높다. 이때 코치의 역할이 중요하다. 그대로 그 상황을 놔두어서는 안된다. 선수가 어느 정도 성공의 경험을 맛볼

수 있도록 연습 조건을 재조정해야 한다. 연습의 목적에 대해 선수와 대화를 나누는 것이 중요하다. 압박감 속에서 연습을 하면 퍼포먼스가 떨어질 수 있다는 점을 선수에게 알려주어야 한다. "당연히 실패할거야." 선수가 이런 생각을 가지고 연습을 하지 않도록 신경을 써야 한다.

5. 선수는 과제나 환경에 압박감을 세팅하는 방식보다 보상, 평가, 교체 등 결과에 압박감을 연결하는 방식에 더 큰 영향을 받는 것으로 보인다.

나의 경험으로는, 선수들이 가장 압박감을 크게 느낀 상황은 가장 낮은 점수를 받은 선수가 팀원들 앞에서 발표를 해야 한다는 조건이었다. 앞서 반복해서 이야기했듯이 선수는 압박감을 크게 느끼면 주의를 몸으로 보내 움직임을 지나치게 컨트롤하려고 한다. 결과에 스트레스를 받는 상황을 코치가 연출하면 선수는 그런 무의식적인 충동에 저항하는 법을 배우게 된다.

이 주제에 대해 관심있는 분들을 위해 헨드릭(Hendrick) 박사의 연구를 추천한다. 선수가 다른 유형의 감정을 경험하도록 만드는 일반적인 가이드라인을 잘 정리해 소개하고 있다.[06] 감정도 일종의 개인 제약이라고 할 수 있다. 선수에게 느껴지는 감정 역시 다양한 움직임 솔루션의 창발에 영향을 미친다. 그렇기 때문에 다른 제약과 마찬가지로 감정도 연습에 세팅할 수 있어야 한다.

선수의 기대에 따라 달라지는 연습 효과

이 장을 마무리하며 하고 싶은 이야기는 선수의 기대를 관리하는 코치의 역할이다. 당신은 코치로서 선수의 마음을 무엇으로 채우고 있는가? 실패에 대한 두려움으로 가득 차게 만들고 있는가? 아니면 성공할 수 있다는 희망으로 채우고 있는가? 선수 자신이 품고 있는 기대는 코치가 생각하는 것 이상으로 중요하다. 울프(Wulf)와 루스와이트(Lewathwaite) 박사는 '운동 학습의 최적 이론'에서 선수의 성공에 대한 기대를 높이는 것이 새로운 기술을 배우기 위한 핵심 요소라고 말하고 있다.[07] 선수의 기대가 기술 습득에 미치는 영향을 설명하기 위해 두 사람은 착시 현상을 이용한 연습

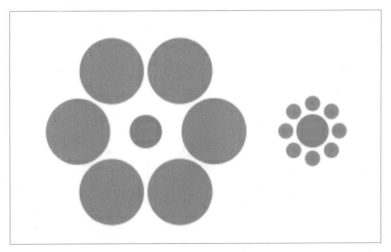

〈그림 13.1〉 에빙하우스 착시

사례를 소개한다.

2015년에 쇼블(Chauvel)의 연구팀은 두 가지 조건으로 나누어 골프 선수의 퍼팅 연습을 관찰했다. 하나는 일반적인 골프 홀이었고, 또 하나는 착시 효과로 홀의 크기를 다르게 지각하도록 만든 조건이었다.[08] 〈그림 13.1〉은 널리 알려진 에빙하우스(Ebbinghaus) 착시 효과다. 주위에 크기가 다른 원을 배치하면 가운데 원의 크기가 다르게 지각되는 현상이 일어난다. 대부분의 사람들은 오른쪽 그림의 가운데 원을 왼쪽 그림의 가운데 원보다 크게 지각한다. 하지만 실제 두 원의 물리적 크기는 같다.

퍼팅 그린에서 이와 비슷한 상황을 만들면 어떤 일이 벌어질까? 에빙하우스 착시 그림처럼 정규 사이즈의 홀 주변에 큰 원이나 작은 원을 놓아보는 것이다. 연구팀은 초보 골퍼들을 일반적인 홀에서 연습하는 그룹과 에빙하우스 착시 효과가 적용된 홀에서 연습하는 그룹으로 나누었다. 연습을 마친 후에는 일반적인 홀에서 테스트를 진행했다. 테스트 결과, 착시 연습을 한 골퍼들은 정규 사이즈의 홀이었음에도 홀의 크기를 더 크게 지각했다. 자신감 지표도 더 높았다. 가장 중요한 것은 실제 퍼팅의 결과였다. 착시 연습을 한 골퍼들은 평균 5cm 정도 홀에 더 가깝게 공을 보냈다. 연구팀은 이러한 결과가 '높아진 기대' 때문이라고 주장했다. 홀을 더 크게 지각하면 퍼팅을 성공시킬 수 있다는 기대도 더 커지게 된다.

선수의 기대 관리는 자연스럽게 다음 주제로 이어진다. 연습의

과제는 얼마나 어려워야 할까? 코치는 어느 정도 수준으로 연습의
난이도를 세팅해야 할까?

14장

선수에 맞는
최적의 연습 난이도

연습은 얼마나 어려워야 할까? 코치들이 늘 궁금해하는 질문이다. 실제로 매우 중요한 질문이기도 하다. 연습은 선수가 모든 동작과 기술을 완벽하게 수행하지 못할 만큼 충분히 어려워야 한다. 연습은 선수에게 쉽지 않은 도전이어야 한다. 운동 학습에서는 보통 퍼포먼스(performance)와 학습(learning)을 구분한다. 퍼포먼스는 '지금' 잘하는 것을 의미한다. 학습은 '미래'에, 실제 '경기'에서 좋은 퍼포먼스를 내기 위해 무언가를 하는 것이다. 학습은 퍼포먼스가 저조할 때 이루어지는 경우가 많다. 다른 한 편으로는, 연습이 지나치게 어려워서 선수가 좀처럼 성공의 경험을 하지 못해서도 안 된다. 그러면 선수의 동기와 자신감은 떨어지게 된다. 연습에 노력을 쏟지 않게 되거나, 심지어는 갑자기 연습에 나오지 않는 경우도 생긴다. 코치는 성공과 실패의 경험 사이에서 균형을 잡아야 한다!

연습의 난이도와 관련해 가장 널리 알려진 이론은 2004년에 과다노이(Guadagnoi)와 리(Lee)가 주장한 '도전 포인트 가설(Challenge Point Hypothesis)'이다.[01] 도전 포인트 가설은 과제의 난이도를 두 가지 유형으로 나눈다. 바로 명목상 난이도와 기능적 난이도다. 명

목상 난이도는 그 과제를 달성하기 위해 필요한 지각-운동 요구
사항에 의해 결정된다. 누가 그 과제를 수행하는지, 어떤 조건에서
수행하는지는 관계가 없다. 예를 들어, 농구에서 6m 거리에서의
점프슛은 3미터 거리에서의 점프슛보다 명목상 더 어렵다. 거리가
더 멀기 때문이다. 반면에 기능적 난이도는 그 과제를 수행하는 선
수의 기술 수준에 따라 달라진다. 어떤 과제 제약 속에서 수행했느
냐에 따라서도 달라진다. 수비의 블락을 피해서 쏘는 6m 점프슛
은 수비가 없는 상태에서 하는 오픈슛과 명목상 난이도는 같다. 하
지만 기능적으로는 더 어렵다. 코치는 단순히 명목상 난이도를 기
준삼아 연습을 디자인해서는 곤란하다. 기능적 난이도를 다양하게
고려해야 한다. 기술 수준이 낮은 선수는 명목상 난이도를 낮출 필
요가 있다. 속도를 늦추거나, 더 가까이에서 슛을 쏘게 하거나, 연
습의 변동성을 줄여주는 방식이다.

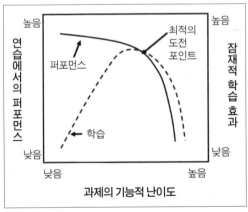

〈그림 14.1〉 퍼포먼스와 학습

도전 포인트 가설은 〈그림 14.1〉에서 볼 수 있듯이 퍼포먼스와 학습을 구분한다. 기능적 난이도가 낮아서 선수가 과제에 적응하게 되면 연습의 퍼포먼스는 좋을지 몰라도 학습과 발전의 가능성은 그다지 크지 않다. 반대로 기능적 난이도가 너무 높으면 퍼포먼스와 학습 모두 기대하기 어렵다. 최적의 도전 포인트는 중간 어디쯤에 있다. 가장 높은 잠재적 학습 효과를 가져올 수 있는 포인트를 찾아야 한다.

단순 반복 연습이 가져다주는 '배웠다'는 느낌

퍼포먼스와 학습 사이의 관계를 이해하기 위해 고정 연습(blocked practice)과 랜덤 연습(random practice)을 비교해 보자. 고정 연습은 같은 동작이나 기술을 반복하는 방식이다. 골프를 예로 들면, 고정 연습 방식은 드라이버를 50번 치고, 그린에서 50번의 퍼팅을 한 다음, 벙커에서 칩샷을 50번 연습한다. 랜덤 연습은 동작이나 기술을 무작위로 섞어가며 연습하는 방식이다. 드라이버를 한 번 치고, 퍼팅을 두 번 한 다음, 벙커샷을 한 번 연습하고, 다시 드라이버를 연습한다.

〈그림 14.2〉는 이 두 가지 연습 방식의 효과를 보여주는 일반적인 패턴이다. 왼쪽 그래프를 보면 알 수 있듯이 랜덤 연습을 할 때보다 고정 연습을 할 때 보통 퍼포먼스는 더 좋다. 드라이버를 더 똑바로 보내고, 보다 많은 퍼팅을 성공시키고, 벙커에서 벗어나는

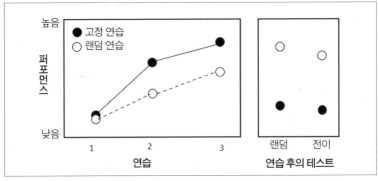

〈그림 14.2〉 고정 연습과 랜덤 연습이 일반적으로 보여주는 효과

칩샷을 더 자주 성공시킨다. 하지만 연습이 끝난 후에 경기와 비슷한 방식으로 테스트를 하면 이야기가 달라진다. 고정 연습을 한 선수들은 과제가 무작위하게 바뀌는 조건에서 꽤나 어려움을 겪는다. 반면 랜덤 연습을 한 선수들은 제법 좋은 퍼포먼스를 보여준다. 심지어는 연습보다 나은 퍼포먼스를 보여주기도 한다.

그렇다면 연습 때는 시도하지 않은 샷으로 테스트를 하면 어떤 일이 벌어질까? 운동 학습 연구자들이 '전이(transfer)' 테스트라고 부르는 방식이다. 이를테면 드라이버와 퍼팅, 짧은 칩샷만 연습한 선수들을 롱아이언샷으로 테스트를 하는 방식이다. 테스트 결과, 랜덤 연습을 한 선수들은 연습 후 전이 테스트에서 상당히 좋은 퍼포먼스를 보여주었다. 반면 고정 연습을 한 선수들은 어려움을 겪었다.

왜 이런 현상이 일어나는 지에 대해서는 잠시 후에 이야기하기로 하고 먼저 두 연습의 효과에 대해 생각해 보자. 랜덤 연습은 기술과 기술 사이의 전환을 보다 용이하게 해준다. 실제 연습한 기술과 다소 다른 기술도 보다 능숙하게 수행할 수 있게 해준다. 이것은 선수가 실제로 경기에서 해야 하는 일이다! 랜덤 연습을 할 때 선수는 퍼포먼스가 떨어져도 학습은 제대로 하고 있다고 볼 수 있다.

연습의 난이도라는 주제를 다룰 때는 또 하나의 중요한 변수가 있다. 어느 정도의 난이도로 연습을 하고 싶은지를 판단하는 선수의 능력이다. 얼마나 다양한 연습 조건에서 선수가 연습을 하고 싶어하는가 하는 문제다. 어떤 선수는 변동성이 있고, 지각과 동작이 커플링된 연습보다 동작이 고립되고 분해된 드릴(축구에서 콘 사이를 드리블하는 연습, 야구에서 배팅티에 공을 올려놓고 치는 연습)을 더 선호하기 때문에 그런 연습을 할 수밖에 없다는 이야기를 코치들로부터 종종 듣곤 한다. 스포츠뿐만 아니라 인생의 여러 측면에 해당하는 말이지만, 선수가 좋아한다고 해서 언제나 그 선수에게 좋은 것은 아니다! 하지스(Hodges)와 로스(Lohse)는 최근 논문에서 선수의 선호도와 연습의 효과에 관해 잘 설명하고 있다.[02]

"연습의 순서에 따른 효과를 관찰하는 과정에서 특히 흥미로운 점은 고정 연습을 반복한 선수에게 동반되는 몰입감(fluidity)과 '배웠다'는 느낌(feeling of learning)이다. 연습에서 어떤 성과를 빠르게 얻으면 제대로 배우고 있다는 느낌을 가지게 된다. 하지만 빠른 습득이 장기적인 학습에 반드시 도움이 되는 것은 아니다. 자신이 연습한 것을 미래에 얼마나 잘 해낼 수 있을지 물었을 때, 고정 연습을 한 사람들은 랜덤 연습을 한 사람들에 비해 더 낙관적인 태도를 보였다. 이렇듯 연습에서 무언가를 빠르게 익히게 되면 '배웠다'는 느낌이 더 크게 자리잡는다. 하지만 유지 테스트를 통해 수집한 데이터는 정반대의 패턴을 보여준다."

코치가 고정 연습을 반복시키거나 선수가 무엇을 해야 하는지 분명하게 알려주는 처방적 교습 방식을 선수도 좋아할지 모른다. 그런 연습을 통해 자신감을 더 가질 수도 있다. 하지만 그런 방식의 연습은 실제 학습과 경기로의 전이를 위한 최고의 조건은 아니라고 많은 연구들이 분명히 말하고 있다. 그렇다면 코치의 과제는 명확하다. 연습에서 기능적 난이도가 최적인 도전 포인트를 찾아야 한다. 단순히 선수의 좋은 퍼포먼스가 중요한 게 아니다. 연습을 통해 학습이 일어나야 한다.

그렇다면 최적의 도전 포인트는 어떻게 알 수 있을까? 나의 경험으로도 그렇고, 많은 코치들이 적용하는 간단한 기준은 '70% 법칙'이다. 선수가 과제의 70% 정도를 성공시킬 수 있는 난이도로

조정하는 방식이다. 선수가 연습 과제를 70% 이상 성공시키면 난이도를 높여준다. 속도를 높이거나, 더 작은 공을 사용하거나, 거리를 줄이거나 하는 방식으로 연습에 변동성을 추가한다. 70%보다 낮은 성공율을 보이면 거꾸로 난이도를 낮춰준다. 70%의 성공 경험을 통해 선수는 계속 동기 부여를 받을 수 있다. 30%의 실패 경험을 통해 선수는 학습을 하게 된다.

학습 정보는 변화와 실패의 경험 속에 있다 : 70% 법칙

도전 포인트 가설의 또 다른 핵심 포인트는 연습이 어렵다고 해서 모두 다 학습에 도움이 되는 것은 아니라는 점이다. 코치와 선수에게 필요한 것은 어려운 연습 자체가 아니라 학습과 발전을 위한 정보다. 선수가 더 좋은 움직임 솔루션을 찾아나가는 여정에 실패가 어떤 식으로든 유익한 정보로 작용해야 한다. 이런 정보가 정확히 무엇인지에 대해서는 기술 습득 이론에 따라 다른 방식으로 정의할 수 있다.[03] 나는 이것을 생태학적 관점에서 이야기하려고 한다.

'학습 정보(information for learning)'는 제이콥스(Jacobs)와 마이클스(Micheals)의 '직접 학습(Direct Learning)' 이론에서 소개하고 있는 개념이다.[04] 직접 학습 이론에서는 정보 공간을 통한 움직임을 기술 습득의 중요한 요소로 여긴다. 두 사람은 이를 '주의 학습(education of attention)'이라 부른다. 〈그림 14.3〉은 내가 몇 년에 걸쳐 야구의 타격에 관한 연구를 하며 관찰한 일반적인 패턴이다. (스

미스(Smith)의 훌륭한 연구도 비슷한 결과를 보여주고 있다).[05]

〈그림 14.3〉에는 공의 이미지 크기와 공의 이미지가 변화하는 속도로 만들어진 정보 공간에 여러 스윙이 표시되어 있다. 공의 물리적 크기는 언제나 같기 때문에, 공의 이미지 크기는 공이 타자의 눈으로부터 얼마나 떨어져 있는지를 구체적으로 알려준다. 공이 더 크게 보인다는 것은 그만큼 더 가까워졌다는 것을 의미한다. 이미지 크기의 변화 속도는 날아오는 공의 속도를 구체적으로 알려준다. 빠르게 변하고 있다는 것은 공이 그만큼 빠르다는 것을 의미한다.

검은색 원은 연습의 초반부에 나타난 스윙 패턴을 보여준다. 스

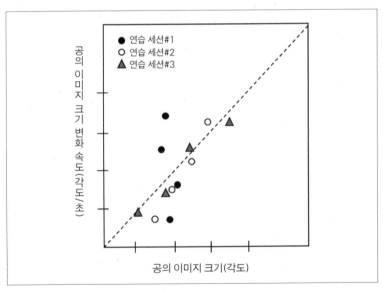

〈그림 14.3 〉정보 공간 속에서의 움직임

윙을 어느 포인트에서 시작했는지를 알 수 있다. 타자는 공의 시야 각 정보를 사용해 움직임을 컨트롤한다. 공의 이미지가 얼마나 빨리 변하는지에 관계없이 공의 시야각이 특정 값에 도달할 때 스윙을 시작하고 있다. 당연히 이런 스윙 방식은 상황의 변화에 제대로 대응하기가 어렵다. 느린 공에는 너무 일찍, 빠른 공에는 너무 늦게 스윙을 시작하게 된다.

그런데 연습을 진행하며 변화가 나타나기 시작한다. 흰색 원과 삼각형을 통해 확인할 수 있듯이, 타자는 연습 시간이 쌓여가면서 점점 사용하는 정보를 바꾸는 모습을 볼 수 있다. 처음에는 그저 공의 이미지 크기만을 사용해 스윙을 컨트롤했다면 점점 공의 이미지 크기를 공이 커지는 속도로 나눈 비율(점선으로 표시된 부분)을 정보로 사용하면서 정보 공간을 이동시키고 있다. 이것은 바로 우리들의 친한 친구, 타우다!

그렇다면 선수가 사용하는 정보 공간을 이동시키는 요인은 무엇일까? 퍼포먼스에 오류가 있거나 아직 최적의 기술을 갖추지 못했을 때 이동 프로세스는 시작된다. 과제를 완벽하게 해내고 있다면 아무 것도 바꿀 이유가 없다. 〈그림 14.4〉처럼 타자는 스윙의 타이밍을 맞추기 위해 두 간격의 타우를 커플링한다. 공과 홈플레이트 앞쪽 지점 사이의 간격(Φ_{ball})과 배트와 홈플레이트 앞쪽 지점 사이의 간격(Φ_{bat})이다. 두 타우를 커플링하지 못하면 공이 홈플레이트 앞에 도달했을 때 두 간격은 차이가 생기게 된다. 바로 이 차이가 '학습 정보'다. 타이밍이 빠르거나 늦게 되면 차이를 줄이기

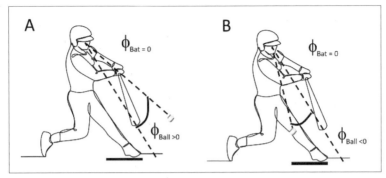

〈그림 14.4〉 야구의 타격에서 학습 정보

위해 무엇을 해야 하는지를 타자에게 알려준다.

〈그림 14.3〉 그래프를 보면 처음에는 공의 시야각 정보를 사용해 스윙을 시작하고 있다. 그러면 느린 공이 들어오면 Φ_{ball}이 0보다 커지고(그림 14.4.A), 빠른 공이 들어오면 Φ_{ball}이 0보다 작아진다(그림 14.4.B). 이런 시각적 타우와 고유수용성감각 타우의 차이는 그 자체로 '학습 정보'로 작용한다. 어떻게 스윙을 바꿔야 더 나은 타격 퍼포먼스를 낼 수 있는지 안내한다. 티이밍에 문제가 있는 타자라면 단순하게 움직임 패턴에만 변화를 주어서는 문제를 해결할 수 없다. 새로운 정보 소스를 찾을 수 있도록 자극을 주어야 한다.

연습 과제의 난이도가 너무 높으면 학습 정보가 빈약해진다. 선수의 지각-운동 시스템이 퍼포먼스를 향상시키기 위해 무엇을 해야 하는지 파악하기 어려워진다. 예를 들어, 이제 막 타격 연습을 시작한 사람에게 너무 빠른 공을 던져주거나 속도에 많은 변화를 주게 되면 타우의 차이가 좋은 학습 정보가 되기는 어렵다.

연습은 반복이면서 조정이다

학습 정보의 개념은 코칭에 몇 가지 중요한 점을 시사한다. 첫째, 조건이 일정하고 변하지 않는 연습에는 학습 정보도 없다. 항상 같은 속도로 공이 날아오는 피칭 머신을 이용해 타격 연습을 하면 정보를 포착해 움직임 솔루션을 만드는 연습을 할 수가 없다. 사실 문제는 고정 연습이 아니다. 변화가 없는 연습이 문제다! 같은 기술을 연습하는 것은 아무 문제가 없다. 드라이버를 반복해서 치거나, 배팅티 타격 연습을 반복해서 하거나, 테니스의 서브를 반복해서 연습하는 것은 전혀 문제가 아니다. 문제는 그런 연습을 늘 같은 방식으로 하는 것에 있다. 페어웨이의 폭에 따라 드라이버를 치는 방식을 바꾼다거나, 배팅티의 위치와 다리의 스탠스를 바꿔가며 타격 연습을 한다거나, 상대방의 위치에 따라 서브의 방향과 속도를 바꾸는 등의 변화를 주지 않는 게 문제다. 학습 정보는 연습에 변동성이 있어야 생긴다.[06] 같은 기술을 수행하는 동안 과제 제약에 변화를 주면 여러 기술을 섞어서 하는 랜덤 연습의 장기적인 효과를 똑같이 얻을 수 있다.

둘째, 어떤 방식으로 연습 과제의 난이도에 변화를 주어야 하는지, 그리고 왜 변화를 주어야 하는지 코치는 심사숙고해야 한다. 무조건 연습은 어려워야 좋기 때문에 난이도를 높여야 한다고 생각해서는 곤란하다. 연습이 어느 정도 어려워야 하는 이유는 그래야 더 많은 학습 정보를 선수가 접할 수 있기 때문이다. 그렇기 때문에 코치는 선수의 기술 수준을 고려해야 한다. 이제 막 기술을 배우기 시작해서 기본적인 코디네이션 패턴을 만들어야 하는 초보 선수인지, 아니면 이미 잘 만들어진 움직임 솔루션을 최적화하는게 목적인 숙련된 선수인지를 구별해야 한다.

경험이 부족한 선수를 대상으로는 움직임 솔루션에 다양한 제약을 주는 방식을 나는 선호한다. 심지어는 움직임 솔루션을 벗어나도록 제약을 세팅하기도 한다. 예를 들면, 아이언샷을 연습하는 골프 선수에게 의도적으로 공을 최대한 오른쪽 멀리 보내는 과제를 준다. 다음에는 왼쪽으로 최대한 멀리 보내라고 주문한다. 클럽의 바깥쪽 끝으로 공을 치는 과제를 주기도 한다. 다음에는 클럽의 안쪽으로 공을 쳐보라고 한다. 어떻게 보면 나는 형편없는 선수로 만들려고 애쓰는 셈이다!

하지만 이런 접근 방식은 선수에게 학습 정보를 제공하는 매우 효과적인 방법이다. 공을 오른쪽으로 멀리 보내려면 어떻게 해야 하는지, 왼쪽으로 보내려면 어떻게 해야 하는지를 몸으로 체험하면서 선수는 공을 똑바로 보내려면 어떻게 해야 하는지에 대한 정보를 얻을 수 있다. 그래서 나는 기본적인 코디네이션 패턴을 만들기 위한 연습을 할 때 극과 극의 퍼포먼스를 끌어내기 위해 과제에 변화를 주려고 노력한다. 경험이 부족한 선수는 일단 경기에 필요한 움직임 솔루션을 갖추기 위한 굵직굵직한(coarse) 정보가 필요하다.

경험이 많은 선수도 이런 유형의 연습을 하면 어느 정도 도움이 될 수 있다. 그렇지만 기존에 잘 만든 움직임 패턴을 최적화하는 데는 그다지 도움이 되지 않을 가능성이 높다. 공을 일부러 오른쪽이나 왼쪽으로 보내면서 얻는 감각 피드백은 너무 굵직굵직해서 살짝 드로우로 날아가는 샷처럼 섬세한 기술을 연습하는 데 필요한 학습 정보는 얻지 못할 가능성이 높다.

그래서 나는 '초점을 맞춘 변동성(focused variability)'의 관점에서 연습을 디자인하는 방식을 좋아한다. 과제 제약에 무작정 많은 변화를 주는 대신 발전시키고자 하는 기술의 구체적인 측면에 초점을 맞춰 변화를 주는 방식이다.

소위 말해 '밀어치는' 과제를 준 타자를 관찰한 나의 연구에서도 학습 정보의 이런 측면을 확인할 수 있다.[07] 나는 타격 실력이 떨어지는 선수에게는 기본적인 스윙 코디네이션 패턴을 연습시키기 위해 다양한 과제 제약을 사용한다. 공을 극단적으로 잡아당겨 치기, 완전히 오른쪽 방향으로만 치기, 내야플라이를 치듯 공중으로 띄우기, 일부러 땅볼을 치기, 배터 박스의 뒤에서 치기, 배터 박스의 앞에서 치기 등이다. 하지만 연구에 참여한 선수들은 이미 타격을 잘 하는 선수들이었다. 그래서 나는 다양한 과제 제약을 세팅하는 대신 반대쪽으로 타구를 보내는(소위 말하는 '밀어치기') 과제로 변동성을 집중했다. 구체적으로 나는 야구장의 특정 지역으로 타구를 보내도록 요청했다. 나는 타자의 움직임 솔루션을 무너뜨리기 위해 커넥션볼을 끼고 타격을 하도록 하거나, 경기장에 콘을 놓아서 타구의 방향을 지정하는 등 물리적인 제약을 사용해 보다 세

밀한 움직임 솔루션 변화를 유도했다. 숙련된 타자들에게 학습 정보를 제공하려면 초점이 분명하고 구체적인 제약을 세팅할 필요가 있었다.

연습을 통해 학습 정보를 만들어내고 선수가 정보 공간 속에서 어디로 이동해야 할 지를 안내하는 코치의 역할이 중요하다. 코치는 선수가 스스로 모든 것을 알아내도록 그냥 물러나 있으면 안된다. 하지스(Hodges)와 로스(Lohse)의 논문에는 코치의 역할에 대해 다음과 같이 이야기하고 있다.

"선수가 새로운 정보를 사용하는 능력을 키우는 데는 코치의 역할이 중요하다. 코치는 선수가 어디에 주의를 쏟아야 할 지 방향을 정해줄 수 있고, 선수가 사용할 핵심적인 정보를 결정할 수 있다. 코치는 과제에 특화된 제약을 세팅하거나, 경기의 규칙을 변경하거나, 말로 하는 교습이나 영상을 이용해 연습을 보충하는 방식으로 선수가 새로운 정보를 사용하는 능력을 키울 수 있다."

연습은 반복이면서 조정이다. 연습은 선수가 어떤 퍼포먼스를 보여주는 지에 따라, 그리고 코치가 제공한 학습 기회를 선수가 어떻게 받아들이는 지에 따라 조정을 하며 반복되어야 한다. 그런 과정에서 코치는 가끔은 명시적 교습(explicit instruction) 방식을 사용해도 괜찮다. 선수에게 솔루션을 주기 위한 목적이 아니라 안내하기 위한 목적이라면 명시적 교습도 도움이 된다. 예를 들어, 선수가 어떤 연습에서 어려움을 겪고 있을 때 "무릎을 더 구부려 보는 건 어때?" "팔꿈치를 안으로 넣으면 밸런스를 유지하는 데 도움이 될 것 같은데?" 이렇게 말해주는 것은 아무 문제가 없다. 선수가 새로운 움직임을 탐색하게 하는 것만으로도 좋은 일이다.

이때 기억해야 할 중요한 포인트가 있다. 그런 주문이 도움이 되지 않는 것 같으면 계속 반복해서는 안된다는 점이다. 그런 명시적 교습이 움직임 패턴을 '교정'하기 위해 사용되어서는 안된다. 코치의 교습은 움직임 솔루션을 알려주기 위해서가 아니라 선수가 더 많은 학습 정보를 얻는데 도움이 되어야 한다.[08]

또 하나의 포인트는 선수에게 피드백을 제공하는 방식이다. 선수가 잘못을 했을 때 자주 지적을 하면 동기를 떨어뜨린다. 연습에 참여하는 선수의 기대가 낮아질 수 있다. 선수가 퍼포먼스 피드백을 언제 받을지를 선택하도록 하는 것이 효과적인 피드백 전략이 될 수 있다. 연구에 따르면 코치나 다른 사람이 피드백을 제공하는 시점을 결정할 때보다 스스로 피드백 받는 시점을 정할 수 있는 조건에서 선수의 학습 효과는 높아지는 것으로 나타났다.[09] 선수 스스로 피드백을 받는 시점을 선택하게 되면 외부에서 제공되는 피드백의 양은 줄어들게 된다. 그러면서 선수는 자신의 내면으로부터 제공되는 내재적 피드백, 감각 피드백에 보다 집중할 수 있게 된다.

마지막 포인트는 선수 각자에게 맞는 최적의 연습 난이도는 늘 역동적으로 변한다는 사실이다. 선수가 어떤 과제를 잘 해낼수록 연습에서 얻을 수 있는 새로운 정보의 양은 점점 줄어들게 된다. 그런 선수들을 계속 밀어붙이려면 코치는 새로운 학습 기회를 만들어야 한다. 스트렝스&컨디셔닝 분야와 마찬가지로 코치는 기술 습득을 주기화할 필요가 있다.

연습의 난이도에 변화를 주기 위한 기술 훈련 주기화 프로세스

오트(Otte)의 연구팀이 제안한 기술 훈련 주기화(Periodization of Skill Training, POST) 방식은 연습의 난이도에 변화를 주기 위한 흥미로운 접근법이다[10]. POST 방식은 제약 주도 접근법(CLA)에 기반해 만들어졌으며, 코치가 연습을 계획할 때 고려해야 하는 세 가지 과제를 반영하고 있다. 첫 번째는 대표성(representativeness)과 과제 구체성(task specificity)을 적절히 제공하는 과제다. 일반적으로 숙련된 선수는 기술이 떨어지는 선수와 비교했을 때 보다 다양하고 많은 구체화 정보에 조율되어 있다. 그렇기 때문에 연습은 실제 경기에서 나타나는 다양한 수준의 역동적인 정보를 대표하도록 구성되어야 한다. 그래야 구체화 정보에 대한 학습이 이루어질 수 있다.

두 번째는 안정성과 불안정성 사이에서 균형을 잡는 과제다. 운동 학습을 지각-운동 지형을 탐험하는 과정으로 본다면, 효과적인 기술 개발을 위해서는 활용과 탐험 사이에서 균형을 잡아야 한다. 선수는 환경 속에서 움직임을 교란하는 조건과 마주했을 때도 안정적으로 실행할 수 있는 움직임 솔루션을 개발해야 한다(활용). 또한 더 효과적이고 새로운 움직임 솔루션을 찾기 위해 불안정한 시기를 겪기도 해야 한다(탐험).

세 번째는 정보의 복잡성 수준을 관리하는 과제다. 이것은 위에서 학습 정보를 이야기할 때 다루었던 개념과 같다. 과제의 기능적 난이도가 너무 높으면 퍼포먼스 결과로부터 도움이 되는 정보를 얻지 못할 가능성이 크다.

연구팀은 〈그림 14.5〉와 같이 세 단계로 기술 습득 프로세스를 구성하자고 제안한다. 첫 번째 '코디네이션 훈련' 단계는 다양한 코디네이션 패턴을 찾고 탐험하는 데 초점을 맞춘다. 나의 경험에 비추어 보면, 앞서 소개한 '경계에서의 변동성'(드라이브샷을 일부러 오른쪽과 왼쪽으로 멀리 보내게 한다)을 적용한 과제를 세팅하면 좋다. 그런 다음에 상대적으로 적은 수준의 변동성을 적용해(가운데로 똑바로 치게 한다) 움직임 솔루션을 안정화시킨다.

코디네이션 훈련 단계의 핵심 요소는 정보와 움직임의 커플링

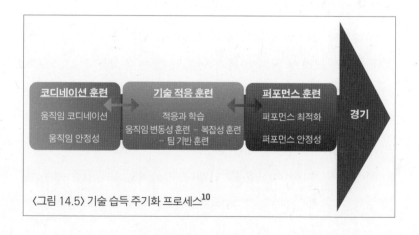

〈그림 14.5〉 기술 습득 주기화 프로세스[10]

은 유지하면서 과제의 기능적 난이도는 낮추는 것이다. 새로 어떤 운동 기술을 배우는 어린 선수를 위해 장비의 크기를 줄이는 스케일링(scaling) 접근법이 대표적인 예라고 할 수 있다. 예를 들어, 테니스를 새로 배우는 어린이를 위해서는 탄성이 다소 떨어지는 공이나 작은 라켓을 사용한다. 손이 작은 어린이를 위해 야구에서는 정규 사이즈의 야구공보다 작은 공을 이용한다. 크리켓에서는 경기장의 크기를 줄이는 방식을 사용한다.

2016년에 발표한 논문에서 버자드(Buszard)의 연구팀은 테니스, 농구, 배구, 크리켓 등의 종목과 던지고 잡는 동작을 하는 스포츠에서 스케일링 기법을 주제로 한 25개의 연구를 분석했다.[11] 그 중 18개의 연구에서 일반적인 성인용 장비로 훈련을 했을 때보다 퍼포먼스가 유의미하게 좋아진 결과를 확인할 수 있었다.

두 번째는 '기술 적응 훈련' 단계다. 기본적인 움직임만 겨우 해낼 수 있는 수준(자유도 동결, 비구체화 정보 사용)에서 최적의 움직임 솔루션으로 발전하도록 자극하는 단계(운동 시너지, 구체화 정보 사용)다. 기술 적용을 촉진하기 위한 과정은 다음과 같은 단계로 다시 나눠진다.

(1) 움직임 변동성 훈련
(2) 복잡성 훈련
(3) 팀 기반 훈련

움직임 변동성 훈련은 환경 속에서 끊임없이 바뀌는 제약 조건들에 대응해 선수가 움직임을 조절하는 능력을 키우는데 초점을 맞춘다. 예를 들어 축구의 골키퍼가 움직임 변동성 훈련을 한다면 날아오는 공의 속도, 크기, 슈팅 거리에 변화를 줄 수 있다. 시각 차단 안경을 이용해 골키퍼가 주변시를 제대로 사용하지 못하게 제약을 줄 수도 있다. 일반적으로 움직임 변동성 훈련 단계에서는 앞선 코디네이션 훈련 단계와 마찬가지로 일단 하나의 과제에 집중한다. 연습에 참여하는 선수 또한 한 명이나 두 명 정도로 제한한다.

복잡성 훈련 단계로 넘어가면 정보의 복잡성을 높여 여러 움직임을 동시에 다루는 게 목적이 된다. 연습에 참여하는 선수를 한두 명으로 제한하기 보다 여러 선수들을 소그룹으로 묶어서 연습을 진행한다. 팀 기반 훈련 단계는 스몰사이드게임이나 어떤 특정 조건에서 연습을 하며 실전과 비슷한 구조를 만드는 단계다.

기술 습득 주기화 프로세스(POST)의 마지막 단계는 퍼포먼스 훈련이다. 이 단계의 목적은 단순히 기술을 발전시키는 것에 그치지 않는다. 경기와 가까워진 어느 시점부터는 움직임의 효율성과 자신감 향상을 목적으로 연습을 진행한다. 퍼포먼스 훈련 단계에서는 경기의 속성이 고스란히 반영되는 연습을 해야 한다. 축구를 예로 들면 11대 11로 나눠서 경기를 한다든지, 경기 전에 실천해야 할 루틴, 특정 상대에 맞춘 전략에 보다 중점을 두어야 한다.

이러한 POST 개념은 기술 습득 주기화를 위한 핵심 원칙을 잘 정리했다고 생각한다. 훈련의 초기 단계에서는 기본적인 코디네이션 능력을 키우는데 초점을 맞춘다. 다음으로 움직임 솔루션을 최적화, 안정화시키는 방향으로 나아간다. 특히 경기와 가까워진 시점에는 단순히 움직임을 익히거나 동작에 큰 변화를 주는 대신 자신감을 키우고 압박감이 있는 상황에서도 기술을 수행해 내는 능력을 키우는데 초점을 맞춘다. 이때의 연습은 일반적으로 변동성이 낮은 조건에서 연습의 난이도를 낮추어 진행한다. 마지막으로 코치들이 꼭 기억해야 할 점이 있다. 〈그림 14.5〉의 화살표를 유심히 보면 양쪽 방향 모두를 가리키고 있다. 선수의 기술 습득이 한 방향으로만 진행되는 프로세스가 아니라는 사실을 알려준다. 최고의 선수도 때로는 코디네이션 훈련으로 돌아가야 할 때가 있다.

15장

예전의 몸으로
돌아가면 된다는 착각

『인간은 어떻게 움직임을 배우는가』에서 나는 부상을 다루는 방법에 대해 두 가지 다소 급진적인 관점을 제시했다. 지금도 그 생각에는 변함이 없으며 오히려 더 강한 확신을 갖게 되었다. 첫 번째는 재활(rehabilitation)에서 적응(adaptation)으로 관점을 바꿔야 한다는 생각이다. 『인간은 어떻게 움직임을 배우는가』를 출판한 이후에 가족 중에 한 명이 교통사고로 심각한 부상을 당해 재활 치료를 받게 되었다. 재활 과정을 지켜보면서 나는 예전 상태로 돌아가는 데 초점을 맞추는 재활 방식의 역효과를 생각하지 않을 수 없었다. 사고가 나기 전과 같은 가동 범위로 돌아가야 하고, 예전처럼 런지 같은 동작을 할 수 있어야 한다는 관점이다. 운동도 대개 단편적이고(decomposed) 고립된(isolated) 움직임들뿐이었다. 그가 재활 치료를 받으며 하는 움직임들은 치료사를 만족시키는 것 외에는 사실상 별다른 목적이 없었다. 움직임에 어떤 의도나 목적도 발견할 수 없었다.

재활은 새롭게 바뀐 몸에 대해 탐구하는 시간

부상 선수를 다루는 방식에 변화를 주면 선수의 회복(recovery, 이 역시 과거로 돌아가는 것이 중요하다고 암시하는 단어다!) 프로세스를 개선시킬 수 있다고 생각한다. 먼저, 단순히 예전 상태로의 복귀만을 신경쓰지 말고 선수가 바뀐 몸에 대해 탐구하고 학습하는데 초점을 맞춰야 한다. 부상은 근본적으로 선수의 개인 제약을 변화시킨다. 때로는 영원히 바꾸기도 한다. 선수는 부상으로 바뀐 몸과 한동안 지내면서 새로운 움직임 솔루션 공간을 학습해 나가야 한다.

추천하는 운동 방법은 펠든크라이스(Feldenkrais) 접근법이다.[01] 이스라엘의 엔지니어인 모셰 펠든크라이스(Moshe Feldenkrais)가 창안한 이 운동법은 일련의 아주 느린 움직임을 주문한다. 움직임이 어떻게 느껴지는 지 알아차리는 것을 강조한다. 각각의 수업은 척추를 구부리거나, 고관절의 가동성을 높이거나, 발과 발목의 코디네이션 능력을 키우는 등의 특정한 기능적 테마에 초점을 맞춘다. 누운 자세에서 무릎이나 발을 잡고 굴러 일어나게 하는 등 전형적인 동작에서 벗어난 움직임을 종종 주문한다. 같은 목적을 달성하기 위한 다양한 움직임을 시도하도록 변화를 장려한다. "무릎이 발가락 위로 오게 하세요!" 펠든크라이스에는 이런 교습이 없다. 펠든크라이스는 "교정하려는 것은 옳지 않다(It is incorrect to correct)."는 말을 남겼다.

펠든크라이스의 효과를 입증한 연구들이 상당히 많다. 2015년에 힐리어(Hillier)와 월리(Worley) 연구팀은 펠든크라이스 기법을 적용한 그룹과 적용하지 않은 그룹을 비교한 20개의 연구를 체계적으로 리뷰했다.[02] 연구 전반에 걸쳐 움직임을 만들어내기 위한 노력(effort)의 수준은 떨어지고, 편안함은 증가하고, 신체 이미지에 대한 지각 수준은 높아지고, 움직임의 민첩성은 좋아진 결과가 관찰되었다. 연구팀은 "펠든크라이스 기법은 질병에 기반한 메커니즘이라기 보다 학습 패러다임으로 작동한다는 주장을 뒷받침한다"고 결론지었다. 이런 이야기는 바뀐 몸에 대해 탐구하고 학습하는 데 초점을 맞춰야 한다는 나의 주장과도 일치한다. 펠든크라이스 기법에 대해 자세히 알고 싶으면 토드 하그로브(Todd Hargove)를 초대해 진행한 나의 팟캐스트 인터뷰를 참고하기 바란다.[03]

그리고 재활 세션을 진행할 때 어포던스에 보다 관심을 기울였으면 한다. 부상을 당한 선수가 '의도'를 가지고 움직이는 환경을 만들어 주어야 한다. 단순히 움직임 자체가 아니라 무언가를 달성하려는 의도를 가지고 움직이는 환경이다. 다양한 움직임의 가능성, 행동의 기회를 담은 초대장은 재활 현장에도 여기저기 놓여 있어야 한다. 재활을 하며 선수는 단순히 움직임에만 집중하기 보다 정보와 움직임의 관계를 재설정할 필요가 있다.

완벽한 폼의 위험

『인간은 어떻게 움직임을 배우는가』에서 내가 주장한 또 하나의 급진적인 개념은 움직임의 변동성이 부상을 예방하는 메커니즘으로 작용한다는 생각이다. 많은 코치들의 믿음과는 달리 선수는 동작에 일관성이 없고 매번 '완벽한 폼'으로 움직이지 않는 것이 좋다! 움직임의 변동성은 문제를 해결할 수 있는 더 많은 옵션을 제공할 뿐만 아니라 신체에 가해지는 스트레스를 줄여 부상을 당할 가능성도 줄여준다.

이런 나의 생각을 뒷받침하기 위한 증거로 간티(Ghanti)의 연구팀이 최근 발표한 논문을 소개한다.[04] 연구팀은 스트렝스&컨디셔닝 훈련을 진행하는 세 가지 방식을 비교했다. 연구에 참가한 선수들은 다양한 유형의 스쿼트와 런지, 점프 운동을 8주 동안 훈련했다. 훈련 전후로 선수들은 박스 위에 서있다가 바닥으로 떨어지며 한 발로 착지하는 테스트를 진행했다. 무릎 외반*과 지면반력을 측정하여 ACL 무릎 부상의 잠재적인 위험인자로 사용했다.

첫 번째 그룹은 전통적인 처방 중심의 교습을 받았다. 그리고 내적 주의 초점을 주문하는 지시(내적큐)를 받았다. 각각의 동작을 선수에게 보여주고 따라서 반복하도록 했다. 선수가 요청을 하면 트레이너가 올바른 자세와 움직임을 말로 피드백 해주었다.

두 번째 그룹 역시 트레이너의 처방 중심으로 훈련을 했다. 하지만 이 그룹에는 외적 주의 초점을 주문하는 지시(외적큐)가 제공되었다. 이 그룹의 선수들에게도 역시 올바른 동작을 가르쳤지만, "무릎이 콘을 향하게 하세요!" "점프를 해서 위에 매달린 공을 터

---

* 무릎이 신체의 가운데 라인으로부터 바깥쪽으로 도는 현상

치하는 겁니다!" 이렇게 몸이 아니라 주변에 있는 외부 대상에 주의를 향하게 했다는 점에서 차이가 있었다.

　마지막 그룹은 차이학습법을 적용해 훈련을 했다. 차이학습법을 적용해 훈련을 하는 목적은 선수가 올바른 동작을 습득하는 것이 아니다. 오히려 의도적으로 같은 동작을 같은 방식으로 반복하지 못하도록 만들어 선수가 다양한 움직임 솔루션을 탐험하도록 유도한다. 〈표 15.1〉은 차이학습법 그룹이 점프 운동을 할 때 사용한 몇 가지 과제 제약과 환경 제약이다. 점프를 할 때마다 트레이너는 이 중 하나를 무작위로 선택해 주문했다. 선수는 매번 다른 동작을 할 수밖에 없었다.

과제 제약	환경 제약
최대한 높이 뛴다. 점프를 하기 전에 양쪽 방향으로 토끼뜀을 세 번씩 한다. 점프를 하고 왼쪽으로 한 바퀴 돌아 착지한다. 바로 이어서 점프를 하고 오른쪽으로 한 바퀴 돌아 착지한다. 팔을 등 뒤에 대고 점프한다. 팔을 가슴에 대고 점프한다. 팔을 머리 위에 놓고 점프한다. 점프를 하고 착지할 때 한 팔은 앞으로, 한 팔은 뒤로 뻗는다. 두 발을 붙여서 착지한다. 두 발을 최대한 넓게 벌려 착지한다. 발끝으로 착지한다.	모래밭에서 운동하기. 맨발로 운동하기. 어두운 방에서 운동하기. 음악을 배경 음악으로 틀어놓고 운동하기.

〈표 15.1〉

8주의 훈련 후에 테스트를 한 결과, 무릎 외반 각도는 외적큐 그룹과 차이학습법 그룹 모두 감소했다. 차이학습법으로 훈련한 선수들의 감소 효과가 더 크게 나타났다. 차이학습법 그룹은 약 7도가 줄어든 반면 외적큐 그룹은 약 3도가 줄어들었다. 내적큐 그룹과 아무런 훈련도 하지 않은 통제 그룹은 무릎 외반 각도에 큰 변화가 없었다. 지면 반력에서도 같은 패턴이 관찰되었다. 차이학습법 그룹은 지면반력이 약 6N/kg 감소했다. 외적큐 그룹은 약 1N/kg만 감소했다.

자기조직화와 움직임의 변동성을 장려하는 훈련 방식이 잠재적으로 부상을 예방하는 효과가 있다는 사실을 입증하는 연구가 점점 늘어나고 있다.[05] 위에 소개한 연구도 그 중에 하나다. 코치들은 올바른 동작이나 완벽한 폼을 강조하며 선수를 부상으로부터 보호하기 위해 노력해 왔다. 하지만 이런 연구들은 코치들의 일반적인 믿음과 반대의 사실을 이야기하고 있다. 올바른 동작이나 완벽한 폼을 의도적으로 무너뜨리면서 선수가 다양한 조건에서 움직이게 만들어야 오히려 부상의 위험을 줄이고 안티취약성(anti-fragile)을 갖출 수 있다고 말하고 있다.

최적의 스트레스 포인트를 찾아라 : 안티취약성

안티취약성(anti-fragility)은 진화생물학에서 나온 개념으로 스트레스에 노출된 시스템이 더 강해지는 현상을 말한다.[06] 좋지 않

은 조건에 노출된다고 해서 항상 퍼포먼스가 떨어지는 것은 아니다. 때로는 그렇게 역경을 마주하게 하는 환경이 행동에 변화를 불러 일으키며 성장과 단련의 기회로 이어지기도 한다. 폴라 실바(Paula Silva)의 연구팀은 안티취약성 현상이 스포츠 훈련에서도 나타난다고 주장했다.[07] 특히 그들은 안티취약성을 메타-안정성(metastability)과 연결해 설명한다.

"선수들이 경기하는 모습을 보면 상대가 만든 도전 과제에 반응하여 참신하고 창의적인 솔루션을 '즉흥적으로' 실행한다. 이는 선수들이 스트레스로부터 성장하는 안티취약성을 가지고 있음을 잘 보여준다."

연구팀은 선수가 창의적으로 움직임 솔루션을 실행할 수 있는 능력을 부여하는 것이 바로 메타-안정성(여러 움직임 솔루션을 사용할 수 있는 상태)이라고 말하고 있다. 여기서 주의할 점은 메타-안정성과 회복탄력성은 다르다는 사실이다. 이를테면 경기를 끝낼 수 있는 자유투를 놓친 스트레스로부터 다시 돌아오는 능력은 회복탄력성이다. 여기서는 스트레스 요인에 적응하면서 성장하는 능력을 말하고 있다.

힐(Hill) 연구팀이 암벽 등반을 관찰한 연구는 안티취약성을 발달시키기 위해 연습을 어떻게 디자인해야 하는지 잘 설명하고 있다.[08] 연구팀은 생물학에서 나온 또 다른 개념인 '호르메시스(hormesis)' 효과를 소개한다. 호르메시스 효과는 스트레스를 투입하는 양(부하)과 유기체의 반응 사이에 나타나는 〈그림 15.1〉과 같은 관계를 의미한다. 투입되는 스트레스의 양이 너무 적으면 유기체는 그에 적응하기 위해 어떤 일도 하지 않는다. 반대로 너무 많게 되면 시스템 파괴로 이어진다. 연습의 난이도와 마찬가지로 선

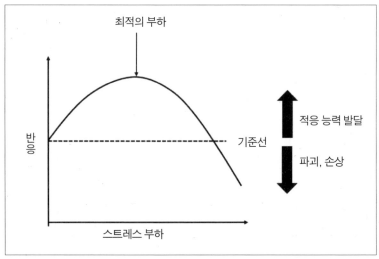

〈그림 15.1〉 호르메시스. 스트레스 부하와 시스템 반응 사이의 관계

수의 안티취약성을 발달시키려면 스트레스가 가해지는 최적의 포인트를 찾아야 한다.

최적의 스트레스 부하 수준을 파악하기 위해 연구팀은 37명의 클라이머(암벽 등반가)에게 난이도가 조금씩 다른 여러 루트를 올라가도록 했다. 클라이머가 받는 스트레스의 수준을 정량화하기 위해 각 등반가의 반응을 부하의 함수로 표시했다. 등반가의 반응은 시도한 횟수 대비 성공한 비율(%)로 정의했다. 부하는 루트의 난이도로 정의했다. 〈그림 15.2〉는 네 명의 클라이머가 보여준 테스트 결과다. 도전 포인트 가설과 비슷하게, 이 그래프를 통해 우리는 선수마다 안티취약성을 발달시키기 위한 최적의 부하 수준을 파악할 수 있다. 예를 들어, 왼쪽 위의 A 선수는 6 정도의 난이도를

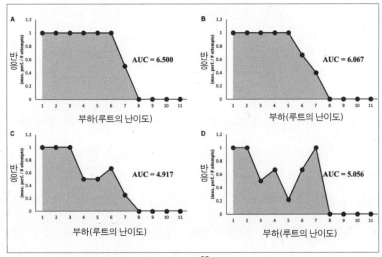

〈그림 15.2〉 클라이밍에서의 부하-반응 곡선[08]

목표로 하면 된다. 왼쪽 아래의 C 선수는 3 정도 수준의 난이도가
최적이다.

어포던스와 연결하는 재활 프로세스

재활과 관련해 마지막으로 다루고 싶은 주제는 통증이다. 나는
오랫동안 이 주제에 관심을 기울여왔다. 솔직히 말하면 내가 운동
기술에 대해 가지고 있는 세계관에 맞춰 통증을 이해하기가 정말
어려웠다. 그래서 여기서는 선수와 환경의 관계에 초점을 맞춘 생
태학적 접근법을 통해 통증을 이해하는 방식을 소개하려고 한다.

'움직임 코디네이션에서 통증은 제약으로 작용한다.' 생태학적
관점으로 통증을 이해하는 가장 쉬운 방법이다. 우리 모두 알고 있
듯이 제약이란 '어떤 움직임 솔루션을 못하게 만드는 무엇'이다.
그렇기 때문에 통증도 일종의 제약이다. 예를 들어, 팔꿈치를 뻗을
때 통증이 있으면 선수는 팔을 뻗는 동작이 포함된 움직임 솔루션
대신 다른 움직임을 선택할 가능성이 높아진다.

통증을 제약으로 보는 관점에서 통증을 들여다본 몇 가지 연구
가 있는데, 아리에(Arieh) 연구팀이 다트를 대상으로 진행한 연구
가 그 중 하나다.[09] 연구팀은 한 그룹의 참가자들에게 무릎이나 팔
꿈치에 후추 소스로 만든 로션을 발라 국소 통증을 느끼게 만들었
다. 그리고는 아무 통증 없이 다트 던지기 연습을 한 통제 그룹과
비교했다. 결과적으로 퍼포먼스에 통증은 별다른 영향이 없었다.

하지만 두 그룹이 움직임을 다소 다르게 코디네이션하는 모습을 관찰할 수 있었다. 특히 변동성 측면에서 차이가 있었다. 예상대로 통증을 느끼게 한 그룹은 움직임의 변동성이 적었다. 하지만 이런 연구 결과를 과도하게 받아들이면 곤란하다. (실제 스포츠에서 발생하는 부상과는 달리) 통증은 구체적인 움직임 솔루션과 연결되어 있지 않기 때문이다.

생태학적 관점에서 통증을 바라보는 또 하나의 관점은 통증이 선수가 포착할 수 있는 어포던스를 변화시킨다는 점이다. 코닝스(Coninx)와 스틸웰(Stillwell)의 연구는 통증과 어포던스의 관계를 분석하면서 네 가지 차원으로 어포던스의 장을 정의했다.[10] 현저성(salience), 원자성(valence), 소유성(mineness), 시간 지평(temporal horizon)이다.

현저성(salience)은 어포던스를 담고 있는 초대장이 얼마나 도드라져 보이는 지를 의미한다. 밝은 분홍색 봉투에 담겨 있는 초대장은 평범한 흰색 봉투에 담겨 있는 초대장과 달리 눈에 쉽게 들어올 수밖에 없다.

원자성(valence)는 어포던스가 긍정적인지 부정적인지를 말한다. 생태학적 접근법에서 원자성은 그다지 자주 언급되는 개념은 아니다. 환경 속에 있는 어떤 정보는 부정적인 어포던스로 작용해서 원치 않는 결과로 이어질 가능성이 있다. 풋볼에서 상대의 더블팀 수비는 인터셉트를 당할 수 있는 가능성을 내포하고 있는 어포던스다. 길가에 서있는 가로등은 걷다가 부딪힐 수 있는 가능성을 품고 있다. 긍정적인 어포던스가 어트랙터를 만드는 요소로 작용한다면, 부정적인 어포던스는 선수를 움직임 솔루션 공간에서 밀어내는 요소로 작용한다.

소유성(mineness)은 어포던스가 자신의 정체성이나 특성의 일부라고 느끼는 정도를 말한다. 예를 들어, 어떤 도로 코스는 일부 사람들에게 마라톤을 뛸 수 있는 기회를 제공하는 어포던스가 된다. 어포던스는 스스로를 규정하는 정체성의 일부가 된다. 어떤 도로 코스에서 마라톤을 뛸 수 있는 가능성이나 기회를 지각하는 선수에게 그런 어포던스는 '장거리 달리기 선수'나 '마라토너'라는 정체성의 일부가 된다.

시간 지평(temporal horizon)은 움직임의 가능성을 지각하는 시간을 의미한다. 어포던스의 장은 '지금 여기'로 좁혀질 수도 있고, 보다 긴 시간의 차원으로 넓어질 수도 있다. "지금 앞에 상대 수비가 막고 있어서 패스를 할 수 없어." 이것은 짧은 시간 지평에 해당한다. "아직 팔의 힘이 부족해서 그런 강한 패스는 못해." 이것은 시간 지평이 긴 어포던스에 해당한다.

그렇다면 통증은 어포던스의 장에 어떤 영향을 미칠까? 연구팀은 일시적으로 생긴 급성 통증과 만성 통증으로 나눠서 이 문제를 다룬다. 급성 통증은 주로 음의 원자성(부정적인 어포던스)을 지닌 일부 어트랙터의 현저성에 영향을 미친다. 선수는 통증이 생기는 특정한 움직임 솔루션을 일시적으로 피하게 된다. 급성 통증은 (어포던스가 정체성의 일부가 되는) 소유성에는 영향을 주지 않는다. 급성 통증은 시간 지평이 짧은 편이다. 만성 통증이 어포던스에 미치는 영향과는 매우 다르다. 두 사람은 논문에서 다음과 같이 말하고 있다.

" 만성 통증에서는 긍정적인 행동의 기회로 작용할 수 있는 어포던스가 전반적으로 현저성을 잃거나 부정적인 어포던스로 바뀌는 것으로 보인다. 어떤 움직임의 가능성은 사라지거나 어트랙터를 끌어당기지 못하게 된다. 평소에는 무난하게 다가오던 일상의 과제들이 위협적으로 느껴지면서 다양한 움직임을 피하게 된다. 예를 들어, 계단을 보면서도 더 이상 예전과 같은 어포던스를 감지하지 못하고, 부상과 통증 증가, 당혹감 등의 잠재적 신호를 받게 된다. 만성 통증은 단순히 운동과 관련된 과제를 넘어 다양한 활동에서 어포던스의 장을 바꾼다."

만성 통증은 부정적인 어포던스의 현저성을 증가시킨다. 시간 지평이 길기 때문에 어포던스에 대한 소유성에도 크게 영향을 미친다. 만성 통증이 있는 사람은 어떤 특정한 행동을 할 수 없다는 생각을 자신의 정체성으로 받아들이기 시작한다. 마지막으로 저자들은 통증을 다룰 때 치료와 재활의 역할에 대해 다음과 같이 이야기한다. 나의 생각과 일치하는 메시지다.

"치료의 중심 목적은 근본적인 '원인'을 찾아 치료하는데 있지 않다. 그보다는 환자가 환경에 더 잘 조율할 수 있도록 돕는 것에 있다. 세상과 (의미 있는) 상호작용을 할 수 있는 가능성을 지각하도록 환자를 가이드하는 것이 치료의 목적이 되어야 한다. 그렇게 되면 아픈 몸은 더 이상 주의를 빼앗는 대상이 되지 않으며, 소외나 고립의 원천이 되지도 않는다."

저자들은 또한 이런 관점이 환자의 약점보다는 강점에 초점을 맞춰 통증을 다루는(소위 말하는 긍정적 건강 접근법) 최근의 트랜드와도 일치한다고 이야기한다. 부상 적응(재활이라는 말은 이제 그만!)은 선수가 부상 전에 지각할 수 있었던 어포던스의 장으로 돌아가는 것이 아니라 새로운 어포던스의 장과 연결하는 방법을 학습하는 데 초점을 맞춰야 한다. 그리고 고립된 움직임으로 완벽한 폼을 만들려는 노력 대신 목적과 의도가 있는 움직임(어포던스를 지각할 수 있는 움직임)에 더 많은 시간을 투자해야 한다.

16장

체크리스트는 잠자고 있는
아이디어를 깨워준다

환경과의 관계를 선수 스스로 만들어 나가는 작업을 중요하게 여기는 생태학적 접근법이 직면하고 있는 어려움 중 하나는 사용할 수 있는 간단한 템플릿이나 연습 루틴을 말하기 어렵다는 점이다. 생태학적 접근은 그저 드릴이나 연습 방법을 바꾸는 문제가 아니다. 그보다는 오히려 여러 코칭 수단(말로 하는 교습, 시연, 영상 활용 등)에 적용되는 '원리'를 바꾸는 일에 가깝다.

이런 맥락에서 내가 발견한 몇 가지 유용한 도구들을 소개하려고 한다. 여기서는 야구를 예로 들었지만 사실상 모든 스포츠에 적용할 수 있다. 내가 추천하는 체크리스트와 가이드를 참고해서 스스로 코칭 도구를 개발하는 연습을 하길 바란다. 그런 연습이야말로 코치가 의도적인 연습과 목적이 분명한 연습을 디자인하는 능력을 발전시킬 수 있는 최고의 방법이다.

연습 디자인을 위한 체크리스트

제약 체크리스트를 만드는 일은 코칭 도구를 분류하고 구조화하는 작업이다. 개인 제약, 환경 제약, 과제 제약으로 나누어 연습

제약의 종류	제약	제약의 수준	제약을 통해 불러일으킬 수 있는 잠재적인 어포던스나 움직임 솔루션
과제	시각 차단	투구 동작의 초반부에 시각을 차단한다.	공과 배트의 타우를 커플링하는 기술, 온라인(실시간) 정보를 컨트롤하는 기술
		투구 동작의 후반부에 시각을 차단한다.	시선 컨트롤, 투구 동작에서 정보를 포착하는 기술
	피칭의 회전수	2400rpm 2200rpm 2000rpm 1800rpm 1600rpm	정보–움직임 컨트롤 법칙을 미세 조정하는 기술, 날아오는 공으로부터 고차원 정보 (타우, 시야각)를 파악하는 기술
환경	관중	아무도 없는 환경 시끄러운 소리가 들리는 환경 카메라가 스윙을 촬영하고 있는 환경	주의가 산만한 자극에 휩쓸리지 않고, 내적 주의 초점에 빠지지 않는 기술
개인	(사전 단서를 통한) 의도	아무런 사전 단서도 제공하지 않는 조건 투수가 여러 구종을 섞어 던진다는 성향 정보	타격 어프로치 능력을 발전주의 초점을 다루는 능력과 의사 결정 능력 향상

〈표 16.1〉 타격 연습을 위한 제약 체크리스트

에 적용할 수 있는 제약 목록을 정리한다. 사용할 수 있는 제약의 수준, 제약을 통해 불러일으킬 수 있는 잠재적인 어포던스나 움직임 솔루션을 기록해 두면 좋다. 야구의 타격 연습을 위한 제약 체크리스트는 〈표 16.1〉에 정리된 내용을 참고해 만들 수 있다.

스스로 내지는 동료 코치와 함께 제약 체크리스트를 만드는 작업을 하면 코치에게 여러 장점이 있다.

1. 연습의 '이유'를 명확히 알 수 있다.
2. 새롭게 도입한 장비(다양한 방향으로 공의 회전을 줄 수 있는 피칭 머신)나 도구(새로운 웨이티드 배트 세트)가 효과가 있는지 추적할 수 있는 좋은 수단이 된다.
3. 각각의 선수가 겪고 있는 특수한 문제에 다가가기 위한 간편한 참고 기준으로 사용할 수 있다. 예를 들어, 스트라이크 존 바깥으로 흘러나가는 공에 자꾸 배트가 쫓아 나가며 헛스윙을 하는 타자가 있다면, 제약 체크리스트를 보며 연습 방법을 고민할 수 있다.
4. 팀의 경계를 넘어 코칭의 일관성과 호환성을 높여준다. 모든 코치가 똑같은 연습을 해야 한다는 말이 아니다. 한 선수와 연결된 여러 코치가 있다면 같은 목적(처방 중심의 교습보다는 자기조직화, 내적 주의 초점보다 외적 주의 초점)을 공유하면서 연습을 디자인하는 것이 바람직하다는 의미다.

자신의 연습을 객관적으로 평가한다

제약 체크리스트는 코치가 연습에서 무엇을 '할 수' 있는지를 보여준다. 코치에게는 자신이 '하고' 있는 일을 차가운 시선으로 들여다보는 작업이 중요하다. 많은 경우에 할 수 있는 일과 실제로 하고 있는 일 사이에는 큰 차이가 있다. 연습의 효과가 경기의 퍼포먼스로 제대로 전이되는 것이 코치의 목표라면 '대표성 디자인(representative design)'이라는 개념을 이용해 자신의 연습을 평가해 보면 좋다. 크라우스의 연구팀은 테니스에서의 탁월한 연구를 바탕으로 〈표 16.2〉와 같은 형식의 대표성 연습 평가 도구(RPAT : Representative Practice Assessment Tool)를 만들었다.[01] 경험과 지식이 풍부하고, 코치와 관련이 없는 제3자가 이 평가 도구를 이용해 연습을 평가하면 연습에서 개선해야 할 영역이 어디인지 효과적으로 파악할 수 있다.

연습의 변동성을 계획하고 기록하는 작업의 가치

나는 만나는 코치들에게 변동성이 추가된 연습을 계획하고 기록하는 작업을 강력하게 추천한다. 연습에 변동성을 추가하는 것은 투자 대비 효과가 상당히 높은 기술 향상 방법이다. 연습에 변동성을 더하는 작업은 이미 여러 자료를 통해 그 효과가 정리되어 있고, 코치가 실천하기도 점점 쉬워지고 있다. 연습 전에 코치는

| | 선수 : _____ 코치 : _____ 날짜 : _____ 과제 : _____ |
| 과제의 목적 : _____ |
| 연습 유형 : □머신 □라이브 □웨이티드배트 □배팅티 □소프트토스 |

	전혀 그렇지 않다		더 나아질 여지가 있다		완전히 그렇다	해당 없음	발전을 위해 제안
연습이 구체적인 목적을 반영하고 있는가?	1	2	3	4	5		
실제 경기처럼 선수가 정보를 이용해 움직임을 컨트롤하고 있는가?	1	2	3	4	5		
과제가 선수의 의도 변화를 유도하고 있는가?	1	2	3	4	5		
과제가 선수의 의사결정을 요구하고 있는가?	1	2	3	4	5		
과제가 움직임 솔루션을 조절하도록 요구하고 있는가?	1	2	3	4	5		
선수에게 적절한 수준의 도전 과제인가?	1	2	3	4	5		
과제의 역동성 (타이밍이나 힘)이 경기에서 요구되는 수준과 비슷한가?	1	2	3	4	5		
과제가 선수에게서 압박감이나 감정적인 반응을 이끌어내고 있는가?	1	2	3	4	5		

총 점수 : _____

〈표 16.2〉 대표성 연습 평가 도구(RPAT : Representative Practice Assessment Tool)

변동성이 세팅된 연습 계획을 구체적으로 만들고, 누군가 연습을 관찰하면서 기록하면 된다.

예를 들어 〈표 16.3〉은 타격 연습을 할 때 타자에게 제공하는 다양한 조건을 보여준다. 이렇게 데이터를 기록해서 간단한 변동

스윙 #	스윙 유형	구종	구속
1	머신	패스트볼	90
2	머신	패스트볼	90
3	머신	패스트볼	90
4	머신	패스트볼	90
5	머신	패스트볼	90
6	머신	커브	80
7	머신	커브	80
8	머신	커브	80
9	머신	커브	80
10	머신	커브	80
11	라이브	패스트볼	75
12	라이브	패스트볼	75
13	라이브	패스트볼	75
14	라이브	패스트볼	75
15	라이브	패스트볼	75
16	라이브	커브	65
17	라이브	커브	65
18	라이브	커브	65
19	라이브	커브	65
20	라이브	커브	65

〈표 16.3〉 변동성을 세팅한 타격 연습의 예

성 지표를 계산할 수 있다. 버자드(Buszard) 연구팀의 R코드를 이용한 변동성 지표로 계산해도 되고,[02] 자신이 직접 간단한 스코어링 시스템을 만들어도 된다.

이렇게 변동성을 세팅한 연습을 계획하고 기록하면 코치는 여러 도움을 받을 수 있다.

1. 자신이 진행하는 많은 연습에 변동성이 별로 없다는 사실을 깨닫게 된다. 변동성이 없는 연습만을 반복하고 있다면 선수가 환경에 보다 기민하게 적응할 수 있는 기회를 놓치고 있는 것이다.

2. 기술 수준이 저마다 다른 선수들에 맞춰 적절한 도전 과제를 설정하는 데 도움이 된다. 기술이 다소 떨어지거나 어린 선수의 경우에는 변동성을 줄여줄 필요가 있다. 선수가 지금 어려움을 겪고 있는 중이라면 마찬가지로 변동성을 낮춰주어야 한다.

3. 움직임 패턴의 변동성을 촉진하면 부상의 위험이 줄어든다는 연구 결과가 점점 많아지고 있다. 연습의 변동성이 높을수록 움직임의 변동성도 발달한다. 그렇기 때문에 변동성의 수준은 운동부하(workload)를 계산하고 모니터링할 때 고려해야 할 요소가 되어야 한다.

4. 시즌과 오프시즌에 걸쳐 연습을 주기화하는데 사용할 수 있다. 경기를 할 때까지 시간이 많이 남았다면 연습의 변동성을

높여도 된다. 그러면서도 일부 연습은 변동성을 낮추어 자신감을 불어넣고 동기 부여를 해줄 필요가 있다.

코칭큐를 만들고, 분류하고, 정리하자

4장에서 나는 내적큐보다 외적큐가 더 효과적이라는 사실을 보여주는 여러 연구들을 소개했다. 그렇다면 코치는 연습을 하면서 선수의 몸에 대해서는 일절 언급해서는 안 되는 것인가? 그렇지 않다! 코치가 흔하게 사용하는 내적큐를 외적큐로 바꾸려고 노력하며 코칭 도구를 늘려나가면 분명히 선수 육성에 도움이 된다. 하지만 내적큐가 필요한 순간도 있다. 고유수용성감각이나 느낌을 개발하는 연습을 해야 할 때는 내적큐를 적절히 활용해야 한다.

코칭큐 역시 몇 가지 기준으로 분류해 놓으면 유용하다. 코칭큐는 어떤 방식으로 사용하는지에 따라 퍼포먼스와 기술 습득에 많은 영향을 미친다. 예를 들면, 방향을 기준으로 코칭큐를 분류할 수 있다. 선수가 어딘가로 향하도록 코칭큐를 줄 수도 있고, 어딘가로부터 멀어지도록 코칭큐를 줄 수도 있다. (홈플레이트를 향해! 마운드를 강하게 차면서!) 같은 외적큐라 할 지라도 몸으로부터 얼마나 떨어져 있는지를 기준으로 나눌 수 있다. (배트의 움직임에 집중하면서! 2루수에게 타구를 보내!)

〈표 16.4〉는 타격 연습에 사용할 수 있는 코칭큐를 분류한 체크리스트다. 다시 한번 강조하지만, 직접 동료 코치들과 함께 코칭큐

를 만들고, 분류하고, 정리하는 연습을 해볼 것을 추천한다. 코칭 큐를 새로 만들거나 기존에 사용하던 코칭큐에 변화를 주고 싶은 분은 닉 윈켈만의 책『Language of Coaching』이 훌륭한 가르침 을 제공해 줄 것이다.[03]

주의 초점	내적큐				외적큐				비유/통합적인 큐			
몸으로부터의 거리	가까운		먼		가까운		먼		가까운		먼	
	T	A	T	A	T	A	T	A	T	A	T	A
공을 향해 손을 던져!												
벌레를 잡듯이 눌러!												
뒷다리를 힘차게 차면서 나가!												
어깨를 닫은 채로												
망치를 휘두르듯이												
날아오는 공의 궤적에 배트의 궤적을 맞춰봐!												
공을 최대한 오래 보고 스윙!												
벨트의 버클이 투수를 바라보도록 회전을 해!												
채찍을 때리듯이												
배트의 놉 부분을 엉덩이 쪽으로 당겨!												

〈표 16.4〉 타격 연습 코칭큐 체크리스트
T(Towards):향하는 방향 / A(Away):멀어지는 방향

에필로그

지금까지 나의 여정과 함께 해준 분들께 감사의 마음을 전한다. 나는 타고난 개인 제약을 뛰어넘어 더 오랫동안 하키 선수 생활을 이어나가 보려고 노력했다. 그러다가 실험실에서 운동 기술을 연구하게 되었고, 최근에는 나의 아이디어를 현장에 적용하면서 여러 혼란과 도전을 겪고 있다. 기술 습득의 원리를 이해하고 개발해서, 현장에 적용하는 것은 내가 평생 추구해온 과제다.

나는 시대와 무관한, 맥락이 없는 글을 쓰기 보다 때와 장소에 맞는 글을 쓰고 싶었다. 내가 이 책에서 전하고자 하는 주된 메시지처럼, 이 책 역시 내가 환경과 맺어온 관계의 산물이다. 내가 조율하고 있는 정보, 최근에 읽은 기사와 책들, 내가 들은 팟캐스트, 나와 함께 일하는 선수와 코치들, 함께 아이디어를 나누고 탐구하는 훌륭한 동료들 덕에 이 책은 창발할 수 있었다.

이 책의 핵심 메시지처럼 지식과 이해를 현재 맺고 있는 관계의 관점으로 바라볼 때 나는 자유로움을 느낀다. 글을 쓰기 전에 모든 관련 기사나 콘텐츠를 찾으려는 노력으로부터 자유로워진다. 모든 챕터를 완벽하게 써야 하고, 모든 이슈를 다루어야 한다는 압박감으로부터 자유로워진다. 오늘 나는 팟캐스트 후원자들과 멋진 대화를 나눴다. 이야기를 나누며 동기 부여, 자율성, 자신감과 같은 개인 제약이 기술 습득 과정에서 다른 유형의 제약과 어떻게 상호 작용하는지에 관한 책을 또 하나 쓰고 싶다는 생각이 들었다. 지금은 그런 충동에 저항하고 있는 중이지만 왠지 또 다른 여정이 시작될 것 같은 불길한 예감이 든다!

이 분야에서 경력을 쌓는 데 관심이 있는 사람이라면 누구든지 자신의 여정을 이런 방식으로 공유하라고 적극적으로 권하고 싶다. 모든 책이나 논문을 읽지 않았다고 걱정할 필요가 없다. 모든 용어를 이해하지 못했어도, 모든 유형의 선수를 코칭해본 경험이 없어도 괜찮다. 자신이 가는 길에서 지금 어디에 있는지를 공유하는 것은 많은 사람들에게 매우 가치 있는 일이다.

나는 지금까지 약 100편의 논문을 발표했고, 여러 권위있는 컨퍼런스의 기조 연설자로 초청받기도 했고, 큰 상도 몇 번 받은 적이 있다. 하지만 돌이켜 봤을 때 지금의 나를 있게 해준 단 하나의 터닝 포인트를 꼽으라면 단연 Perception & Action 팟캐스트를 시작한 것을 꼽고 싶다. 최고의 선수들과 함께 일하고 싶다는 꿈을 이루게 해준 가장 중요한 순간이었다. 나는 팟캐스트를 통해 내가 읽고 있는 책, 컨퍼런스에서의 경험, 여러 주제에 대한 생각을 나누었고, 많은 분들로부터 고맙다는 피드백과 응원을 받았다.

끝까지 읽어주신 분들께 감사드리며, 마지막으로 우리가 함께 한 여정을 축하하자! 그리고! 커플링을 잊지 말자!

주

서문 끝없는 탐구의 길을 다시 시작하며

01. Glazier, P. S., & Davids, K. (2009). Constraints on the complete optimization of human motion. Sports Medicine, 39(1), 15-28.

02. Ingold, T (2000). The perception of the environment: essays on livelihood, dwelling and skill. London and New York: Taylor & Francis Group.

03. This quote has bounced around on Twitter for many years. Not sure who exactly said it first! Ric Shuttleworth?

04. Gray, R. (2021). How We Learn to Move: A Revolution in the Way We Coach & Practice Sports Skills. PACE Publishing.

1장 정확한 태클에 숨어 있는 과학

01. Mace, W. (1977). James J. Gibson's strategy for perceiving: Ask not what's inside your head, but what your head's inside of. In R. Shaw and J. Bransford (Eds.), Perceiving, acting, and knowing: Toward an ecological psychology (pp. 43 – 65). Hillsdale, NJ: Erlbaum.

02. The Black Cloud. http://www.amazon.com/Black-Cloud-Valancourt-Century-Classics/dp/1941147429

03. Rushton, S. K., & Gray, R. (2006). Hoyle's observations were right on the ball. Nature, 443(7111), 506-506.

04. Derivation of tau

05. Lee, D. N. (1976). A theory of visual control of braking based on information about time-to-collision. Perception, 5(4), 437-459.

06. Lee, D. N., Lishman, J. R., & Thomson, J. A. (1982). Regulation of gait in

long jumping. Journal of Experimental Psychology: Human perception and performance, 8(3), 448.

07. Lee, D. N., & Reddish, P. E. (1981). Plummeting gannets: A paradigm of ecological optics. Nature, 293(5830), 293-294.

08. Brian Bushway – Seeing without Sight https://www.youtube.com/watch?v=EFvH7NF4MSw

09. Interview with Brian Bushway. https://perceptionaction.com/380/

10. Turvey, M. T., Fitch, H. L., & Tuller, B. (1982). The Bernstein perspective: 1. The problems of degrees of freedom and context conditioned variability. Human motor behavior: An introduction.

11. Matsuo, T., Jinji, T., Hirayama, D., Nasu, D., Katsumata, Y., & Morishita, Y. (2020). Consistent Hand Dynamics Are Achieved by Controlling Variabilities Among Joint Movements During Fastball Pitching. Frontiers in sports and active living, 2, 159.

2장   수비 사이의 공간을 뚫어내는 정보-움직임 컨트롤

01. Gibson JJ. The Perception of the Visual World. Boston: Houghton Mifflin; 1950.

02. The Dress Illusion. https://en.wikipedia.org/wiki/The_dress

03. Lee, D. N. (1998). Guiding movement by coupling taus. Ecological psychology, 10(3-4), 221-250.

04. Chapman S. Catching a Baseball. Am J Phys 1968;36:868-70.

05. Lee, D. N. (1976). A theory of visual control of braking based on information about time-to-collision. Perception, 5(4), 437-459.

06. Lee, D. N. (1976). A theory of visual control of braking based on information about time-to-collision. Perception, 5(4), 437-459.

07. Cutting, J. E. (1986). Perception with an eye for motion (Vol. 1). Cambridge, MA: MIT Press.

08. Koenderink, J. J., & van Doorn, A. J. (1987). Representation of local geometry in the visual system. Biological cybernetics, 55(6), 367-375.

3장   최고의 선수들은 보는 곳이 다르다

01. Allsop, J., & Gray, R. (2014). Flying under pressure: Effects of anxiety on

attention and gaze behavior in aviation. Journal of Applied Research in Memory and Cognition, 3(2), 63-71.

02.   Regan, D. (1985). Visual Flow and Direction of Locomotion. Science, 227(4690), 1064-1065.

03.   Vine, S. J., Moore, L., & Wilson, M. R. (2011). Quiet eye training facilitates competitive putting performance in elite golfers. Frontiers in psychology, 8.

04.   Button, C., Dicks, M., Haines, R., Barker, R., & Davids, K. (2011). Statistical modelling of gaze behaviour as categorical time series: What you should watch to save soccer penalties. Cognitive Processing, 12(3), 235-244.

05.   Vickers, J. N. (2007). Perception, cognition, and decision training: The quiet eye in action. Human Kinetics.

06.   Ryu, D., Abernethy, B., Mann, D. L., Poolton, J. M., & Gorman, A. D. (2013). The role of central and peripheral vision in expert decision making. Perception, 42(6), 591-607.

07.   Hausegger, T., Vater, C., & Hossner, E. J. (2019). Peripheral vision in martial arts experts: The cost-dependent anchoring of gaze. Journal of Sport and Exercise Psychology, 41(3), 137-145.

08.   Regan, D., & Vincent, A. (1995). Visual processing of looming and time to contact throughout the visual field. Vision research, 35(13), 1845-1857.

09.   Mann, D. L., Abernethy, B., & Farrow, D. (2010). Visual information underpinning skilled anticipation: The effect of blur on a coupled and uncoupled in situ anticipatory response. Attention, Perception, & Psychophysics, 72(5), 1317-1326.

10.   FTC vs Ultimeyes. https://www.ftc.gov/news-events/news/press-releases/2016/02/ftc-approves-final-order-prohibiting-ultimeyes-manufacturer-making-deceptive-claims-app-can-improve

11.   Hubbard, A. W., & Seng, C. N. (1954). Visual movements of batters. Research Quarterly. American Association for Health, Physical Education and Recreation, 25(1), 42-57.

12.   Bahill, A. T., & Laritz, T. (1984). Why can't batters keep their eyes on the ball. American scientist, 72(3), 249-253.

13.   Mann, D. L., Spratford, W., & Abernethy, B. (2013). The head tracks and gaze predicts: how the world's best batters hit a ball. PloS one, 8(3), e58289.

14.   Justin Langer. https://en.wikipedia.org/wiki/Justin_Langer

15.   Head Stabilization in Birds. https://www.audubon.org/news/for-birds-steady-head-key-incredible-focus

16. Frost, B. J. (1978). The optokinetic basis of head-bobbing in the pigeon. Journal of Experimental Biology, 74(1), 187-195.

17. Jordet, G., Aksum, K. M., Pedersen, D. N., Walvekar, A., Trivedi, A., McCall, A., ... & Priestley, D. (2020). Scanning, contextual factors, and association with performance in english premier league footballers: an investigation across a season. Frontiers in psychology, 11, 553813.

18. McGuckian, T. B., Chalkley, D., Shepherd, J., & Pepping, G. J. (2018). Giving inertial sensor data context for communication in applied settings: An example of visual exploration in football. Multidisciplinary Digital Publishing Institute Proceedings, 2(6), 234.

19. Wood, G., & Wilson, M. R. (2011). Quiet-eye training for soccer penalty kicks. Cognitive processing, 12(3), 257-266.

20. Harle, S. K., & Vickers, J. N. (2001). Training quiet eye improves accuracy in the basketball free throw. The Sport Psychologist, 15(3), 289-305.

21. Khalaji, M., Aghdaei, M., Farsi, A., & Piras, A. (2022). The effect of eye movement sonification on visual search patterns and anticipation in novices. Journal on Multimodal User Interfaces, 16(2), 173-182.

22. Constraining Vision to Education Attention. https://perceptionaction.com/164-2/

23. Oppici, L., Panchuk, D., Serpiello, F. R., & Farrow, D. (2018). The influence of a modified ball on transfer of passing skill in soccer. Psychology of Sport and Exercise, 39, 63-71.

24. Practice Activity Analysis. https://perceptionaction.com/417/

4장   움직임에 신경을 쓰면 움직임이 좋아질까

01. Castaneda, B., & Gray, R. (2007). Effects of focus of attention on baseball batting performance in players of differing skill levels. Journal of Sport and Exercise Psychology, 29(1), 60-77.

02. Gray, R. (2013). Being selective at the plate: processing dependence between perceptual variables relates to hitting goals and performance. Journal of Experimental Psychology: Human Perception and Performance, 39(4), 1124.

03. Gray, R. (2015, September). The Moneyball problem: what is the best way to present situational statistics to an athlete?. In Proceedings of the Human Factors and Ergonomics Society Annual Meeting (Vol. 59, No. 1, pp. 1377-1381). Sage CA: Los Angeles, CA: SAGE Publications.

04. Gray, R. (2020). Changes in movement coordination associated with skill acquisition in baseball batting: freezing/freeing degrees of freedom and functional variability. Frontiers in Psychology, 11, 1295.

05. van der Graaff, E., Hoozemans, M., Pasteuning, M., Veeger, D., & Beek, P. J. (2018). Focus of attention instructions during baseball pitching training. International Journal of Sports Science & Coaching, 13(3), 391-397.

06. Wulf, G., Höß, M., & Prinz, W. (1998). Instructions for motor learning: Differential effects of internal versus external focus of attention. Journal of motor behavior, 30(2), 169-179.

07. Chua, L. K., Jimenez-Diaz, J., Lewthwaite, R., Kim, T., & Wulf, G. (2021). Superiority of external attentional focus for motor performance and learning: Systematic reviews and meta-analyses. Psychological Bulletin, 147(6), 618.

08. Fitts & Posner Model. https://perceptionaction.com/129-2/

09. Zachry, T., Wulf, G., Mercer, J., & Bezodis, N. (2005). Increased movement accuracy and reduced EMG activity as the result of adopting an external focus of attention. Brain research bulletin, 67(4), 304-309.

10. Herrebrøden, H. (2022). Motor Performers Need Task-relevant Information: Proposing an Alternative Mechanism for the Attentional Focus Effect. Journal of Motor Behavior, 1-10.

11. Gray, R. (2018). Comparing cueing and constraints interventions for increasing launch angle in baseball batting. Sport, Exercise, and Performance Psychology, 7(3), 318.

12. Differential Learning. https://perceptionaction.com/dl/

13. Studies Comparing Prescriptive & Self-Organization Approaches. https://perceptionaction.com/comparative/

14. Oftadeh, S., Bahram, A., Yaali, R., Ghadiri, F., & Schöllhorn, W. I. (2021). External Focus or Differential Learning: Is There an Additive Effect on Learning a Futsal Goal Kick?. International Journal of Environmental Research and Public Health, 19(1), 317.

15. Toner, J., & Moran, A. (2015). Enhancing performance proficiency at the expert level: Considering the role of 'somaesthetic awareness'. Psychology of Sport and Exercise, 16, 110-117.

16. McNevin, N. H., Shea, C. H., & Wulf, G. (2003). Increasing the distance of an external focus of attention enhances learning. Psychological research, 67(1), 22-29.

17. Mullen, R., Jones, E. S., Oliver, S., & Hardy, L. (2016). Anxiety and motor performance: More evidence for the effectiveness of holistic process

goals as a solution to the process goal paradox. Psychology of Sport and Exercise, 27, 142-149.

18. Becker, K. A., Georges, A. F., & Aiken, C. A. (2019). Considering a holistic focus of attention as an alternative to an external focus. Journal of Motor Learning and Development, 7(2), 194-203.

19. Gray, R. (2020). Attentional theories of choking under pressure revisited. Handbook of Sport Psychology, 595-610.

20. Gray, R., & Cañal-Bruland, R. (2015). Attentional focus, perceived target size, and movement kinematics under performance pressure. Psychonomic bulletin & review, 22(6), 1692-1700.

21. Gray, R., & Allsop, J. (2013). Interactions between performance pressure, performance streaks, and attentional focus. Journal of sport and exercise psychology, 35(4), 368-386.

22. The Hot Hand: The Mystery & Science of Streaks

23. Gray, R. (2015). Differences in attentional focus associated with recovery from sports injury: Does injury induce an internal focus?. Journal of sport and exercise psychology, 37(6), 607-616.

5장   날아가는 프리즈비를 잡는 강아지

01. Schiff, W., & Detwiler, M. L. (1979). Information used in judging impending collision. Perception, 8(6), 647-658.

02. Gray, R., & Regan, D. (1998). Accuracy of estimating time to collision using binocular and monocular information. Vision research, 38(4), 499-512.

03. Gray, R., & Regan, D. (2000). Estimating the time to collision with a rotating nonspherical object. Vision Research, 40(1), 49-63.

04. Brenner, E., & Smeets, J. B. (1997). Fast responses of the human hand to changes in target position. Journal of motor behavior, 29(4), 297-310.

05. Craik, K. J. (1948). Theory of the human operator in control systems. II. Man as an element in a control system. British journal of psychology, 38(3), 142.

06. Heald, J. B., Lengyel, M., & Wolpert, D. M. (2022). Contextual inference in learning and memory. Trends in Cognitive Sciences.

07. Gibson JJ. The Perception of the Visual World. Boston: Houghton Mifflin; 1950.

08. McBeath, M. K., Shaffer, D. M., & Kaiser, M. K. (1995). How baseball

outfielders determine where to run to catch fly balls. Science, 268(5210), 569-573.

09. Shaffer, D. M., Krauchunas, S. M., Eddy, M., & McBeath, M. K. (2004). How dogs navigate to catch Frisbees. Psychological science, 15(7), 437-441.

10. Suluh, A., Sugar, T., & McBeath, M. (2001, May). Spatial navigation principles: Applications to mobile robotics. In Proceedings 2001 ICRA. IEEE International Conference on Robotics and Automation (Cat. No. 01CH37164) (Vol. 2, pp. 1689-1694). IEEE.

11. Asai, T., Sugimori, E., & Tanno, Y. (2010). Two agents in the brain: motor control of unimanual and bimanual reaching movements. PloS one, 5(4), e10086.

12. Higuchi T, Nagami T, Nakata H, Watanabe M, et al. Contribution of Visual Information About Ball Trajectory to Baseball Hitting Accuracy. PLoS ONE 2016;11:e0148498.

13. Stepp N, Turvey MT. On Strong Anticipation. Cogn Syst Res. 2010 Jun 1;11(2):148-164. doi: 10.1016/j.cogsys.2009.03.003.

14. Stepp, N., & Turvey, M. T. (2008). Anticipating synchronization as an alternative to the internal model. Behavioral and Brain Sciences, 31(2), 216-217

6장   동작이 아니라 연습 환경을 바꾼다

01. Gibson, J. J., & Carmichael, L. (1966). The senses considered as perceptual systems (Vol. 2, No. 1, pp. 44-73). Boston: Houghton Mifflin.

02. Zhu, Q. (2013). Perceiving the affordance of string tension for power strokes in badminton: Expertise allows effective use of all string tensions. Journal of Sports Sciences, 31(11), 1187-1196.

03. Gray, R. (2020). Comparing the constraints led approach, differential learning and prescriptive instruction for training opposite-field hitting in baseball. Psychology of sport and exercise, 51, 101797.

04. Fajen, B. R. (2007). Affordance-based control of visually guided action. Ecological Psychology, 19(4), 383-410.

05. Oudejans, R. R., Michaels, C. F., & Bakker, F. C. (1997). The effects of baseball experience on movement initiation in catching fly balls. Journal of Sports Sciences, 15(6), 587-595.

06. Scott, S., & Gray, R. (2010). Switching tools: Perceptual-motor recalibration to weight changes. Experimental brain research, 201(2), 177-189.

07.   Dicks, M., Button, C., & Davids, K. (2010). Examination of gaze behaviors under in situ and video simulation task constraints reveals differences in information pickup for perception and action. Attention, Perception, & Psychophysics, 72(3), 706-720.

08.   Caldwell, J. M. E., Alexander, F. J., & Ahmad, C. S. (2019). Weighted-ball velocity enhancement programs for baseball pitchers: a systematic review. Orthopaedic Journal of Sports Medicine, 7(2), 2325967118825469.

09.   Reinold, M. M., Macrina, L. C., Fleisig, G. S., Aune, K., & Andrews, J. R. (2018). Effect of a 6-week weighted baseball throwing program on pitch velocity, pitching arm biomechanics, passive range of motion, and injury rates. Sports Health, 10(4), 327-333.

7장   근막의 자기조직화를 훈련시킨다

01.   Bosch, F. The Anatomy of Agility. HHMR Media.

02.   Van Hooren, B., & Bosch, F. (2016). Influence of muscle slack on high-intensity sport performance: A review. Strength and Conditioning Journal, 38(5), 75-87.

03.   Bernstein, N. A., Latash, M. L., & Turvey, M. T. (2014). Dexterity and its development. Psychology Press.

04.   Sadao, S. (1996). Fuller on tensegrity. International Journal of Space Structures, 11(1-2), 37-42.

05.   Turvey, M. T., & Fonseca, S. T. (2014). The medium of haptic perception: a tensegrity hypothesis. Journal of motor behavior, 46(3), 143-187.

06.   Fascial Training – A Whole System Approach. https://www.amazon.com/Fascia-Training-Whole-System-Bill-Parisi/dp/1797818864

07.   Miguel Cabrera Injury https://www.cbssports.com/mlb/news/tigers-miguel-cabrera-done-for-2018-season-with-ruptured-biceps-tendon/

08.   Fernando Tatis Injury. https://www.mlb.com/news/fernando-tatis-jr-injured-on-strikeout

8장   최고의 움직임은 경제적이다

01.   Sparrow, W. A., & Newell, K. M. (1998). Metabolic energy expenditure and the regulation of movement economy. Psychonomic Bulletin & Review, 5(2), 173-196.

02. Salvendy, G. (1972). Physiological and psychological aspects of paced and unpaced performance. Acta Physiologica Academiae Scientiarum Hungaricae, 42(3), 267-274.

03. Hoyt, D. F., & Taylor, C. R. (1981). Gait and the energetics of locomotion in horses. Nature, 292(5820), 239-240.

04. Bechbache, R. R., & Duffin, J. (1977). The entrainment of breathing frequency by exercise rhythm. The Journal of physiology, 272(3), 553-561.

05. Asami, T. (1976). Energy efficiency of ball kicking. In Biomecanics VB, 135.

06. Brancazio, P. J. (1981). Physics of basketball. American Journal of Physics, 49(4), 356-365.

07. Durand, M., Geoffroi, V., Varray, A., & Préfaut, C. (1994). Study of the energy correlates in the learning of a complex self-paced cyclical skill. Human Movement Science, 13(6), 785-799.

08. Freezing DF an Early Movement Solution https://perceptionaction. com/185/ 9.

09. Vereijken, B., Emmerik, R. E. V., Whiting, H. T. A., & Newell, K. M. (1992). Free (z) ing degrees of freedom in skill acquisition. Journal of motor behavior, 24(1), 133-142.

10. Zachry, T., Wulf, G., Mercer, J., & Bezodis, N. (2005). Increased movement accuracy and reduced EMG activity as the result of adopting an external focus of attention. Brain research bulletin, 67(4), 304-309.

11. Stoate, I., Wulf, G., & Lewthwaite, R. (2012). Enhanced expectancies improve movement efficiency in runners. Journal of Sports Sciences, 30(8), 815-823.

12. Melugin, H. P., Larson, D. R., Fleisig, G. S., Conte, S., Fealy, S. A., Dines, J. S., ... & Camp, C. L. (2019). Baseball pitchers' perceived effort does not match actual measured effort during a structured long-toss throwing program. The American Journal of Sports Medicine, 47(8), 1949-1954.

13. New Study Suggests Motus Sensors Can Take the Guesswork Out of Pitching and Save Arms https://www.sporttechie.com/mlb-baseball-motus-sensors-pitcher-exertion-load-management/

9장   빠른 결정이 언제나 좋은 결정인 것은 아니다

01. Klein, G. A. (1993). A recognition-primed decision (RPD) model of rapid decision making. Decision making in action: Models and methods, 5(4), 138-147.

02. Testing Babe Ruth. http://psychclassics.yorku.ca/Fullerton/

03. Rietveld, E., Denys, D., & Van Westen, M. (2018). Ecological-Enactive Cognition as engaging with a field of relevant affordances. The Oxford handbook of 4E cognition, 41.

04. Gibson JJ. The Perception of the Visual World. Boston: Houghton Mifflin; 1950.

05. Passos, P., Araújo, D., Davids, K., & Shuttleworth, R. (2008). Manipulating constraints to train decision making in rugby union. International Journal of Sports Science & Coaching, 3(1), 125-140.

10장 어퍼컷과 혹을 자유자재로 날린다

01. Kelso, J. S. (2012). Multistability and metastability: understanding dynamic coordination in the brain. Philosophical Transactions of the Royal Society B: Biological Sciences, 367(1591), 906-918.

02. Latash, M. L. (2012). The bliss (not the problem) of motor abundance (not redundancy). Experimental brain research, 217(1), 1-5.

03. Hristovski, R., Davids, K., Araújo, D., & Button, C. (2006). How boxers decide to punch a target: emergent behaviour in nonlinear dynamical movement systems. Journal of sports science & medicine, 5(CSSI), 60.

04. Pinder, R. A., Davids, K., & Renshaw, I. (2012). Metastability and emergent performance of dynamic interceptive actions. Journal of Science and Medicine in Sport, 15(5), 437-443.

11장 환상적인 어시스트의 비밀

01. Bourbousson, J., Poizat, G., Saury, J., & Sève, C. (2012). Temporal aspects of team cognition: a case study on concerns sharing within basketball. Journal of Applied Sport Psychology, 24(2), 224-241.

02. Giske, R., Rodahl, S. E., & Høigaard, R. (2015). Shared mental task models in elite ice hockey and handball teams: Does it exist and how does the coach intervene to make an impact?. Journal of Applied Sport Psychology, 27(1), 20-34.

03. Passos, P., Milho, J., Fonseca, S., Borges, J., Araújo, D., & Davids, K. (2011). Interpersonal distance regulates functional grouping tendencies of agents in team sports. Journal of motor behavior, 43(2), 155-163.

04. Gray, R., Cooke, N. J., McNeese, N. J., & McNabb, J. (2017). Investigating team coordination in baseball using a novel joint decision making paradigm. Frontiers in Psychology, 8, 907.

05. Caldeira, P., Fonseca, S. T., Paulo, A., Infante, J., & Araújo, D. (2020). Linking Tensegrity to Sports Team Collective Behaviors: Towards the Group-Tensegrity Hypothesis. Sports Medicine-Open, 6(1), 1-9.

06. Gray, R. & Sullivan, R. (In press). A Constraints-Led Approach to Baseball Coaching. Routledge.

12장 카운트에 따라 달라지는 타자의 의도

01. Gray, R. (2002). "Markov at the bat": A model of cognitive processing in baseball batters. Psychological Science, 13(6), 542-547.

02. Sørensen, V., Ingvaldsen, R. P., & Whiting, H. T. A. (2001). The application of co-ordination dynamics to the analysis of discrete movements using table-tennis as a paradigm skill. Biological cybernetics, 85(1), 27-38.

03. Murase, D., Yokoyama, K., Fujii, K., Hasegawa, Y., & Yamamoto, Y. (2016). Baseball catching patterns differ according to task constraints. Advances in Physical Education, 6(3), 151-157.

04. Abernethy, B., & Russell, D. G. (1987). Expert-novice differences in an applied selective attention task. Journal of Sport and Exercise Psychology, 9(4), 326-345.

05. Moore CG, Muller S. Transfer of Expert Visual Anticipation to a Similar Domain. Q J Exp Psychol 2014;67:186-96.

06. Müller S, Fadde P.J. The Relationship Between Visual Anticipation and Baseball Batting Game Statistics. J Appl Sport Psychol 2016;28:49-61.

07. Takamido, R., Yokoyama, K., & Yamamoto, Y. (2019). Task constraints and stepping movement of fast-pitch softball hitting. PloS one, 14(2), e0212997.

08. Gray, R., & Cañal-Bruland, R. (2018). Integrating visual trajectory and probabilistic information in baseball batting. Psychology of Sport and Exercise, 36, 123-131.

09. Williams T, Underwood J. The Science of Hitting. New York: Simon and Schuster; 1970.

10. Mcintyre DR, Pfautsch EW. A Kinematic Analysis of the Baseball Batting Swings Involved in Opposite-Field and Same-Field Hitting. Res Q Exerc Sport 1982;53:206-213.

11. Fogt N, Persson TW. A Pilot Study of Horizontal Head and Eye Rotations in

Baseball Batting. Optom Vis Sci 2017;94:789-96.

12. Porter, J. M., & Beckerman, T. (2016). Practicing with gradual increases in contextual interference enhances visuomotor learning. Kinesiology, 48(2.), 244-250.

13장   결승전의 만원 관중을 즐기는 선수

01. Oudejans, R. R., & Pijpers, J. R. (2010). Training with mild anxiety may prevent choking under higher levels of anxiety. Psychology of Sport and Exercise, 11(1), 44-50.

02. Lawrence, G. P., Cassell, V. E., Beattie, S., Woodman, T., Khan, M. A., Hardy, L., & Gottwald, V. M. (2014). Practice with anxiety improves performance, but only when anxious: evidence for the specificity of practice hypothesis. Psychological research, 78(5), 634-650.

03. Hordacre, B., Immink, M. A., Ridding, M. C., & Hillier, S. (2016). Perceptual-motor learning benefits from increased stress and anxiety. Human Movement Science, 49, 36-46.

04. Stoker, M., Maynard, I., Butt, J., Hays, K., Lindsay, P., & Norenberg, D. A. (2017). The effect of manipulating training demands and consequences on experiences of pressure in elite netball. Journal of Applied Sport Psychology, 29(4), 434-448.

05. Renshaw, I., & Chow, J. Y. (2019). A constraint-led approach to sport and physical education pedagogy. Physical Education and Sport Pedagogy, 24(2), 103-116.

06. Headrick, J., Renshaw, I., Davids, K., Pinder, R. A., & Araújo, D. (2015). The dynamics of expertise acquisition in sport: The role of affective learning design. Psychology of Sport and Exercise, 16, 83-90.

07. Wulf, G., & Lewthwaite, R. (2016). Optimizing performance through intrinsic motivation and attention for learning: The OPTIMAL theory of motor learning. Psychonomic bulletin & review, 23(5), 1382-1414.

08. Chauvel, G., Wulf, G., & Maquestiaux, F. (2015). Visual illusions can facilitate sport skill learning. Psychonomic bulletin & review, 22(3), 717-721.

14장   선수에 맞는 최적의 연습 난이도

01. Guadagnoli, M. A., & Lee, T. D. (2004). Challenge point: a framework for

conceptualizing the effects of various practice conditions in motor learning. Journal of motor behavior, 36(2), 212-224.

02.   Hodges, N. J., & Lohse, K. R. (2022). An extended challenge-based framework for practice design in sports coaching. Journal of Sports Sciences, 40(7), 754-768.

03.   McKee, S. P., Klein, S. A., & Teller, D. Y. (1985). Statistical properties of forced-choice psychometric functions: Implications of probit analysis. Perception & psychophysics, 37(4), 286-298.

04.   Jacobs, D. M., & Michaels, C. F. (2007). Direct learning. Ecological Psychology, 19(4), 321-349.

05.   Smith, M. R., Flach, J. M., Dittman, S. M., & Stanard, T. (2001). Monocular optical constraints on collision control. Journal of Experimental Psychology: Human Perception and Performance, 27(2), 395.

06.   Valença, M., Coutinho, D., Schöllhorn, W., Ribeiro, N., & Santos, S. (2022). Investigating the Effects of Differential Learning on Golfers' Pitching Performance as a Function of Handicap. International journal of environmental research and public health, 19(19), 12550.

07.   Gray, R. (2020). Comparing the constraints led approach, differential learning and prescriptive instruction for training opposite-field hitting in baseball. Psychology of Sport & Exercise, 51, 101797.

08.   "Roots Not Branches: Why the Ecological Approach is NOT Just a Set of Alternative Training Methods https://youtu.be/s-flnv9BUnY

09.   Huet, M., Camachon, C., Fernandez, L., Jacobs, D. M., & Montagne, G. (2009). Self-controlled concurrent feedback and the education of attention towards perceptual invariants. Human Movement Science, 28(4), 450-467.

10.   Otte, F. W., Millar, S. K., & Klatt, S. (2019). Skill training periodization in "specialist" sports coaching—an introduction of the "PoST" framework for skill development. Frontiers in Sports and Active Living, 61.

11.   Buszard, T., Garofolini, A., Reid, M., Farrow, D., Oppici, L., & Whiteside, D. (2020). Scaling sports equipment for children promotes functional movement variability. Scientific reports, 10(1), 1-8.

15장   예전의 몸으로 돌아가면 된다는 착각

01.   The Feldenkrais Method https://toddhargrove.substack.com/p/the-feldenkrais-method#

02.   Hillier, S., & Worley, A. (2015). The effectiveness of the feldenkrais method:

a systematic review of the evidence. Evidence-Based Complementary and Alternative Medicine, 2015.

03.   389 - Interview with Todd Hargove https://perceptionaction.com/389/

04.   Ghanati, H. A., Letafatkar, A., Shojaedin, S., Hadadnezhad, M., & Schöllhorn, W. I. (2022). Comparing the Effects of Differential Learning, Self-Controlled Feedback, and External Focus of Attention Training on Biomechanical Risk Factors of Anterior Cruciate Ligament (ACL) in Athletes: A Randomized Controlled Trial. International journal of environmental research and public health, 19(16), 10052.

05.   An Ecological Approach to Sports Injury https://perceptionaction.com/injury/

06.   Taleb, N. (2012). Antifragile: Things that Gain From Disorder (Incerto). New York, NY: Random House.

07.   Kiefer, A. W., Silva, P. L., Harrison, H. S., & Araújo, D. (2018). Antifragility in sport: leveraging adversity to enhance performance.

08.   Hill, Y., Kiefer, A. W., Silva, P. L., Van Yperen, N. W., Meijer, R. R., Fischer, N., & Den Hartigh, R. J. (2020). Antifragility in climbing: Determining optimal stress loads for athletic performance training. Frontiers in psychology, 11, 272.

09.   Arieh, H., Abdoli, B., Farsi, A., & Haghparast, A. (2022). Assessment of motor skill accuracy and coordination variability after application of local and remote experimental pain. Research in Sports Medicine, 30(3), 325-341.

10.   Coninx, S., & Stilwell, P. (2021). Pain and the field of affordances: an enactive approach to acute and chronic pain. Synthese, 199(3), 7835-7863.

16장   체크리스트는 잠자고 있는 아이디어를 깨워준다

01.   Krause, L., Farrow, D., Reid, M., Buszard, T., & Pinder, R. (2018). Helping coaches apply the principles of representative learning design: validation of a tennis specific practice assessment tool. Journal of sports sciences, 36(11), 1277-1286. 2

02.   Buszard, T., Reid, M., Krause, L., Kovalchik, S., & Farrow, D. (2017). Quantifying contextual interference and its effect on skill transfer in skilled youth tennis players. Frontiers in psychology, 8, 1931.

03.   Winkelman, N. C. (2020). The language of coaching: The art and science of teaching movement. Human Kinetics Publishers.